Best
in the World
GOURMAND
World Cookbook Awards

« Ce livre a été proclamé meilleur livre
de Cuisine Française au Monde »

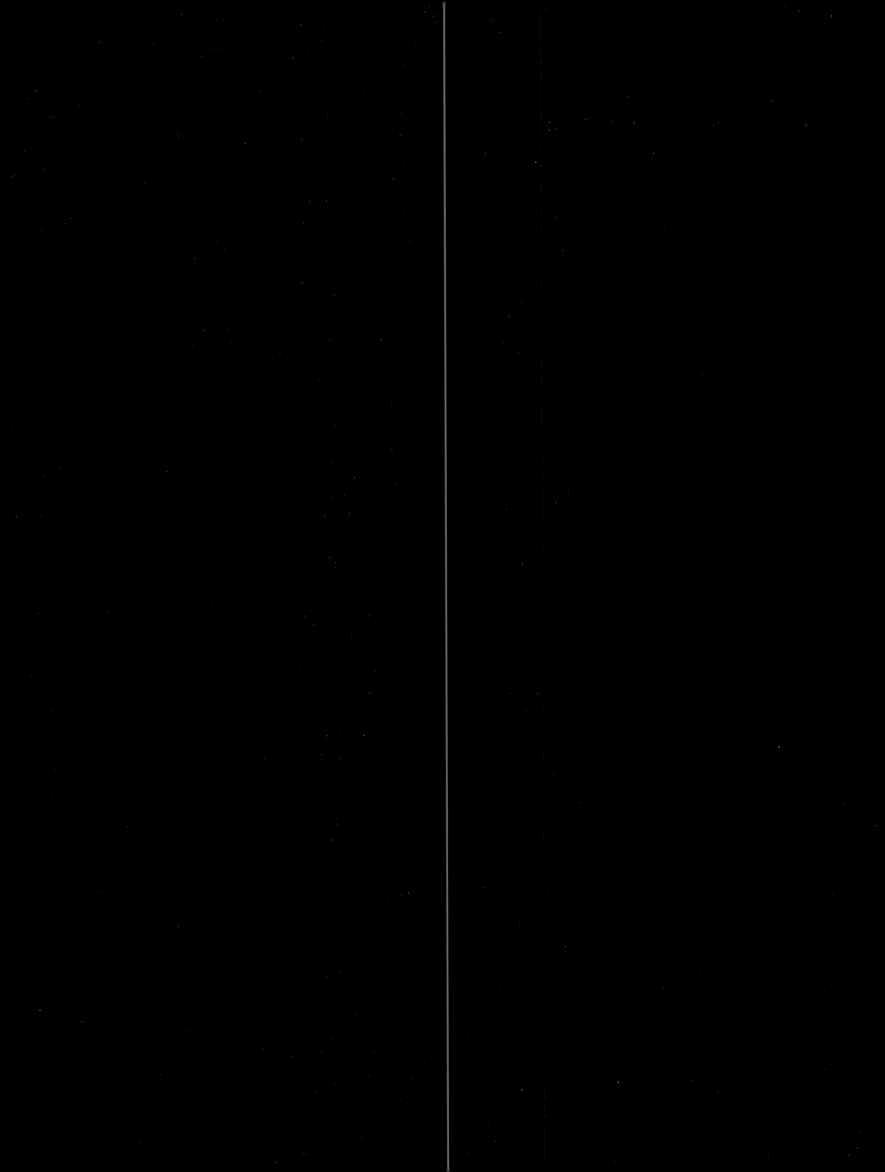

Les Meilleurs Ouvriers de France

Avant-propos
Foreword

Le plaisir et la santé sont dans votre assiette.

En partenariat avec la société des **M**eilleurs **O**uvriers de **F**rance, représentée par son Président, Gérard RAPP, et à l'occasion des quatre-vingts ans de sa création, j'ai imaginé cet ouvrage afin de mettre en valeur des hommes et des femmes récompensés pour leur savoir-faire qui font rayonner nos terroirs, nos régions, nos produits et la France dans le monde.

Je suis très attaché à ces valeurs de tradition et d'excellence des produits de qualité du terroir français véhiculées par les **MOF**.
J'ai vécu mon enfance au service de ces valeurs. C'est donc tout naturellement que j'ai créé il y a plus de trente ans mon entreprise **tournée vers la tradition, le goût, le terroir et la nutrition.**
J'ai notamment mis en place un processus de fabrication unique qui combine l'innovation technologique de pointe et les gestes ancestraux dans la pure tradition des artisans français. Toutes les recettes, alliant le goût, la tradition française et la nutrition, récompensées par de nombreux Oscars en France et à l'étranger, sont élaborées par des Maîtres Boulangers, des Chefs de Restauration et des **M**eilleurs **O**uvriers de **F**rance, reconnus pour leur expertise. Au fil des années, mon Groupe est devenu fournisseur partenaire des plus belles enseignes de l'hôtellerie et de la restauration, de parcs d'attractions et de nombreuses compagnies ferroviaires et aériennes.

Avec cet ouvrage, j'ai voulu vous faire partager cet art de vivre à la française envié dans le monde entier. Si comme moi, vous aimez vous faire plaisir et le partager, si comme moi vous êtes attaché à toutes ces valeurs, vous apprécierez ce beau livre de cuisine **unique**. En effet, il est le **premier** à proposer des recettes originales et accessibles créées uniquement par des **M**eilleurs **O**uvriers de **F**rance issus des métiers de bouche.

Enfin, j'ai souhaité qu'une partie des bénéfices de cet ouvrage soit reversée d'une part à la Société des **M**eilleurs **O**uvriers de **F**rance et d'autre part à la constitution d'une bourse d'étude pour un étudiant méritant d'une institution renommée des métiers de bouche.

Pleasure and wellness in your plate.

*In collaboration with the Société des **M**eilleurs **O**uvriers de **F**rance, represented by its President, Gerard RAPP, and to commemorate the organization's 80th year of existence, I wanted to create a book focusing on these talented men and women, rewarded for their savoir-faire, who spread the renown of our French traditions, regions and products around the world.*

*JI am very attached to tradition and to the excellence of quality products of our French regions conveyed by the **MOF**.*
*My childhood was devoted to these values. So it was only natural for me to create, more than 30 years ago, my company built around **tradition, taste, the French notion of "terroir" and nutrition**. Notably, I set up a unique production method combining the latest technological innovations with ancestral methods in the pure tradition of French artisans. All of our recipes, allying taste, French tradition and nutrition, rewarded by numerous oscars* in France and abroad, were created by master bakers, restaurant chefs and **M**eilleurs **O**uvriers de **F**rance so recognized for their expertise.*
Over the years, my group has become the supplier and partner of the most prestigious names in hotels and restaurants, as well as leisure parks and many railroad and airline companies.

*Through this book, I seek to share with you our French art de vivre, admired all over the world. If you, as I, enjoy pleasing others and sharing, if you are attached to these fundamental values, as I am, you will enjoy and appreciate this beautiful and **unique** cookbook. It is the **first** cookbook to propose recipes that are both original and accessible, created uniquely by **M**eilleurs **O**uvriers de **F**rance in our culinary professions.*

*Finally, I would like for part of the proceeds from this work go to the Société des **M**eilleurs **O**uvriers de **F**rance, and another part to go toward establishing a grant for a deserving student to learn in one of our renowned culinary institutions.*

Louis Le Duff

Président Fondateur du Groupe LE DUFF
Founding President of the Groupe LE DUFF

Préface

Il suffira de peu de temps pour se rendre compte de la profonde, voire passionnelle séduction, qu'exerceront les recettes élaborées par de nombreux **Meilleurs Ouvriers de France** dans cet ouvrage. Ce livre consacre l'irremplaçable savoir-faire culinaire français, exporté et reconnu dans le monde entier, gage intangible de la permanence de son universalité.

Née en 1929, la **Société nationale des Meilleurs Ouvriers de France**, reconnue d'**utilité publique** en 1952, s'est donnée pour mission de regrouper « des **Meilleurs Ouvriers de France** » issus du concours créé en 1923 par le **Comité d'organisation des expositions du travail.** L'effort, la réussite, le travail, la qualité de la profession, avec la volonté et la finalité profondes de mettre en lumière tous les faits et gestes culinaires, permettent d'aboutir au point désiré : le chef d'œuvre.

Le premier président de notre société, Georges L. Castelain, ainsi que les huit successeurs, n'ont eu de cesse de mettre à l'honneur l'effort, le travail, la qualité du geste et le mérite. Tout cela dans le respect de la pure tradition, sans oublier d'être innovant.

Oui, nous osons et nous nous plaisons à répéter qu'être **Meilleurs Ouvriers de France**, c'est regarder vers l'avenir. Cet ouvrage de luxe se doit d'être notre porte-drapeau, notre référence permanente.

Des idéaux connus unissent nos métiers respectifs et nous les considérons, par faiblesse ou par amour, comme les plus beaux du monde. La perfection, le soin apportés, nous autorisent ce satisfecit, nullement usurpé.

Missionnaire de la qualité, de la vertu, de l'«indispensable », notre but ne peut – et ne doit être – que d'encourager le bon, l'excellent, le beau, cela dans le respect des terroirs français.

De la gastronomie aux métiers pluriels, nous avons l'impression, le sentiment, de passer d'une réalité à une autre. De l'apprentissage à l'excellence professionnelle, notre mission n'est-elle pas la transmission du geste et du savoir, que nous réalisons avec le concours « **Un des Meilleurs Apprentis de France**» ?

Avec cette jeunesse culinairement talentueuse, les recettes, les combinaisons des herbes, des saveurs, des couleurs, nous permettent de « lire » dans le présent, laissant présager le futur plat. N'est-ce pas merveilleux ? Et surtout réconfortant ?

Les **Meilleurs Ouvriers de France** n'ont-ils pas raison de dire que nous sommes quasiment confrères ? J'adhère entièrement à cette formule.

Mon argumentation est de convaincre, de sensibiliser et de faire ressortir notre perpétuelle passion du bien-faire, du toujours mieux. Y suis-je parvenu ?

Si oui, mission accomplie !

Gérard Rapp

GÉRARD RAPP
Président de la Société
Nationale des MOF
*President of the Société
nationale des Meilleurs
Ouvriers de France*

Preface

It didn't take me long to understand the deep and passionate seduction generated by the recipes of the numerous **Meilleurs Ouvriers de France (MOF)** in this work. This book is dedicated to the inimitable French culinary savoir-faire, exported and recognizable world wide, token of an intangible continuity and universality.

Created in 1929, the **Société Nationale des Meilleurs Ouvriers de France** earned the status of **utilité public** (a public service association) in 1952. Its mission was to bring together the winners of a **"Meilleurs Ouvriers de France"** competition created in 1923 by the **Comité d'Organisation des Expositions du Travail**, honoring the work, success and quality of the profession, with the aim of bringing to light the culinary gestures and skills that lead to the desired end: a work of art.

The first president of our society, G.L. Castelain, and his eight successors have consistently given a place of honor to effort, merit and the quality of craftsmanship, all with a respect for tradition, but without overlooking innovation.

Yes, we dare say and take pleasure in repeating that being a **Meilleur Ouvrier de France** is also looking toward the future. This prestigious work is our standard bearer, our permanent reference.

Shared ideas unit our respective professions and each of us, by passion or affection, considers his craft to be the most beautiful in the world. The perfection and care brought to our art entitles each of us to undeniable recognition.

Missionaries of quality, of virtue, of the "indispensable", our goal should and must be to encourage all that is good, excellent, and beautiful, with a respect for the French **terroirs**.

From gastronomy to all other professions, we often have the sentiment of passing from one reality to another. From apprenticeship to professional excellence, isn't our mission to transmit skills and knowledge, as we do through the "**Un de Meilleurs Apprentis de France**" competition?

With this talented younger generation in mind, these recipes, combinations of herbs, flavors, and colors, allow us to read the present, while seeing in it a harbinger of future dishes. What a wonderful thought, and above all, how comforting?

Our **Meilleurs Ouvriers de France** are right in affirming that we are all brothers? I adhere completely to this idea.

My line of argument is to convince, to draw attention to, and to bring out our perpetual passion for a job well done, and our quest for constant improvement. Have I convinced you?

If so, I have accomplished my mission.

Gérard Rapp

Préface

Ils sont seulement un peu plus de deux cent cinquante des métiers de bouche à arborer ce col bleu, blanc, rouge que des milliers d'autres convoitent. Trois belles couleurs qui font toute la différence. Elles appartiennent à ceux qui ont mené très loin l'exigence de perfection, la volonté de se surpasser, d'atteindre l'excellence et de perpétuer le respect des valeurs qui nous sont chères.

Meilleur Ouvrier de France, « M O F », trois lettres pour trois couleurs, la fierté de représenter un pays, un art, un terroir, une tradition. Mais comme tous les titres – peut-être plus encore que pour les autres – celui-ci s'accompagne de responsabilités. Un MOF est le miroir d'un artisanat d'exception, le gardien de notre gastronomie de civilisation, de notre culture, une cuisine qui sera sans doute classée un jour prochain au patrimoine de l'humanité. Une cuisine que quelques « déclinologues » amateurs de classements aiment considérer comme « classique » mais qui reste indéniablement la plus grande et la plus belle cuisine au monde ainsi que la plus innovante, sachant sans cesse se réinventer en préservant l'essentiel.

Un MOF se doit de ne jamais relâcher ses efforts, de ne jamais cesser d'apprendre et de se perfectionner. Le goût du travail bien fait, la transmission d'un savoir-faire, voilà son passeport pour franchir les années et les frontières.

Partout où il ira, il sera le représentant de cette exception française que l'on nous envie sous toutes les latitudes gourmandes, de ce trophée qui fait rêver la planète gastronomie. Il lira dans les yeux de ceux qui savent l'admiration et le respect.

A l'heure où les valeurs et les traditions sont parfois chahutées, où le virtuel a trop souvent pris la place du réel – jusque dans l'assiette – il semble que l'on cherche plus que jamais à revenir à l'essence de nos métiers, aux fondamentaux. Le travail, l'esprit d'équipe, le respect, la discipline, la persévérance, la recherche de la qualité apparaissent comme des refuges et surtout un idéal de vie.

Pour ma part, être MOF est certainement la distinction dont je suis le plus fier car elle concrétise l'effort, le professionnalisme au plus haut niveau, la recherche permanente de perfection et l'excellence.

Quatre-vingts ans après sa création, la société des Meilleurs Ouvriers de France n'a jamais été aussi essentielle, consacrant par sa rareté la reconnaissance de l'élite de notre profession et de notre art.

Joël Robuchon

Preface

There are just a few more than 250 culinary professionals who today sport the red, white and blue collar so coveted by thousands of others in the profession. Three beautiful colors that make all the difference. They belong to those who have pushed back the limits of the pursuit of perfection, who aim to surpass themselves, to attain excellence and to perpetuate a respect for the values that are so dear to us.

Meilleur Ouvrier de France, "MOF", three letters for three colors, and the pride to represent a country, an art, a tradition. As for all such distinctions, but perhaps even more for this one than for others, the title comes with certain responsibilities. An MOF is the reflection of an exceptional skill, guardian of the gastronomy of our civilisation, our culture, a cuisine which may one day soon be classified as a World Heritage. It is a cuisine that, for those who love labels, could be called "classic". But it remains undeniably the world's greatest and most beautiful cuisine, as well as the most innovative, since it is ceaselessly reinvented, all the while preserving the essential.

An MOF never gives in to facility, and never stops learning and perfecting his skills. A taste for a job well done, for passing on his savoir-faire to others, these make up his passport for transcending time and boundaries.

Wherever he goes, he is a representative of this French exception admired in all food-loving latitudes, and of this trophy that sets the gastronomic planet dreaming. The title inspires admiration and respect in all those who know its significance.

At a time when values and traditions are sometimes jostled, when the virtual too often takes precedent over the real – even on the plate – it seems that we seek more than ever to return to the essence of our professions, to the fundamentals. Hard work, a team spirit, respect, discipline, perseverance, a quest for quality, these remain true values and above all represent an ideal for life.

To me, the title of MOF is certainly the distinction of which I am most proud because it is the materialization of effort, of the highest level of professionalism, and a never ending search for perfection and excellence.

Eighty years after its creation, the Société des Meilleurs Ouvriers de France has never been so essential, consecrating, by its rarity, the recognition of the elite of our profession and of our art.

Joël Robuchon

JOËL **ROBUCHON**
MOF 1976

La Société Nationale
des Meilleurs Ouvriers de France

Tout au long de son histoire, la France a compté un grand nombre d'artisans, de maîtres d'œuvres, de bâtisseurs anonymes et de créateurs de talent. Le travail et la passion de tous ont laissé en chaque siècle des traces impérissables.

En 1924, l'Etat qui souhaitait accorder une reconnaissance officielle à cette excellence professionnelle, a organisé la première Exposition nationale du Travail en créant le titre de **« Un des Meilleurs Ouvriers de France »**.

À l'issue de la deuxième Exposition Nationale du Travail en 1927, les lauréats ont souhaité se regrouper et ont fondé le 14 septembre à Paris, la Société des **MOF**. Son premier président était Monsieur Georges CASTELAIN, **Meilleur Ouvrier de France** peintre sur tissu.

Les objectifs de l'association étaient de participer à la valorisation des métiers, d'attester de la pluralité des excellences, de soutenir l'enseignement professionnel.

Depuis cette date, la Société Nationale des Meilleurs Ouvriers de France est la seule association qui regroupe les lauréats du Concours **« Un des Meilleurs Ouvrier de France »** dans environ deux cent vingt métiers, des métiers de la gastronomie aux métiers d'art, aux métiers de la mode ou de l'industrie, etc.

Elle compte actuellement 2000 adhérents dans toute la France, et à l'étranger.

En 2001, un décret a reconnu officiellement le diplôme de **« Un des Meilleurs Ouvriers de France »** en le classant au niveau III de la nomenclature interministérielle des diplômes français.

Les objectifs de la Société Nationale des MOF se sont adaptés à l'évolution mais n'ont pas fondamentalement changé :

• attester de l'aspect positif des métiers avec la volonté de se référer à la **tradition**, mais également d'**innover** et de **créer**,

• soutenir l'**excellence professionnelle**, la faire vivre et évoluer en valorisant **les hommes et les femmes** qui obtiennent le diplôme, mais également les entreprises qui les emploient en donnant une image de compétences de leur personnel,

• encourager la formation professionnelle et **l'apprentissage des jeunes** en transmettant **compétences et expérience**. C'est dans cette perspective que la Société Nationale des Meilleurs Ouvriers de France organise chaque année le concours « Un des Meilleurs Apprentis de France » à trois niveaux, départemental, régional et national. Ce concours s'adresse aux jeunes de moins de vingt-et-un ans.

Pour toutes ces actions, la Société Nationale des Meilleurs Ouvriers de France a été **reconnue d'utilité publique** le 6 mars 1952.

Le Secrétaire Général,
Lucien GIAI-BRUERI

The *Société Nationale des Meilleurs Ouvriers de France*

Throughout its history, France has boasted a large number of artisans, master craftsmen, anonymous trailblazers and talented creators. Their work and passion have left indelible marks on every century.

In 1924, the French government sought to give official recognition to this professional excellence by organizing the first **Exposition National de Travail** (National Work Exhibition) and creating the title of **Meilleurs Ouvriers de France** (Best Craftsmen of France).

After the second exhibition in 1927, the winners decided to form the **MOF** society, founded on September 14th of that year. The society's first president was Monsieur Georges Castelain, **Meilleur Ouvrier de France** in painting on cloth.

The goal of this association was to champion manual professions, to highlight the plurality of excellence and to promote professional training.

Since this date, the **Société National des Meilleurs Ouvriers de France** has been the only association to bring together the winners of the "Un des Meilleurs Ouvrier de France" competition for over 220 professions from gastronomy to art, fashion or industry. There are currently 1800 members of this association in France and abroad.

In 2001, a decree formally recognized the diploma **"Un des Meilleurs Ouvriers de France"**, classifying it as a level III certification in line with the official nomenclature of French diplomas.

For all of these actions, the **Société Nationale des Meilleurs Ouvriers de France** was recognized a public service association on March 6th, 1952.

Lucien GIAI-BRUERI
Secrétaire Général/Secretary General

The objectives of the MOF society have evolved over time, but have not fundamentally changed:

• Confirm the positive aspect of its professions with the goal of underlining tradition, but also recognizing innovation and creativity.

• Support professional excellence, perpetuate it and help it to evolve by rewarding the men and women who obtain the diploma, but also recognizing the enterprises that employ them and reward the competence of their personnel.

• Encourage professional training and the apprenticeship of young workers, with the goal of transmitting competence and experience. It is with this in mind that the MOF society organizes an annual competition, **"Un des Meilleurs Apprentis de France"** (Best Apprentices of France), on three levels, local, regional and national. This competition is open to apprentices and young workers of less than 21 years old.

Menu
Menu

Meilleurs Ouvriers de France

MEILLEURS OUVRIERS DE FRANCE

MEILLEURS OUVRIERS DE FRANCE

entrées
appetizers

JEAN-JACQUES**MASSÉ**

INGRÉDIENTS (pour 6 personnes)
FUMET
1 tiers de litre de vin blanc (sec) / 15 cl d'eau
1 carotte / 3 oignons bottes / 1 citron confit (séparer
le zeste et le cœur du citron) / 1 bouquet garni
Sel, poivre mignonnette
MAQUEREAUX
8 petits filets levés par votre poissonnier
25 g de gélifiant végétal SOSA
GARNITURE
10 câpres au sel dessalées une demi-heure à l'eau
froide / 1 demi-botte de persil plat / la peau d'un
petit citron au sel / 3 feuilles d'algue Nori
Moutarde au vin blanc
BLINIS DE SARRAZIN
100 g de farine blanche T55 / 100 g de farine de
sarrasin / 5 cl d'eau / 6 cl de cidre brut / 15 g de
levure de boulanger / 1 cuillère à café d'huile
1 pincée de sel
DÉCORATION
1 carotte / 5 radis rouges / 1 mini fenouil
Fleurs fraîches

Petit-fils d'une famille de restaurateurs hôteliers à Scaër dans le Finistère, Jean-Jacques Massé est né dans la marmite de bouillie ker de Marie, sa grand mère – bouillie d'avoine dont il retient encore aujourd'hui l'odeur et le goût inimitables. Après de longues années de travail au sein de grandes maisons parisiennes, à Monaco à l'hotel de Paris et en Afrique pour une chaîne internationale pendant dix ans, il se distingue en obtenant le titre « Un des Meilleurs Ouvriers de France » en 1997. De son parcours, il retient qu'à force de détermination, aucun obstacle n'est insurmontable. Jean-Jacques Massé est depuis 2001 Directeur de la Gastronomie à la Grande Épicerie de Paris.

Jean-Jacques Massé is the grandson of a restaurant/hotel family in Scaër in the Finistère department. You could say that he was born in the porridge pot of Marie, his grandmother. From a very young age, he remembers the aroma and the inimitable taste of her oatmeal porridge. He is the product of long years of work in great Parisian restaurants, as well as at the Monaco l'Hotel in Paris, without overlooking a decade spent in Africa in an international hotel chain. The MOF welcomed him in their midst in 1997. What he retains from his vast experience is that no obstacle is insurmountable, no matter how difficult – it's only a question of determination. Jean-Jacques Mass has been director of gastronomy at the Grande Epicerie in Paris since 2001.

INGREDIENTS (for 6 servings)
STOCK
1 carrot / 3 new onions or large scallions / 1 1/2 cups
dry white wine / ¾ cup water / 1 salt-cured or pickled
lemon (separate the rind from the flesh) / 1 bouquet
garni / Salt, coarsely cracked black peppercorns
MACKEREL
8 fillets of small mackerel (or 8 small mackerel)
1 oz vegetable gelatine / 10 salted-cured capers,
soaked in cold water for ½ hour / 3 leaves Nori
seaweed
White-wine mustard / ½ bunch flat-leaf parsley
GARNISH
1 carrot / 5 red radishes / White onions
1 small fennel bulb
BUCKWHEAT BLINIS
½ oz baker's yeast / 3 ½ tablespoons water
¾ cup wheat flour (T55) / ¾ cup buckwheat flour ¼
cup hard cider / 1 teaspoon oil / 1 pinch salt
TO SERVE
Buttermilk / Fresh edible flowers

MEILLEUR OUVRIER
DE FRANCE 1997

*Quelle gourmande idée
de nous réunir dans cet ouvrage...*

LA GRANDE EPICERIE DE PARIS • 38, RUE DE SÈVRES • 75007 PARIS • TÉL. +33 (0)1 44 39 81 04
JMASSE@LA-GRANDE-EPICERIE.FR • WWW.LAGRANDEEPICERIE.FR

PRÉPARATION

FUMET : Couper les carottes épluchées en rondelles fines d'1mm et les oignons en rondelles de 2mm. Porter à ébullition pendant 10 min. avec le mélange d'eau, de vin blanc, le cœur du citron confit et le bouquet garni. Laisser refroidir.

MAQUEREAUX : Enlever la petite membrane transparente qui recouvre les filets, puis inciser de chaque côté des arêtes afin de les enlever. Passer le fumet en prenant soin de garder les éléments de garniture. Extraire le cœur de citron confit et le bouquet garni. Additionner à froid 25 g de gélifiant végétal SOSA et porter à 70 °C.
Disposer les filets dans le fond d'une poêle antiadhésive.
Couvrir les maquereaux de fumet, porter à petite ébullition et réserver.

TERRINE : Hacher grossièrement les câpres et le zeste de citron confit. Choisir un moule à cake (équivalent à 400 g), le chemiser de feuilles d'algue Nori. En superposition, disposer le maquereau tiède, le badigeonner au pinceau de moutarde au vin blanc. Mélanger au bouillon tiède les éléments de la garniture et ceux de la cuisson du fumet. En tapisser le maquereau moutardé et renouveler l'opération 3 fois tout en pressant légèrement.

Refermer les feuilles de Nori sur la préparation et laisser reposer 24 heures au réfrigérateur.

ELÉMENTS DE DÉCORATION : À l'aide d'une mandoline, couper en carpaccio très fin des rondelles de carotte, de radis noir, de radis, d'oignon blanc et de mini fenouil. Rafraîchir le tout 15 min. dans de l'eau avec des glaçons, égoutter et garder au froid.

BLINIS DE SARRASIN : Détendre la levure de boulanger dans l'eau. Mélanger les deux farines avec le sel et ajouter la levure à ce mélange. Ajouter le cidre et l'huile. Mélanger le tout énergiquement. Couvrir d'un linge et laisser reposer 2 heures minimum.
La cuisson s'effectue dans une poêle à blinis antiadhésive légèrement beurrée. Cuire de chaque côté pendant 2 min. et servir tiède.

FINITION ET ACCOMPAGNEMENT

Verser le lait ribot ou le lait caillé dans une petite tasse. Démouler et trancher délicatement la terrine. Disposer les tranches sur des assiettes froides. Décorer de légumes croquants, servir avec les blinis tièdes.

PRESSE DE MAQUEREAUX AU VIN BLANC, BLINIS DE SARRASIN AU LAIT RIBOT

VIN CONSEILLÉ : Sydre «Argelette» • Acidité fraîche, minéralité • 2006 • 6°C
Éric Bordelet • (53) CHARCHIGNÉ

PREPARATION

FISH STOCK: Slice the carrots into thin (1/16-inch) rounds. Slice the onions into slightly thicker (1/8-inch) rounds.

Combine the white wine, water, the flesh of the lemon, and bouquet garni in a saucepan, add the sliced vegetables, season with salt and coarsely ground peppercorns and boil for 10 minutes. Let cool. Strain the stock through a fine sieve, reserving the vegetables. Remove the lemon flesh and bouquet garni from the vegetables. Let cool.

MACKEREL: Remove the thin membrane from the fish fillets. Add the gelatine to the cooled fish stock and heat to 160°F. Place the mackerel in a nonstick skillet. Add enough stock to cover, bring just to a boil and set aside.

TERRINE: Coarsely chop the capers and the lemon rind. Line a terrine or loaf pan (about 1 pound capacity) with sheets of Nori seaweed. Place a layer of warm mackerel fillets flat in the bottom of the loaf pan, brush with mustard. Combine a little warm stock with the caper and lemon mixture and the reserved vegetables from the stock. Spread this mixture over the mustard-coated mackerel, and repeat this layering three times, pressing down lightly. Cover the top of the terrine with a sheet of Nori, refrigerate and let rest for 24 hours.

For the decoration, use a mandoline to slice the carrots, radishes, white onions and fennel into very thin, carpaccio-like slices. Refresh the vegetable slices in a bowl of water with ice cubes. Drain and keep cold.

BUCKWHEAT BLINIS: Dilute the yeast in the water. Combine the two flours with the salt and add the yeast. Add the cider and oil, mixing briskly. Cover with a clean kitchen towel and let rest for at least 2 hours. In a lightly buttered, nonstick blini pan, cook the blinis for about 2 minutes per side.

SERVING

Pour the buttermilk in a small cup. Unmold the mackerel terrine, and slice delicately. Arrange the slices on cold serving plates. Decorate with the crisp vegetable slices, flowers and serve with the warm blinis.

MICHEL**BALLEREAU**

Michel Ballereau découvre la charcuterie à quatorze ans grâce à un ami de son père, charcutier à Angers, chez qui il fait un premier stage durant un an et demi. Son apprentissage se poursuit chez un charcutier traditionnel sur marché.

À dix-sept ans, il obtient son CAP de charcutier et part à Paris. Il y travaille dans une trentaine de maisons, certaines très réputées et découvre de nouvelles recettes et techniques. En 1975, à vingt-sept ans, il reprend un magasin dans le treizième arrondissement de Paris où il reste jusqu'en 1987. Après son mariage, il acquiert une belle enseigne de la rue de Lévy (Paris 17e) où il a déjà travaillé. C'est là, en 1997, que Michel Ballereau prépare et réussit le concours de Meilleur Ouvrier de France. Depuis octobre 2001, il officie à la charcuterie « Au Porcelet Rose », à Sceaux (92).

Michel Ballereau discovered charcuterie when he was 14 years old, thanks to one of this father's friends, a charcutier in Angers, where he apprenticed for a year and a half. His apprenticeship continued with a traditional market charcutier.

At the age of 17 he obtained his C.A.P. in charcuterie and left for Paris. There he worked in 30 or so shops, some of them quite famous, where he discovered new recipes and techniques. In 1975, at the age of 27, he took over a business in Paris's 13th arrondissement where he remained until 1987. After marriage, he acquired a prestigious shop on the rue de Lévy (Paris's 17th arrondissement), where he had previously worked. It was here, in 1997, that he prepared for and won the Meilleur Ouvrier de France competition. Since October 2001, he has headed the charcuterie « Au Porcelet Rose », in the city of Sceaux.

MEILLEUR OUVRIER
DE FRANCE 1996

Ce livre va, je l'espère, donner envie aux cordons bleus et gastronomes de se mettre aux fourneaux.

AU PORCELET ROSE • 41, RUE HOUDAN • 92330 SCEAUX • TÉL. +33 (0)1 46 61 01 71
HTTP://WWW.AUPORCELETROSE.FR/ • BALLEREAUTRAITEUR@WANADOO.FR

INGRÉDIENTS (pour une terrine de 5.250 kg poids fini)

2.6 kg de ris de veau
ASSAISONNEMENT
50 g de sel fin / 1 petite cuillère à café de poivre gris / 1 petite cuillère à café de sel rose / 2 petites cuillères de sucre / 1 demi-(belle) cuillère à café de muscade / 1 demi-(belle) cuillère à café de 4 épices 150 g de madère / 1 garniture aromatique (200 g de carotte, 200 g d'oignon, 100 g de céleri en branches, 100 g de persil, 4 brindilles de thym, 4 feuilles de laurier) > Mettre au sel séparément les ris de veau, ajouter la garniture aromatique, le tout pendant 24 h.

1.750 Kg de farce
ASSAISONNEMENT
50 g de sel fin / 1 petite cuillère à café de poivre gris / 1 petite cuillère à café de sel rose / 2 petites cuillères à café de sucre / 1 demi-petite cuillère à café de muscade / 1 demi-petite cuillère à café de 4 épices / 60 g de cognac > Mettre au sel la farce en ayant préalablement prélevé une partie de l'assaisonnement pour mettre au sel le foie de volaille pour le gratin, le tout pendant 24 h.

FARCE À GRATIN
225 g de foie de volaille / 100 g de madère 180 g d'échalote

LIAISON
4 œufs / 175 g de farine / 750 g de fond de cuisson des ris de veau

FINITION
50 g de pistaches / 50 g de truffe hachée / Barde de lard / Crépine

INGRÉDIENTS (for a terrine of 11 ½ lbs)
SEASONING MIXTURE
3 ½ oz "pink" salt / 2 teaspoons pepper 2 teaspoons rose Himalayan salt / 4 teaspoons sugar 1 teaspoon nutmeg / 1 teaspoon 4-spice powder*
TERRINE
5 ¾ lbs veal sweetbreads / 2 large carrots, diced 2 medium onions, diced / 2 celery ribs, diced / 7 oz parsley, chopped / 4 thyme sprigs / 4 bay leaves 1 cup Madeira wine / 8 oz chicken livers / 4 lb pork, cubed / Butter / Olive oil / ¼ cup Cognac / 3 cups veal stock / 6 ¼ oz shallots, chopped / 4 eggs / 1 1/3 cup flour / 6 tablespoons shelled pistachios / 1 ¾ oz truffles, chopped / Caul fat / Thin sheets larding fat Gelatine

---

PRÉPARATION

Le lendemain, dans une sauteuse avec beurre et huile d'olive, braiser les ris de veau. En fin de braisage, ajouter les légumes de marinade et flamber au cognac. Recouvrir à hauteur de fond de veau très peu salé. Cuire 30 à 35 min. Les égoutter, les couvrir d'un film et laisser refroidir. Réserver le fond de cuisson, le réduire des deux tiers et laisser refroidir.
Poids des ris de veau cuits refroidis : 1,8 kg.

RÉALISER LE GRATIN : dans une sauteuse avec beurre et huile d'olive, ajouter l'échalote hachée, faire blondir et mettre les foies de volaille, les cuire rosés pas trop sec et passer le tout au robot pour les couper très finement. Laisser refroidir.

Hacher la farce à la plaque à chair n°4. Mettre cette farce dans une cuve de mélangeur, ajouter à la farce pour liaison les œufs, la farine, le fond de veau réduit. Mettre les pistaches, la truffe hachée et terminer en ajoutant les ris de veau égrainés grossièrement.

METTRE EN TERRINE : barder les terrines (bardes piquées) et les recouvrir d'une crépine. Mettre à cuire à 130°C dans un four statique dans une plaque à bain-marie : le temps de cuisson dépend de la taille des terrines. Cuisson à cœur : 78 à 80°C. Une fois cuites, ajouter aux terrines du fond de cuisson des ris de veau suffisamment gélatiné. Refroidir au moins 24 heures avant consommation.

TERRINE DE RIS DE VEAU TRUFFÉE ET PISTACHÉE

VIN CONSEILLÉ : AOC Hermitage blanc • Rondeur, caractère et volume • 2003 • 13°C
Domaine Jean-Louis Chave • (07) MAUVES

PREPARATION

Combine all ingredients for the seasoning mixture and divide into two equal parts.

Place the sweetbreads in a shallow bowl with the carrots, onions, celery, parsley, thyme, and bay leaves. Add half of the seasoning mixture, and 2/3 cup of the Madeira wine. Combine well and marinate refrigerated for 24 hours.

Place the chicken livers in a separate bowl and season with a little of the remaining seasoning mixture and the remaining Madeira. Set aside to marinate refrigerated for 24 hours.

In a third bowl, combine the pork with the remaining seasoning mixture and set aside to marinate refrigerated for 24 hours.

The following day, heat a little butter and olive oil in a skillet, add the sweetbreads, and brown lightly. Add the vegetables from the marinade, pour in the Cognac and ignite. Add enough veal stock (only very lightly salted) to just cover the sweetbreads and cook for 30 to 35 min. Drain the sweetbreads, (reserving the cooking liquid), cover with plastic film and let cool. Reduce the cooking liquid by two-thirds and let cool. The weight of cooked, cooled sweetbreads will be about 4 pounds.

Heat a little butter and olive oil in a skillet, add the chopped shallots and sauté until lightly browned. Add the chicken livers, and cook until just pink. Transfer to a food processor, chop finely, and let cool. Grind the marinated pork in a meat grinder fitted with a number 4 disk. Place in a food processor, with the chicken livers. Add the eggs, flour and the remaining veal stock, reduced, and process. Add the pistachios and chopped truffles. Separate the sweetbreads into coarse pieces and add to the mixture.

Line terrines with the larding fat. Fill each with the mixture, and cover the top of each terrine with a layer of caul fat. Cook in a water bath in a preheated 275°F oven until the temperature at the heart of each terrine reaches 175°F. (Cooking time will vary depending upon the size of the terrines.) Combine the reduced cooking liquid with an appropriate amount of gelatine, and pour around the sides of the terrines. Let cool for 24 hours before serving.

* If « pink salt » (a nitrited salt used for preserving and curing meats) is not available, substitute fine salt.

DOMINIQUE FONSECA

Ancien Compagnon du Tour de France, Dominique Fonseca débute sa carrière comme apprenti pâtissier, puis comme apprenti cuisinier chez Ledoyen à Paris, sous les ordres de Monsieur Legay. Il entre ensuite au Ritz comme premier commis et, durant vingt-huit ans, gravit les échelons jusqu'à devenir chef de cuisine.

Dominique Fonseca, qui est aujourd'hui à la tête de son hôtel-restaurant le Coq Hardi, a reçu le titre de Meilleur Ouvrier de France en 2000.

Former Compagnon de Tour de France, Dominique Fonseca began his career as a pastry apprentice, then continued as apprentice cook at Paris's Ledoyen restaurant under the orders of Guy Legay. He joined the kitchens of the Hôtel Ritz, Paris as premier commis, and during twenty-eight years he moved up the ladder of command here to become chef de cuisine.

Dominique Fonseca, who now heads his own hotel-restaurant, the Coq Hardi, received the title of Meilleur Ouvrier de France in 2000.

Photo : Alain DOIRE

MEILLEUR OUVRIER
DE FRANCE 2000

Être MOF, c'est ne jamais décevoir et être bon tous les jours.

HÔTEL - RESTAURANT LE COQ HARDI • FRANÇOISE ET DOMINIQUE FONSECA • 42, AVENUE DE LA TUILERIE
58150 POUILLY-SUR-LOIRE • TÉL. +33 (0)3 86 39 12 99 • WWW.LECOQHARDI.FR

INGRÉDIENTS (pour 4 personnes)

SAUCE
50 cl de vin rouge, bourgogne de préférence
4 gros champignons de Paris / 1 carotte / 1 branche de céleri / 1 échalote / 5 cl de jus de veau / 1 cuillère à soupe de persil haché / 2 pincées de sucre

GARNITURE
8 œufs de poule extra frais / 8 belles asperges
8 tranches de poitrine fumée coupées fines
500 g de champignons sauvages mélangés
100 g de beurre frais / 1 dl de vinaigre
(Mélange d'herbes fraîches du marché les meilleures viennent du jardin !)

INGREDIENTS (for 4 servings)

SAUCE
4 large white mushrooms / 1 carrot / 1 celery rib
1 shallot / 2 cups red wine, preferably Burgundy / 2 pinches sugar / 1/4 cup veal stock / 1 tablespoon cold butter

EGGS AND ACCOMPANIMENT
8 extra-fresh eggs / 8 large asparagus spears, peeled / 8 thin slices smoked bacon / 1/3 cup white vinegar / 1 lb mixed wild mushrooms / 7 tablespoons cold fresh butter / 1 teaspoon chopped shallots / 1 tablespoon minced parsley / Mixed fresh garden herbs or the best seasonal herbs from the market / Salt, pepper

---

PRÉPARATION

Tailler en petits dés les têtes de champignons, la carotte, le céleri et l'échalote puis les mouiller au vin rouge. Mettre le tout sur le feu avec 2 pincées de sucre. Flamber et faire réduire doucement de moitié avant d'ajouter le jus de veau.

Réduire 3 min. à feu doux avant d'incorporer une noisette de beurre frais, vérifier l'assaisonnement.

Cuire les asperges épluchées à l'eau bouillante salée (les conserver croquantes). Les rafraîchir et les égoutter puis les refroidir. Enrouler chaque asperge d'une tranche de poitrine fumée.

Faire bouillir 1 litre d'eau avec 1 décilitre de vinaigre. Cassez les œufs un par un dans une petite tasse. Les verser doucement dans l'eau frémissante, laissez cuire 2 à 3 min. selon les goûts. Aussitôt cuits, les plonger dans un bol d'eau glacée. Cuire les œufs 2 par 2 ou 3 par 3.

Préparer les champignons sauvages : les faire sauter à la poêle avec une noisette de beurre et une cuillère d'échalote.

Faire dorer les asperges dans une poêle avec une noisette de beurre, ajouter les champignons. Les assaisonner avant d'ajouter le persil haché. Plonger les œufs pochés dans une casserole d'eau chaude pour les remettre en température.

FINITION ET ACCOMPAGNEMENT

Sur une grande assiette, dresser 2 asperges parallèles, garnir l'espace de champignons.

Poser les œufs chauds sur le dessus, puis napper de sauce.

Garnir d'un bouquet d'herbes fraîches. Finir par un tour de moulin et une pincée de fleur de sel.

LES ŒUFS MEURETTE DU COQ HARDI

VIN CONSEILLÉ : AOC Chénas «Vieilles Vignes» • Fraîcheur, charpente et fruits • 2005 • 14°C
Domaine Hubert et Denise Lapierre • (71) LA CHAPELLE DE GUINCHAY

PREPARATION

Finely dice the mushrooms, carrot, celery and shallot. Place in a saucepan with the red wine and 2 pinches sugar. Ignite, then reduce the heat and simmer until reduced by half. Add the veal stock and reduce 3 min. over low heat. Whisk in a knob of cold butter. Correct the seasonings.

Cook the asparagus in boiling salted water until just cooked but still slightly crisp. Refresh in cold water, drain and let cool. Wrap each asparagus with a slice of bacon.

Bring 1 quart (4 cups) water and the vinegar to a boil, reduce to a simmer. Break the eggs, one at a time, into a small cup, slide each gently into the simmering vinegar water, and poach, 2 eggs at a time, for 2 to 3 min, to desired doneness. Remove the eggs and transfer immediately to a bowl of ice water.

Clean and trim the wild mushrooms. Sauté in a skillet with a little butter and the chopped shallots, season to taste and add the minced parsley. Brown the asparagus in a skillet with butter.

Warm the eggs briefly in a saucepan of warm water to reheat.

SERVING

On large serving places, arrange two asparagus in a parallel position. Fill the space between them with the wild mushrooms. Top with two warm poached eggs, and spoon the sauce over. Garnish with a bouquet of fresh herbs, a little freshly ground black pepper and a pinch of fine sea salt.

YANNICK**FRANQUES**

Ancien élève de Christian Constant et d'Alain Ducasse, Yannick Franques est actuellement à la tête des cuisines du Relais & Châteaux Saint-Martin, dans l'arrière-pays niçois. D'origine parisienne, il obtient le titre de « Un des Meilleurs Ouvriers de France » en 2004. Après huit années passées auprès d'Éric Fréchon au Bristol à Paris, il s'installe dans le sud en janvier 2007 comme chef de l'Hôtel Mirabeau, à Monte-Carlo. Il poursuit depuis sa carrière au Château de Saint-Martin à Vence.

A student of Christian Constant and Alain Ducasse, Yannick Franques currently heads the kitchens of a Relais & Chateaux establishment, the Chateau St.-Martin, in the charming hill country behind Nice. A native of Paris, he obtained the title of « Un des Meilleurs Ouvriers de France » in 2004. After eight years working alongside Eric Fréchon at Paris's Bristol hotel, he moved South in January 2007 to become chef of the Hotel Mirabeau in Monte-Carlo. Since then, he has continued his career at the Château du Domaine St-Martin in Vence.

INGRÉDIENTS (pour 4 personnes)
2 belles truffes noires / 100 g de brisures de truffe
10 cl de fond blanc de veau / 20 g de beurre
4 œufs / 1 brioche / Sel, poivre

INGREDIENTS (for 4 servings)
*2 large black truffles / 3 ½ oz truffle pieces /
6 tablespoons veal stock / 1 ½ tablespoons cold butter /
4 eggs / 1 small brioche, crumbled / Salt, pepper*

MEILLEUR OUVRIER
DE FRANCE 2004

*L'alchimie des sens et de la matière
pour l'émotion d'une belle assiette !*

CHATEAU SAINT-MARTIN & SPA • AVENUE DES TEMPLIERS • 06140 VENCE • TÉL. : +33 (0)4 93 58 02 02
WWW.CHATEAU-ST-MARTIN.COM • RESERVATION@CHATEAU-ST-MARTIN.COM

PRÉPARATION

Peler les deux truffes. Mixer les brisures de truffe avec les parures des deux truffes fraîches et du fond blanc bien lisse. Mettre à chauffer, vérifier l'assaisonnement puis monter la sauce avec des noisettes de beurre frais. Séparer les œufs en conservant les jaunes intacts et non crevés, les réserver dans une demi-coquille. Monter les blancs en neige bien ferme. En tapisser une louche moyenne (N°10) en ménageant un creux au centre.
Ajouter des dés de truffe fraîche, puis déposer délicatement le jaune d'œuf dans le creux et recouvrir de blanc d'œuf.
Cuire au four vapeur pendant 10 min.

FINITION ET ACCOMPAGNEMENT

Verser le coulis de truffe dans les assiettes chaudes, poser délicatement un dôme. Parsemer de brioche concassée. Décorer d'une lamelle de truffe et servir aussitôt.

VIN CONSEILLÉ : AOC Palette blanc • Complexité de la structure et de la minéralité • 2006 • 11°C
Château Simone • (13) MEYREUIL

PREPARATION

Peel the large truffles, reserving the trimmings. Set aside 4 thin truffle slices for the decoration. Cut the remaining truffles into small, even cubes.

Combine the trimmings from the large truffles and the truffle pieces in a processor with the veal stock and process until smooth. Heat in a saucepan, correct the seasonings. Whisk in the cold butter a little at a time to form a thick emulsion.

Separate the eggs, being careful to keep the yolks whole. Set each yolk aside in an egg shell. Combine the whites in a bowl and whisk until stiff peaks form. Line a 4-inch diameter dome-shaped mold (or a medium-sized ladle) with the stiff egg whites. Form a hollow in the center of the whites, and add some of the cubed fresh truffles. Top delicately with an egg yolk, and cover with whipped whites. Continue in the same manner for the remaining 3 domes. Cook in a steam oven for 10 minutes. Carefully unmold the domes.

SERVING

Spoon the truffle sauce onto warm plates, top with the steamed domes. Sprinkle with brioche crumbs. Decorate with a truffle slice and serve immediately.

JEAN-MARIE GAUTIER

Jean-Marie Gautier est consacré « Un des Meilleurs Ouvriers de France » en 1991. La même année, il est nommé Chef de Cuisine de l'Hôtel du Palais à Biarritz, où il officie toujours aujourd'hui. En 1994, il reçoit l'Award du Meilleur Chef de Restaurant d'Hôtel. En véritable passionné, Jean-Marie Gautier est formateur professionnel auprès de nombreuses formations et écoles en hôtellerie/restauration et membre de plusieurs associations culinaires.

*Jean-Marie Gautier was consecrated **Meilleur Ouvrier de France** in 1991.*
The same year, he was named chef de cuisine at the Hôtel du Palais in Biarritz where he still officiates today. In 1994, he received recognition as Meilleur Chef de Restaurant d'Hotel (Best Chef of a Hotel-Restaurant.). A man truly passionate about his profession, Jean-Marie Gautier is also guest instructor for numerous hotel/restaurant schools and training programs and is a member of several culinary associations.

MEILLEUR OUVRIER
DE FRANCE 1991

Pour le plaisir des yeux
et le régal du palais,
ce livre nous dévoile la passion
gourmande et simple de chacun.

HÔTEL DU PALAIS • 1, AVENUE DE L'IMPÉRATRICE • 64200 BIARRITZ • TÉL. +33 (0)5 59 41 64 00
HTTP://WWW.HOTEL-DU-PALAIS.COM/ • RECEPTION@HOTEL-DU-PALAIS.COM

INGRÉDIENTS (pour 6 personnes)
18 piments del piquillo en conserve

BRANDADE DE MORUE
1 l de lait / 10 gousses d'ail / thym, laurier
400 g de morue dessalée / 200 g de pomme de terre
à chair ferme / 20 cl d'huile d'olive / 1 cuillère à
soupe de persil haché

POUR LA SAUCE
5 cl d'huile d'olive / 40 g d'oignons émincés
1 gousse d'ail hachée / 80 g de piment del piquillo
100 g de poivrons rouges en dés / 20 g de concentré
de tomate / 150 g de tomate fraiche / 1/2 litre de
fumet de poisson

GARNITURE ET FINITION
3 gousses d'ail / huile de friture / 18 croûtons de
baguette toastés à l'huile d'olive / 1 cuillère à soupe
d'huile d'olive

PURÉE DE PERSIL
80 g de feuilles de persil / 10 g d'ail dégermé
50 g de pignons de pin / 10 g de gros sel
15 cl d'huile d'olive / 50 g de parmesan
Poivre du moulin

INGREDIENTS (for 6 servings)
18 small sweet piquillo peppers (canned)

SALT COD PURÉE
4 cups milk / 10 garlic cloves / 1 thyme sprig
1 bay leaf / 14 oz salt cod, de-salted overnight
2 medium firm-fleshed potatoes / ¾ cup olive oil
1 tablespoon chopped parsley

SAUCE
¼ cup olive oil / 4 tablespoons minced onions
1 garlic clove, chopped / 2 ¾ oz sweet piquillo peppers
2/3 cup diced red bell peppers / 1 ½ tablespoons
tomato paste / 1 tomato / 2 cups fish stock

PARSLEY PURÉE
2 ¾ oz parsley leaves / 2 garlic cloves, sprouts removed
1/3 cup pine nuts / 2 teaspoons coarse salt
2/3 cup olive oil / ½ cup grated Parmesan cheese
Freshly ground pepper / 18 croûtons (toasted baguette
slices, brushed with or sautéed in olive oil)

GARNISH
13 garlic cloves / Oil for frying / 1 tablespoon olive oil

PRÉPARATION

BRANDADE DE MORUE : dans une casserole verser le lait, 3 gousses d'ail écrasées, la feuille de laurier, le brin de thym et ajouter la morue. Porter à ébullition, laisser pocher 5 min. (ne pas saler le lait).
Cuire les pommes de terre à l'eau (ne pas saler l'eau). Confire 5 gousses d'ail dans l'huile d'olive. Hacher 2 gousses d'ail. Rincer les piquillos.
Égoutter la morue et l'effeuiller, ajouter de la pomme de terre cuite écrasée, l'ail haché, l'ail confit concassé, le persil, ajouter un peu d'huile d'olive et bien mélanger. Détendre si nécessaire la brandade de morue avec le lait de cuisson. Réserver.

LA SAUCE : dans une casserole faire suer à l'huile d'olive les oignons, laisser fondre sans coloration, puis ajouter l'ail, le piquillo, le poivron. Continuer la cuisson et ajouter le concentré de tomate, puis la tomate.
Verser le fumet de poisson, cuire 35 min. Passer la sauce au mixer puis au chinois.

CHIPS D'AIL : couper finement 3 gousses d'ail en chips, les blanchir 3 fois, puis les frire à 140°C. Les réserver les sur papier absorbant.

MONTAGE DES PIQUILLOS : farcir les piments del piquillos avec la brandade et les disposer sur un grand plat en terre contenant un peu de sauce. Disposer le plat dans un four à 200°C et laisser cuire doucement une dizaine de min.
Préparer la purée de persil (pour les croûtons) : dans un mixer rassembler tous les éléments et mixer finement.
Tartiner les croûtons.

PRÉSENTATION

Sur chaque assiette verser un peu de sauce puis disposer en étoile trois piments et trois croûtons.
Parsemer sur les assiettes, les chips d'ail et verser un trait d'huile d'olive.

PIMENTS DEL PIQUILLOS À LA MORUE
ET POMME DE TERRE

VIN CONSEILLÉ : AOC Languedoc Picpoul de Pinet • La dominante des arômes d'agrumes et la fraîcheur
sont des vrais alliés • 2008 • 10°C • Château Saint Martin de la Garrigue • (34) MONTAGNAC

PREPARATION

SALT COD PURÉE: In a saucepan, combine the milk, 3 crushed garlic cloves, thyme sprig, bay leaf, and salt cod. Bring to a boil, reduce the heat and poach for 5 minutes.
Cook the potatoes in unsalted water.
In a small saucepan, slowly simmer 5 garlic cloves in the olive oil. Finely chop the remaining 2 garlic cloves. Rinse the piquillo peppers.
Drain the cod and flake the flesh. Drain the potatoes, crush with a fork and add to the cod along with the chopped garlic, a little olive oil and the parsley. Combine well. If the mixture seems too thick, add a little of the milk from the cod. Set aside.
SAUCE: Heat the olive oil in a saucepan, add the onion, and sweat without browning. Add the garlic, piquillos, and red bell pepper, continue cooking. Add the tomato paste, tomato and fish stock and cook for 35 minutes. Process the sauce in a food processor, and strain through a fine sieve.

STUFFING THE PIQUILLOS: Stuff the piquillo peppers with the salt cod purée and arrange in an earthenware baking dish with a little of the sauce. Warm in a preheated 395°F oven for about 10 minutes.
PARSLEY PURÉE (for the croûtons): Combine all of the ingredients in a food processor and process to a fine purée. Spread over the croûtons.
GARLIC CHIPS: Thinly slice 13 garlic cloves. Blanch three times in boiling water. Fry at 285° F. Drain on paper towel.

SERVING

Spoon a little of the sauce in the center of each serving plate. Arrange three stuffed piquillo peppers and three croûtons on each plate in a star shape. Sprinkle each serving with the garlic chips and drizzle with a little olive oil.

PHILIPPE**JOURDIN**

Après avoir intégré la brigade de La Grande Cascade à dix-sept ans, Philippe Jourdin passe par des maisons prestigieuses comme La Tour d'Argent et le Moulin de Mougins. En 1994, il obtient le titre « Un des Meilleurs Ouvriers de France ». Il est aujourd'hui le chef du restaurant Le Faventia du Domaine de Terre Blanche de Tourette, deux macarons au Guide Michelin 2009.

Philippe Jourdin has worked in prestigious establishments such as the Bristol hotel, the Relais Louis XIII, the Tour d'Argent and the Moulin de Mougins.
He won the title of « Un des Meilleurs Ouvriers de France » in 1994. He is the chef of « Faventia », the restaurant of the Domaine de Terre Blanche de Tourette, which he has directed since 2004. The restaurant won two stars from the Michelin Guide in 2009.

INGRÉDIENTS (pour 8 personnes)
16 queues de gambas (calibre 15/20) / 250 g de carotte / 1 gousse d'ail / 5 g de cumin / 7 cl d'huile d'olive / 3 dl de jus d'orange / 1,5 dl de jus de carotte frais / 25 g de beurre / 30 g de Saté ou Satay
1 demi-botte de branches de coriandre fraîche
1 botte de persil / 200 g de quinoa / 1 orange
1 demi-pamplemousse / 5cl de jus de citron
Sel, poivre

INGREDIENTS (for 8 servings)
16 jumbo shrimp / 3 carrots, peeled and thinly sliced / 3 1/3 tablespoons olive oil / 1 garlic clove, minced / 1 teaspoon ground cumin / 1 ¼ cups orange juice / 7 oz quinoa / 1 orange / ½ grapefruit / ¼ cup lemon juice / 1 ½ tablespoons olive oil / 1/2 bunch fresh cilantro, finely chopped / 1 bunch parsley, finely chopped / 2/3 cup fresh carrot juice / 1 ½ tablespoons butter / ¼ cup satay sauce / Salt, pepper

MEILLEUR OUVRIER
DE FRANCE 1994

Devenir MOF n'est pas une finalité mais un commencement dans une vie professionnelle.

FOUR SEASONS RESORT • DOMAINE DE TERRE BLANCHE • 83440 TOURRETTES • TÉL. +33 (0)4 94 39 36 00
HTTP://WWW.TERRE-BLANCHE.COM/ • RESERVATIONS.PROVENCE@FOURSEASONS.COM

PRÉPARATION

Éplucher les carottes et les tailler en fines rondelles. Éplucher l'ail et fendre la gousse en deux, retirer le germe puis hacher finement. Mettre la moitié des carottes au fond d'une cocotte huilée, répartir l'ail et le cumin dessus, saler et poivrer. Recouvrir de l'autre moitié des carottes. Verser un filet d'huile d'olive et le jus d'orange. Recouvrir de papier sulfurisé, poser le couvercle sur la cocotte. Porter à ébullition. Laisser cuire 1 h 30 à four doux, laisser refroidir dans la cocotte.

Rincer le quinoa à l'eau claire puis le cuire avec le double de volume d'eau. Le quinoa est cuit lorsque l'on voit le germe apparaître – il doit être légèrement croquant. Laisser refroidir.

Prélever les segments de l'orange et du pamplemousse, tailler la moitié en dés et réserver le reste des segments. Conserver le jus qui s'écoule.

Laver le persil et le ciseler finement.

Assaisonner le quinoa en ajoutant les dés de pamplemousse et d'orange, le jus d'orange et de citron, l'huile d'olive, le persil plat, la coriandre ciselée, le sel et le poivre.

Passer dans un bol mixeur le reste des carottes avec 1 dl de jus de cuisson, ajouter le jus de carotte frais puis le reste d'huile d'olive, vérifier l'assaisonnement. Réserver au frais.

Dans une poêle antiadhésive légèrement huilée, cuire les gambas salées et poivrées, puis ajouter le beurre frais et le saté. Rouler les gambas cuites dans le beurre au saté. Une fois cuites, les égoutter sur du papier absorbant.

FINITION ET ACCOMPAGNEMENT

Mouler le quinoa à l'aide d'un emporte-pièce rectangulaire, poser dessus les segments d'orange et pamplemousse. Poser à côté les gambas et une goutte de coulis de carotte, le reste à part dans un petit récipient.

POÊLÉE DE GAMBAS RELEVÉES DE SATÉ EN FRAÎCHEUR DE CAROTTES À L'ORANGE ET CUMIN, QUINOA AUX AGRUMES

VIN CONSEILLÉ : AOC Muscat du Cap Corse VDN • L'équilibre du sucre et l'exubérance des arômes de mandarine
2008 • 8°C • Clos Nicrosi Rogliano (20)

PREPARATION

In a heavy-bottom pan, heat a little olive oil, spread half of the carrot rounds evenly over the bottom of the pan. Sprinkle with the garlic and cumin, season with salt and pepper, top with the remaining carrots. Drizzle with olive oil and the orange juice. Cover with cooking parchment, cover the pan. Bring to a boil, reduce the heat and let cook gently for 1 1/2 hours. Remove from the heat and let cool.

Rinse the quinoa in water, cook in a saucepan with 1 2/3 cups water. The quinoa is cooked when the germ is visible, it should remain slightly firm. Spread in an even layer on a baking sheet. Set aside to cool.

Peel the orange and grapefruit and remove the segments, conserving the juices. Set half of the segments aside for the garnish, dice the remaining segments and add to the quinoa along with the orange and grapefruit juice, lemon juice, olive oil, cilantro and parsley, salt and pepper.

In the bowl of a food processor, combine the carrots, 6 tablespoons of their cooking liquid, the carrot juice and the remaining olive oil. Season and refrigerate. In a nonstick skillet brushed with olive oil, cook the shrimp, season with salt and pepper and add the butter and satay sauce. Roll the cooked shrimp in the satay butter to coat well. Remove and drain on paper towels.

SERVING

Cut the quinoa into rectangles and arrange on serving plates. Top each with orange and grapefruit segments, place the shrimp on the sides and spoon a few drops of the carrot sauce around. Pour the remaining carrot sauce in a sauceboat to pass separately.

GUY**KRENZER**

Guy Krenzer occupe la fonction de chef de partie au Negresco. De passage à Londres, il est successivement chef consultant au Four Seasons puis second au Ritz. De retour à Paris, il prend les rênes des cuisines du Fouquet's puis de celles du Lapérouse. Il oriente ensuite sa carrière vers le métier de traiteur en devenant chef de la Maison Saint Clair où il reste pendant sept ans. Sa décision de rejoindre Lenôtre est motivée par l'admiration qu'il nourrit envers le fondateur de la prestigieuse maison : « Il y a une magie dans les créations de Gaston Lenôtre ». Guy Krenzer a incontestablement le talent nécessaire pour continuer à « donner des couleurs à la tradition », selon la célèbre formule du grand maître pâtissier. Il obtient le titre de « Un des Meilleurs Ouvriers de France » dans la catégorie Charcutier-traiteur en 1989 et dans la catégorie Cuisine en 1997. Guy Krenzer est aujourd'hui chef exécutif des cuisines Lenôtre et directeur de la création.

Guy Krenzer is executive chef and creative director for the kitchens of Lenôtre. He won the title of « Un des Meilleurs Ouvriers de France » in the category charcutier-traiteur in 1989, and in the cuisine category in 1997. He held the post of chef de partie *at the Negresco hotel in Nice, before moving to London where he was successively consulting chef for the Four Seasons hotel and then second at the Ritz. Upon his return to Paris, Guy Krenzer took over the reigns of Fouquet's kitchens, then those of Lapérouse. He then turned his career toward the profession of caterer, becoming chef of Maison Saint Clair where he remained for seven years. His decision to join Lenôtre was motivated by an admiration for the founder of the prestigious company. « There is magic in Gaston Lenôtre's creations. » Guy Krenzer unquestionably has the talent necessary to continue to « give color to tradition », according to the famous phrase of the master pastry chef.*

MEILLEUR OUVRIER
DE FRANCE 1989 & 1997

Continuez à donner des couleurs à la tradition !

INGRÉDIENTS (pour 30 pièces)
240 g de foie gras de canard mi-cuit truffé à 3%
60 g de brisure de biscuit au chocolat
ou de champignons noirs

INGREDIENTS (for 30 pieces)
*8 ½ oz truffled duck foie gras « mi-cuit » ***
2 1/8 oz chocolate cake crumbs or crumbled black mushrooms / Toothpicks / Fleur de sel
Coarsely cracked black peppercorns

40, RUE PIERRE CURIE • 78 370 PLAISIR • TÉL. +33 (0)1 30 81 46 46 • WWW.LENOTRE.FR

--- **PRÉPARATION** ---

Couper le foie gras en 30 morceaux de 8 g et les former en boule.
Les rouler dans les brisures de biscuit et planter un pic dans chaque morceau de foie gras.

--- **PRÉSENTATION** ---

Vous pouvez les servir avec des briochettes aux fruits secs ou des toasts de pain aux céréales.
Fleur de sel et poivre mignonnette.

TRUFFES AU FOIE GRAS DE CANARD TRUFFÉ

VIN CONSEILLÉ : AOC Vacqueyras « Galéjade » blanc • La complexité aromatique
laisse apparaître une structure équilibrée • 2007 • 12°C • Domaine de la Monardière • (84) VACQUEYRAS

PREPARATION

Divide the foie gras into 30 pieces of about ¼ ounce, and roll each into a ball. Roll the balls in the chocolate or mushroom crumbs, and insert a toothpick into each.

SERVING

These can be served with skewers of dried fruits or pieces of toasted whole-grain bread. Season with fleur de sel and coarsely cracked black peppercorns.

* Foie gras « mi-cuit » is a fresh, fattened duck liver cooked in a terrine until just pink. If not available, substitute with a good quality duck foie gras terrine.

CHRISTOPHE MORISSON

Christohe Morisson passe son CAP de charcutier traîteur au CFA d'Auxerre, puis il poursuit avec une mention complémentaire traiteur à Paris.
Il passe ensuite un Brevet professionnel de Charcutier traiteur, toujours à Paris.
Il est ouvrier chez Mr Fouanon, MOF 1988, à Annecy. Il fait son service militaire dans les cuisines de Matignonet, retourne chez Mr Fouanon à la fin de ses obligations. Depuis 2004, il est à la tête de Victor Hugo Traiteur à Angoulême. En 2003, Christophe Morisson remporte le concours de Lyon au Sirha et devient Meilleur Ouvrier de France en 2007.

Christophe Morisson passed his C.A.P (Certificat d'Aptitude Professionnelle) in charcutier-traiteur in Auxerre, then continued his studies in Paris, where he obtained a brevet professionnel in the same field. He worked in Annecy for Mr. Fouanon, (MOF 1988) before being called into military duty, which he served in the kitchens of Matignon, headquarters of the French prime minister. After the army, he returned to his post with Mr. Fouanon. In 2003, Christophe Morisson won the Sirha competition in Lyon and became Meilleur Ouvrier de France in 2007. Since 2004, Christophe Morisson has headed the Victor Hugo Traiteur, a catering business in Angoulême.

MEILLEUR OUVRIER
DE FRANCE 2007

Ce livre de recettes permet de promouvoir nos métiers et notre savoir-faire culinaire.

VICTOR HUGO TRAITEUR • 23, PLACE VICTOR HUGO • 16 000 ANGOULÊME • TÉL. +33 (0)5 45 95 07 65

INGRÉDIENTS
(pour 1 cadre d'environ 30/40/5)

BISCUIT PISTACHES
300 g de pâte d'amande à 65 % / 25 g de pâte de pistache / 225 g d'œuf / 30 g de farine
2 g de poudre à lever / 50 g de beurre fondu

MOUSSE DE FOIE GRAS DE CANARD CUIT
600 g de foie gras de canard cuit
50 g de Pineau des Charentes

**MOUSSELINE DE BOUDIN NOIR
AU PINEAU DES CHARENTES**
1 kg de boudin noir / 100 g de Pineau des Charentes

SAUTE DE POMME FRUIT
(variété belchard) au Pineau des Charentes
12 pommes belchard / 70 g de Pineau des Charentes
100 g de beurre

INGREDIENTS
(for 1 cake of 16 x 12 x 2-inches)

PISTACHIO SPONGE CAKE
10 ½ oz almond paste / 1 ½ tablespoons pistachio paste / 4 to 5 eggs / ¼ cup flour / ½ teaspoon baking powder / 3 ½ tablespoons melted butter

DUCK FOIE GRAS MOUSSE
1 1/3 lbs duck foie gras (cooked) / ¼ cup Pineau des Charentes*

BLOOD SAUSAGE MOUSSE WITH PINEAU DES CHARENTES
2 ¼ lbs boudin noir (blood sausage)
6 ½ tablespoons Pineau des Charentes*

APPLES SAUTÉED WITH PINEAU DES CHARENTES
12 apples, preferably Belchard variety / 7 tablespoons butter / 1/3 cup Pineau des Charentes*

PRÉPARATION

BISCUIT PISTACHES : Dans un cutter (robot-coupe), émulsionner la pâte d'amande avec la pâte de pistache et les œufs. Terminer l'émulsion dans un batteur avec le fouet, ajouter à la Maryse le mélange tamisé de farine et la poudre à lever puis le beurre fondu émulsionné. Couler sur feuille de papier cuisson, cuire dans un four à 180°C pendant 12 min. environ.

MOUSSE DE FOIE GRAS DE CANARD CUIT : Dans un cutter, émulsionner le foie gras avec le Pineau des Charentes puis le faire ramollir au bain-marie pour le montage.

MOUSSELINE DE BOUDIN NOIR AU PINEAU DES CHARENTES : Dans un cutter, émulsionner le boudin noir avec le Pineau des Charentes puis le faire ramollir au bain-marie pour le montage.

SAUTE DE POMME FRUIT BELCHARD AU PINEAU DES CHARENTES : Éplucher les pommes belchard puis les couper en mirepoix, les faire sauter au beurre tout en les gardant croquantes, les déglacer au Pineau des Charentes.

MONTAGE DE L'ENTREMETS SALÉ : (à l'envers) poser un cadre (30x40x5) sur une feuille de papier cuisson, mettre les pommes au fond du cadre (1 cm de haut) puis les bloquer au congélateur.
Couvrir avec la mousseline de boudin au pineau, bloquer de nouveau au congélateur avant d'ajouter la mousse de foie gras. Enfin, poser le biscuit préalablement coupé sur la mousse, mettre au froid avant de détailler l'entremets en parts de la grandeur désirée.

PRÉSENTATION
Décorer d'une lamelle de pomme et de fruits frais.

VIN CONSEILLÉ : AOC Pineau des Charentes blanc VDL • La douceur se mêle aux arômes exotiques • 8°C
Domaine Barbeau et Fils • (17) SONNAC

PREPARATION

PISTACHIO SPONGE CAKE: In the bowl of a food processor, mix the almond paste, pistachio paste and eggs until an emulsion forms. Sift the flour and baking powder together and fold into the almond/pistachio mixture. Delicately fold in the melted butter. Pour the mixture out onto a baking sheet lined with cooking parchment and cook in a preheated 355°F oven for about 12 minutes.

DUCK FOIE GRAS MOUSSE: Process the foie gras and Pineau des Charentes in a food processor until smooth. Transfer to a water bath to soften to spreading consistency.

BLOOD SAUSAGE MOUSSE WITH PINEAU DES CHARENTES: Process the blood sausage and Pineau des Charentes in a food processor until smooth. Transfer to a water bath to soften to a spreading consistency.

APPLES SAUTÉED WITH PINEAU DES CHARENTES: Peel and core the apples, and cut into ¼-inch cubes. Sauté in butter briefly – they should remain slightly crunchy. Deglaze with the Pineau des Charentes.

ASSEMBLING: Place a square cake frame measuring 16x 12 x 2-inches on a baking sheet covered with cooking parchment. Spread the sautéed apples in an even layer (about 1/3 to ½ inch thick) in the bottom of the cake frame. Place in the freezer.
Spread the blood sausage mixture evenly over the apples, return it to the freezer. Spread an even layer of the foie gras mixture over the blood sausage. Place the pistachio sponge cake on top, trimming it to fit in the frame if necessary. Refrigerate before cutting into desired serving sizes.

SERVING

Decorate with apple slices and fresh fruit.
 * Pineau de Charentes is a sweet, Cognac-based apéritif from the Charentes region.

OLIVIER**NASTI**

Olivier Nasti a suivi un parcours traditionnel dans l'apprentissage de la cuisine.
De 1982 à 1985, il est apprenti au Château de Servin à Belfort. En 1989, il obtient le poste de second de cuisine chez Jean Schillinger à Colmar, puis travaille auprès de la famille Haeberlin, à l'Auberge de l'Ill, et enfin à la Maison de Bricourt à Cancale chez Olivier Rollinger. Il ouvre ensuite son premier restaurant, Le Caveau d'Eguisheim, où il reste sept ans à la tête des cuisines et de l'entreprise. Olivier Nasti a participé à différents concours : finaliste national du concours Taittinger en 1994, meilleur jeune espoir national en 1995, Maître cuisinier de France en 1996, membre des Jeunes restaurateurs d'Europe en 1998, membre du cercle fermé des « Etoiles d'Alsace » depuis 1999. Il obtient le titre de « Un des Meilleurs Ouvriers de France » Cuisinier en 2007.

Olivier Nasti has followed a traditional path in this culinary apprenticeship.
From 1982 to 1985, he apprenticed at the Château de Servin in Belfort. In 1989, he was hired as sous-chef *for Jean-Yves Schillinger in Colmar, then worked with the Haeberlin family at the Auberge de l'Ill, and finally at the Maison de Bricourt in Cancale with Olivier Rollinger. He opened his first restaurant, Le Caveau d'Eguisheim where he headed the kitchens and the business for seven years. Olivier Nasti has participated in different competitions: national finalist in the Taittinger competition in 1994, best young French hopeful in 1995, Maître Cuisinier de France in 1996, member of the Young Restaurateurs of Europe in 1998, member of the very closed circle of « Stars of Alsace » since 1999. He earned the title of « Meilleur Ouvrier de France » in 2007.*

MEILLEUR OUVRIER
DE FRANCE 2007

Des noms de grands chefs prestigieux composent la famille des M.O.F, faire partie de cette galerie est un rêve culinaire accompli.

LE CHAMBARD - HÔTEL 3* - WINSTUB - RESTAURANT GASTRONOMIQUE • 9-13, RUE DU GÉNÉRAL DE GAULLE • 68240 KAYSERSBERG
TÉL. +33 (0)3 89 47 10 17 • INFO@LECHAMBARD.FR

INGRÉDIENTS (pour 8 personnes)
8 douzaines d'escargots / 2 kg de persil frisé / 2 dl de crème fraîche / 2 oignons / 2 carottes / 1 céleri
2 poireaux / 2 échalotes / 2 gousses d'ail / thym, laurier / 1 l de lait / 1 dl de fond de volaille
350 g de beurre
FLAN
5 têtes d'ail nouveau / 4 œufs
50 g de crème / 150 g de lait

Sel, poivre

INGREDIENTS (for 8 servings)
8 dozen snails / 1/2 cup poultry stock / 2 onions, chopped / 2 carrots, chopped / 1 celery rib, chopped 2 leeks, chopped / Thyme, bay leaf / 4 cups milk
FLAN
5 bulbs fresh garlic / 2/3 cup milk / 1 egg 4 egg yolks / 1/4 cup cream / Salt, pepper
PARSLEY SAUCE
4 ½ lbs curly leaf parlsey / 2 cups cream
SNAIL BUTTER
2 shallots, finely chopped / 2 garlic cloves, crushed to a paste / 1 tablespoon chopped parsley / 1 ½ cups butter, softened / Salt, pepper
SERVING
8 thin slices kougelhof

PRÉPARATION

FLAN : Peler l'ail puis retirer le germe si nécessaire. Mettre l'ail dans une casserole, verser l'eau à hauteur puis porter à ébullition pendant 2 min, rincer abondamment à l'eau fraîche puis renouveler l'opération 6 fois.
Remettre en cuisson l'ail avec le lait et laisser cuire à petit feu environ 45 min, égoutter au chinois étamine, récupérer le bouillon puis mixer l'ail en purée et le passer au tamis.
Laisser égoutter la purée sur un torchon étamine environ 12 heures.
Mélanger 150 g de purée d'ail avec 1 œuf, 4 jaunes d'œuf, 50 g de crème. Assaisonner, mixer et cuire au four vapeur à 85°C pendant 40 min. dans un verre bodega.
SAUCE PERSIL : Mixer le persil jusqu'à obtention d'une purée très fine. Faire chauffer un demi-litre de crème puis ajouter à la purée de persil.

ESCARGOTS : Cuire les escargots dans un bouillon à petit feu avec la garniture aromatique environ 3 heures.

BEURRE D'ESCARGOTS : Hacher très finement l'échalote, 1 cuillère de persil, réduire en pâte 2 gousses d'ail, le beurre ramolli avec le sel et le poivre. Mettre une noisette de beurre dans chaque coquille.

FINITION ET ACCOMPAGNEMENT

Cuire les escargots en coquille. Décortiquer les escargots, les disposer sur le flan à l'ail. Mixer énergiquement la sauce persil et saucer seulement avec l'écume.
Accompagner d'une fine tranche de kouglof salé.

ESCARGOTS DE LA WEISS A L'ALSACIENNE
« FAÇON NOUVELLE MODE »

VIN CONSEILLÉ : AOC Alsace Grand cru Moenchberg Riesling • Acidité fraîche, minéralité • 2000 • 13°C
Domaine André et Rémy Gresser • (67) ANDLAU

PREPARATION

Cook the snails in the poultry stock with the onions, carrots, celery, leeks, thyme and bay leaf for about 3 hours.

FLAN: Peel the garlic and remove the sprouts, if necessary. Place the garlic cloves in a saucepan, add enough water to cover, bring to a boil and cook 2 minutes. Drain, rinse well with cold water, and repeat the blanching 6 times. Drain, then return the blanched garlic to the saucepan with the milk and cook over low heat for 45 minutes. Drain through a sieve, reserving the broth. Mix the garlic to a purée in a processor, rub through a fine sieve. Let the purée drain in a clean, fine dish towel for about 12 hours. Combine 5 ¼ oz (about 2/3 cup) of the garlic purée with the egg, egg yolks and cream. Season with salt and pepper, mix with an electric beater or processor and pour into bodega-style glasses. Cook in a steam oven at 185°F for 40 minutes.

PARSLEY SAUCE: Place the parsley in a food processor and mix to a very fine purée. Heat 2 cups cream add the parsley purée.

SNAIL BUTTER: Combine the shallots, crushed garlic and parsley. Add the softened butter, and season with salt and pepper. Place a little of this butter in each snail shell. Cook the snails in their shells.

SERVING

Remove the snails from their shells and place on the garlic flans. Mix the parsley sauce vigorously in a processor, and spoon the foam over the snails. Serve with a thin slice of savory kougelhof.

ÉRIC**FRECHON**

Originaire de Normandie, Eric Frechon entre pour la première fois dans les cuisines du Bristol en tant que commis en 1985 puis fait un passage remarqué au Crillon. C'est lors de son passage dans cette maison qu'il obtient le titre de « Un des Meilleurs Ouvriers de France » en 1994. Il décide alors d'ouvrir son propre établissement à Paris, Le Verrière, en 1996 avant de faire son retour dans le palace de la rue du Faubourg-Saint-Honoré en 1999. Il est cette fois embauché en qualité de chef du restaurant et obtient une étoile au Guide Michelin la même année puis une deuxième étoile en 2001. Nommé « Espoir trois étoiles » en 2008, le voici consacré l'année suivante par les trois prestigieux macarons.

A native of Normandy, Eric Fréchon entered the kitchens of Paris's Bristol hotel as a commis in 1985, before moving on to the Crillon hotel, where his talent did not go un-noticed. It was during his stay at this prestigious Parisian hotel that Eric Fréchon obtained the title of « Un des Meilleurs Ouvriers de France » in 1994. He decided to open his own restaurant, La Verrière, in Paris in 1996 before returning in 1999 to the palace on the rue du Faubourg- Saint-Honoré where he had begun. This time, he was hired as head chef of the Bristol's restaurant and obtained a star from the Michelin Guide the same year, then a second star in 2001. Named a « three-star hopeful » by the guide in 2008, he was consecrated the following year with the Michelin's prestigious three-star rating.

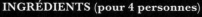

INGRÉDIENTS (pour 4 personnes)
4 tranches de saumon fumé / 310 g de crème fraîche épaisse / 1 citron jaune / 400 g de pommes de terre « rattes » / 2 jaunes d'œuf / 1 œuf entier / 1 botte de ciboulette

INGREDIENTS (for 4 servings)
4 slices smoked salmon / 14 oz new potatoes, preferably French « ratte » variety / 1 ¼ cups crème fraîche or sour cream / 2 egg yolks / 1 whole egg / Salt, pepper / Juice of 1 lemon / 1 bunch chives, finely minced

MEILLEUR OUVRIER
DE FRANCE 1994

Je fais le plus beau métier du monde et je suis extrêmement fier de défendre au quotidien les couleurs « bleu blanc rouge » au sein de la cuisine française et internationale.

HÔTEL LE BRISTOL • 112, RUE DU FAUBOURG SAINT-HONORÉ • 75008 PARIS • TÉL. +33 (0)1 53 43 43 00
HTTP://WWW.HOTEL-BRISTOL.COM • RESA@LEBRISTOLPARIS.COM

PRÉPARATION

GAUFRE DE POMME DE TERRE :
Laver, éplucher et râper les pommes de terre comme des carottes râpées. Une fois râpées, bien les presser pour enlever l'excédent d'eau. Dans les pommes de terre râpées, ajouter 160 g de crème fraîche épaisse, les deux jaunes d'œuf et l'œuf. Saler, poivrer et bien mélanger.

CRÈME ACIDULÉE :
Dans un saladier, verser le restant de crème fraîche épaisse. Presser le citron pour obtenir un jus et le verser dans le saladier. Tailler la ciboulette finement et l'ajouter au dernier moment dans la crème.

Préchauffer le four à 70°. Faire chauffer le gaufrier.
Verser dans le gaufrier et pour chaque gaufre une grosse cuillère à soupe de la préparation à base de pomme de terre râpée. Il est important de laisser cuire doucement le gaufrier entre 3 et 4 min. de chaque côté de manière à ce que la pomme de terre ne brûle pas. Pendant la confection des autres gaufres, conserver au four à 70°.

FINITION ET ACCOMPAGNEMENT

Une fois que toutes les gaufres sont cuites, étaler au fond de chaque assiette une cuillère de crème fraîche. Puis poser les gaufres chaudes sur la crème et sur chaque gaufre, disposer une belle tranche de saumon fumé en vagues. Servir immédiatement.

ASTUCE DU CHEF :
Si vous n'avez pas de gaufrier, vous pouvez confectionner les galettes de pomme de terre à la poêle.

GAUFRE DE POMME DE TERRE AU SAUMON

VIN CONSEILLÉ : AOC Graves blanc • Arômes, suavité et volume • 2007 • 11°C
Clos Floridène - Dubourdieu • (33) BEGUEY

PREPARATION

POTATO WAFFLE: rinse, peel and grate the potatoes. Press the grated potatoes well to squeeze out excess water. Combine with 2/3 cup of the crème fraîche, the two egg yolks and one whole egg. Season with salt and pepper and mix well.
LEMONY CREAM: in a salad bowl, combine the remaining crème fraîche or sour crème with the lemon juice. Add the chives just before serving.

Preheat the oven to 160°F. Preheat the waffle iron.
For each waffle, place the equivalent of 1 or 2 large tablespoons of the potato mixture in the warm waffle iron, and let cook slowly for 3 to 4 min. on each side, being careful not let the mixture burn. Keep the cooked waffles warm in the oven while preparing the remaining waffles.

SERVING

Spoon a little of the lemony cream on each serving place, top with a warm potato waffle, spread another spoonful of the lemony cream on each waffle and top with a slice of smoked salmon arranged in a wave.
Serve immediately.

CHEF'S TIP :
If you do not have a waffle iron, these potato pancakes can be sautéed in a skillet.

JEAN-LUC L'HOURRE

Tradition familiale oblige, Jean-Luc L'Hourre tient depuis 2007 l'Auberge des Abers à Lannilis, près de Brest, fondée par sa grand-mère voici un demi-siècle, puis reprise par ses parents. L'établissement vient de décrocher une étoile dans le Guide Michelin 2009. Cette récompense est la troisième que le prestigieux guide lui décerne, après l'étoile obtenue au Château de Pôtelières dans le Gard et celle obtenue au Manoir de Bellerive dans le Périgord. Sacré « Un des Meilleurs Ouvriers de France » en 2000, Jean-Luc L'Hourre s'est formé auprès des plus grands chefs, comme Manuel Martinez à La Tour d'Argent ou Claude Deligne chez Taillevent.

Following family tradition, Jean-Luc L'Hourre has directed since 2007 the Auberge des Abers in Lannillis, near Brest, founded by his grandmother a half century ago, then taken over by his parents. The establishment has just won a star from the 2009 Michelin Guide. This is the third time the prestigious guide has so honored Jean Luc l'Hourre, after awarding him a star at the Château de Pôtelières in the Gard and another at the Manoir de Bellerive in the Périgord. Named « Un des Meilleurs Ouvriers de France » in 2000, he trained with some of France's great chefs, including Manuel Martinez at La Tour d'Argent or Claude Deligne at Taillevent.

MEILLEUR OUVRIER
DE FRANCE 2000

le M.O.F. est l'aboutissement d'une carrière professionnelle, une reconnaissance envers mes pairs. Une possibilité de transmission d'un savoir pour la jeunesse à venir. Amitiés gourmandes.

L'AUBERGE DES ABERS • 5, PLACE DU GÉNÉRAL LECLERC • 29870 LANNILIS • TÉL. +33 (0)2 98 04 00 29
ANNE-LAURE.BROUZET@WANADOO.FR

INGRÉDIENTS (pour 4 personnes)

4 pièces d'ormeaux

CONFIT D'OIGNONS
500 g d'oignons émincés / le zeste râpé d'un demi citron jaune / 75 g de sucre / 5 g de sel / 20 cl de vin blanc / 250 cl de sirop de citron / 250 cl de jus de citron / 500 cl de vinaigre

GAUFRETTES
2 grosses pommes de terre / 100 g de beurre

MOUSSE DE BEURRE BLANC
200 g de beurre salé à température ambiante
6 échalotes / 1 verre de vinaigre
1 cuillérée à soupe rase de crème fraîche

FINITION
150 g de beurre salé
10 cl de jus de poulet rôti / gros sel

INGREDIENTS (for 4 servings)

4 abalone

ONION JAM
17½ oz onions, sliced 1-1/4 lbs????
Grated zest of ½ lemon / 6 tablespoons sugar
1 teaspoon salt / ¾ cup dry white wine / 1 cup lemon syrup / 1 cup lemon juice / 2 cups vinegar

WAFFLE-CUT POTATOES
2 large potatoes / 7 tablespoons butter

FOAMY BEURRE BLANC
6 shallots, chopped / 1 glass vinegar
1 level tablespoon crème fraîche or heavy cream
14 tablespoons salted butter, at room temperature

FINISHING
6 tablespoons roast chicken juices / 11 tablespoons salted butter / Coarse salt

PRÉPARATION

HABILLAGE DES ORMEAUX : les ormeaux sont décoquillés, débarrassés de leur appareil digestif et de leur tête. Ils sont ébarbés, puis attendris. Cette dernière opération consiste à les placer dans un linge, et à les taper au centre à l'aide d'un maillet de bois, en prenant soin de ne pas les écraser. Les coquilles sont nettoyées et conservées.

PRÉPARATION DE LA CONFITURE D'OIGNONS : dans une cocotte allant au four, mettre les oignons, le zeste, le sucre et le sel. Mélanger et enfourner pour une demi-heure à 180°C. Ajouter alors les liquides (vin, sirop, jus de citron et vinaigre). Remettre au four pour deux heures. En fin de cuisson, les oignons sont translucides et il ne doit quasiment plus rester de liquide dans la cocotte. Cette confiture peut être faite à l'avance, éventuellement la conserver en bocaux stérilisés.

CONFECTION DES GAUFRETTES DE POMME DE TERRE : choisir des pommes de terre de calibre moyen. Les éplucher et les laver. Tailler dans leur longueur de très fines gaufrettes à la mandoline. Dans une plaque à four, disposer une feuille de papier sulfurisé beurré, puis les gaufrettes et une nouvelle feuille de papier sulfurisé beurré. Surmonter d'une autre plaque de cuisson pour faire presse. Placer au four à 110°C durant une demi-heure.

PRÉPARATION DU BEURRE BLANC : hacher les échalotes et les mettre dans une casserole avec le vinaigre. Faire réduire jusqu'à ce le vinaigre soit totalement évaporé. Recueillir le suc en pressant les échalotes dans une étamine ; il en faut l'équivalent d'une cuillérée à soupe.

Verser ce suc dans un bain-marie en céramique, le mélanger à la crème fraîche, puis ajouter progressivement le beurre en morceaux, au fur et à mesure qu'il fond, tout en fouettant énergiquement le mélange. Ce beurre monté est à réaliser au dernier moment et à tenir au chaud jusqu'au dressage.

PRÉSENTATION

Réchauffer la purée d'oignons et le jus de poulet rôti.
Poêler les ormeaux entre 1 min. 30 et 2 min. sur chaque face, dans du beurre salé bien mousseux.
Faire mousser le beurre blanc à l'aide d'un mixeur plongeant.
Dans une assiette rectangulaire, disposer un socle de gros sel légèrement humidifié. Caler la coquille d'ormeau dans laquelle est disposé un lit de confiture d'oignons au citron. Poser l'ormeau par dessus puis un trait de jus de poulet rôti. Déposer alors la mousse de beurre blanc et surmonter d'une gaufrette de pomme de terre.

ORMEAUX POÊLÉS, CONFITURE D'OIGNON AU CITRON, JUS DE POULET RÔTI, MOUSSE DE BEURRE BLANC ET FINE GAUFRETTE DE POMME DE TERRE

VIN CONSEILLÉ : AOC Muscadet Sèvre et Maine sur lie «Gorgeois» • La minéralité racée dûe à un élevage sur lie très prolongé • 1995 • 12°C
Domaine André-Michel Brégeon • (44) GORGES

PREPARATION

Abalone, called ormeau or oreille de mer in French, is a large, flat sea snail. It feeds on seaweed, giving its flesh a delicately briny taste. A product characteristic of the northern coast of Finistère, it is one of the best-loved specialties of Jean-Luc L'Hourre's Auberge des Abers.

In this recipe, abalone is quickly sautéed in salted butter, presented in its shell with a bed of lemony onion jam flavored with a bit of chicken juices, a foamy "beurre blanc" and delicate waffle-cut potatoes.

ABALONE: Remove each abalone from its shell, remove the digestive track, the head, and the "beard." Place in a kitchen towel and pound with a wooden mallet to tenderize, being careful not to flatten the edges. Clean the shells and set aside.

ONION JAM: Combine the onions, lemon zest, sugar and salt in a Dutch oven or other ovenproof pan. Mix well and cook, uncovered, in a preheated 350°F for 30 minutes. Add the wine, lemon syrup, lemon juice, and vinegar. Return to the oven to cook for 2 hours. At the end of this time, the onions should be transparent and the liquids should have nearly evaporated. This onion jam can be made in advance and stored in sterilized jars.

WAFFLE-CUT POTATOES: Peel and rinse the potatoes. Using a mandoline, slice the potatoes lengthwise into thin waffle cut slices. Arrange the potato slices on a baking sheet and cover with a sheet of buttered cooking parchment. Top with a second sheet of buttered cooking parchment. Top with a second baking sheet to weigh down the potatoes. Bake in a preheated 250°F oven for 30 minutes.

FOAMY BEURRE BLANC SAUCE: Combine the shallots and vinegar in a saucepan and reduce until the vinegar completely evaporates. Press the shallots through a sieve, collecting the drippings. You will need about a tablespoon of these drippings. Pour the drippings into a ceramic or non-metal bowl in a water bath or double boiler and add the crème fraîche. Cut the butter into small pieces and add progressively, whisking briskly. This butter sauce should be prepared at the last moment and kept warm until serving.

SERVING

Reheat the onion jam and the chicken juices.
Melt the salted butter in a skillet until foamy. Add the abalone and sauté for 1 ½ to 2 minutes on each side. Mix the beurre blanc sauce with a hand mixer until frothy. Place a base of slightly damp coarse salt in the center of each serving plate, and top with an abalone shell. Fill the bottom of each shell with the onion jam, place an abalone on top, and then drizzle with a little of the chicken juices. Add the beurre blanc sauce and decorate with the waffle potato slices.

ROMUALD**FASSENET**

Romuald Fassenet est propriétaire et chef de cuisine du château du Mont Joly. Il devient l' «Un des Meilleurs Ouvriers de France» en 2004 et obtient une étoile au Guide Michelin en 2006. Depuis ses débuts, Romuald Fassenet enchaîne les titres : premier prix étudiant au Challenge du Comte en février 1990, demi-finaliste France Trophée Pierre TAITTINGER en 1999, finaliste au Prix Paul Louis MEISSONIER en 1999, second prix Percée du Vin Jaune en 1998 et 2000, demi-finaliste au concours « Un des Meilleurs Ouvriers de France » en 2000.

Romuald Fassenet is the owner and chef de cuisine of the Château du Mont Joly. He won the Meilleurs Ouvriers de France title in 2004 and obtained one star from the Michelin Guide in 2006. Since his beginnings, Romuald Fassenet has accumulated title after title: First Prize (student) in the Challenge du Comte in February 1990, Semi-finalist France Pierre Taittinger Trophy in 1999, Finalist for the Paul Louis Meissonier Prize in 1999, Second Prize in the Percée du Vin Jaune in 1998 and 2000, and Semi-finalist in the Meilleurs Ouvriers de France competition in 2000.

MEILLEUR OUVRIER
DE FRANCE 2004

Aujourd'hui, ce titre de MOF aura été une étape des plus importantes de ma carrière en y associant mon épouse Catherine et mes deux filles.

CHÂTEAU DU MONT JOLY • 6, RUE DU MONT JOLY • 39100 SAMPANS • TÉL. 03 84 82 43 43
WWW.CHATEAUMONTJOLY.COM • RESERVATION@CHATEAUMONTJOLY.COM

INGRÉDIENTS (pour 4 personnes)

250 g de riz « Carnaroli » ou riz rond à risotto
1 saucisse de Morteau / 4 cuillères à soupe d'huile de noisette / 3 échalotes / 10 cl de vin blanc
50 cl de bouillon de volaille / 12 écrevisses
20 g de beurre / 10 cl de vin jaune / 1 demi-botte de persil plat / 80 g de comté / un quart de botte de ciboulette / 2 cuillères à soupe de crème fouettée (facultatif) / Sel, poivre

INGREDIENTS (for 4 servings)

8 ¾ oz Carnaroli rice or other round risotto rice
1 Morteau sausage * / 4 tablespoons hazelnut oil
3 shallots, chopped / 6 tablespoons dry white wine
2 cups chicken broth / 12 raw crayfish
1 ½ tablespoons butter / 6 tablespoons « vin jaune »*
1/2 bunch flat-leaf parsley, chopped / 2 ¾ oz Comté cheese, grated / 1/4 bunch fresh chives, minced
2 tablespoons whipped cream (optional) / Salt, pepper

PRÉPARATION

SAUCISSE DE MORTEAU : Faire cuire la saucisse 20 à 30 min. dans l'eau frémissante sans la piquer. Laisser refroidir puis la tailler en petits dés.

RISOTTO : Chauffer 2 cuillères à soupe d'huile de noisette et ajouter 2 échalotes hachées, puis le riz. Bien l'enrober de beurre avant de verser le vin blanc. Le laisser réduire. Saler et poivrer, puis verser le bouillon de volaille à hauteur. Faire cuire le risotto à frémissement, en ajoutant régulièrement un peu de bouillon de volaille. Retirer du feu le risotto lorsqu'il est légèrement croquant.
Plonger les écrevisses châtrées 3 min. dans l'eau bouillante. Les décortiquer, en réserver 4 entières pour la décoration. Dans une poêle, chauffer 2 cuillères à soupe d'huile de noisette et ajouter le beurre cru. Lorsque le beurre mousse, ajouter les écrevisses et les enrober de ce beurre. Ajouter 1 échalote hachée,

le vin jaune, puis les feuilles de persil plat.
Lier le risotto avec le comté râpé. Incorporer la brunoise de Morteau et la ciboulette ciselée. Terminer avec 2 cuillerées à soupe de crème fouettée si besoin.

FINITION ET ACCOMPAGNEMENT

Dresser le risotto dans des assiettes chaudes, décorer avec les écrevisses réservées. Servir aussitôt.

Pour faire un risotto, choisir de préférence un riz rond spécial risotto – j'utilise le « Carnaroli » car il a un grain long, assez plat et surtout régulier.

RISOTTO «CARNAROLI» AU COMTÉ ET MORTEAU, ÉCREVISSES AUX NOISETTES ET VIN JAUNE

VIN CONSEILLÉ : AOC Arbois Savagnin • Race, arômes de fruits secs, grande fraîcheur • 2003 • 13°C
Domaine Stéphane Tissot • (39) MONTIGNY-LÈS-ARSURES

PREPARATION

Morteau sausage: poach the Morteau sausage (without piercing) in simmering water for 20 to 30 min. Let cool. Cut into small cubes.

Risotto: warm 2 tablespoons of the hazelnut oil in a saucepan, add 2 chopped shallots and the rice, stirring until the grains are well bathed in the oil. Add the white wine and let reduce. Season with salt and pepper and add enough chicken broth to cover. Cook the risotto at a gentle simmer, adding a little more chicken broth as needed. Remove from the heat when the rice is still slightly firm in the center.

Clean the crayfish, and plunge for 3 min. in boiling water. Drain and remove the shells, reserving four whole crayfish for the decoration.

In a skillet, heat 2 tablespoons hazelnut oil with the butter. When the butter starts to foam, add the crayfish, turning to bath on all sides with butter. Add the remaining chopped shallot, the vin jaune, and the parsley.

Stir the grated Comté cheese into the warm risotto. Add the Morteau sausage and the chives. Stir in the whipped cream if desired.

SERVING

Present the risotto and crayfish on warm serving plates, each decorated with a whole crayfish. Serve immediately.

For this risotto, it's best to use round rice for risotto. I use Carnaroli since it has a long, flat and even grain.

* Morteau is a smoky pork sausage, and vin jaune, an unusual amber-colored wine, both from the mountain areas in Eastern France.

PHILIPPE**GOBET**

Originaire du cœur du Beaujolais, Philipe Gobet s'oriente à l'origine vers le dessin industriel mais son amour de la gastronomie a raison de lui. En 1980, il commence sa carrière dans le restaurant de Georges Blanc. En 1983, Joël Robuchon décide de l'engager au restaurant Jamin, puis au restaurant Joël Robuchon à Paris. C'est le début d'une collaboration qui durera treize ans. En 1994, il devient « Un des Meilleurs Ouvriers de France » en cuisine. À la fermeture du restaurant Joël Robuchon en juin 1996, il est engagé comme professeur de cuisine et pâtisserie à l'École Lenôtre dont il est le directeur depuis janvier 2004. En octobre 2007, Philippe Gobet fait son entrée dans le Larousse Gastronomique auprès de son maître, Joël Robuchon.

Born in the heart of the Beaujolais, Philippe Gobet first envisioned a career in industrial design, but his love of gastronomy took him in another direction. In 1980, he began his career at the restaurant George Blanc. In 1983, Joël Robuchon hired him at his restaurant Jamin, then took him with him to his new Joël Robuchon restaurant in Paris. This was the beginning of a collaboration that lasted for 13 years. In 1994, he became « Un des Meilleurs Ouvriers de France » in cuisine. When the Joël Robuchon restaurant closed in June 1996, he was hired as professor of cuisine and pastry at the École Lenôtre, where he has been director since 2004. He made his appearance in the Larousse Gastronomique in October 2007 beside his mentor Joël Robuchon.

MEILLEUR OUVRIER
DE FRANCE 1994

Un jour, ma fille encore petite me dit en regardant ma médaille de Meilleur Ouvrier de France : « Papa, tu as reçu cette médaille parce que tu as bien travaillé » ! Elle avait résumé ce que représente ce concours.

PHILIPPE GOBET • DIRECTEUR DE L'ECOLE LENÔTRE • TÉL. + 33 (0)1 30 81 46 36
HTTP://WWW.LENOTRE.FR/ • GOBET_PHILIPPE@LENOTRE.FR

INGRÉDIENTS (pour 8 personnes)

RISOTTO VIALONE NANO
240 g de riz « Vialone Nano » / 3 cl de vin blanc sec
7 dl de bouillon de légumes (céleri, carotte, tomate)
1 dl d'huile d'olive / 25 g de parmesan râpé
25 g d'œufs de saumon / Assaisonnement, thym,
ail en chemise

NOIX DE SAINT JACQUES AU CHORIZO
24 noix de Saint-Jacques / 24 bâtonnets de
chorizo doux / 5 cl d'huile d'olive / Herbes ciselées
(ciboulette, persil) / Poivre noir, fleur de sel

JUS CORSÉ AU KETCHUP
35 g de vinaigre de vin rouge / 35 g de sauce soja
25 g de ketchup / 130 g de beurre cuit « noisette »
Tabasco

INGREDIENTS (for 8 servings)

RISOTTO NANO
8 ½ oz « Vialone Nano » rice / 1/3 cup olive oil
1 thyme sprig / 1 garlic clove, unpeeled
2 tablespoons dry white wine / 2 ¾ cups vegetable
bouillon (celery, carrot, tomato) / ¼ cup grated
Parmesan cheese / 1 oz salmon caviar

SCALLOPS AND CHORIZO
24 fresh sea scallops / 24 mini-sticks of mild chorizo
sausage / ¼ cup olive oil / Chopped chives
Chopped parsley / Fleur de sel (fine sea salt) and
freshly ground black pepper

SPICY KETCHUP SAUCE
2 ½ tablespoons red wine vinegar / 2 ½ tablespoons
soy sauce / 1 ¾ tablespoons ketchup / ½ cup browned
butter / Pinch Tabasco

PRÉPARATION

RISOTTO VIALONE NANO : Verser le riz dans une casserole et le chauffer dans un peu d'huile d'olive avec 1 gousse d'ail et une brindille de thym. Ajouter le vin blanc puis le bouillon de légumes au fur et à mesure de la cuisson (18 min. environ). Rectifier l'assaisonnement (attention à ne pas trop saler). Hors du feu, ajouter l'huile d'olive et le parmesan pour lier. Les œufs de saumon seront ajoutés au moment de dresser.

NOIX DE SAINT-JACQUES AU CHORIZO : Piquer un bâtonnet de chorizo dans chaque noix de Saint-Jacques. Assaisonner et faire cuire dans une poêle antiadhésive avec peu d'huile. Réserver au chaud.

JUS CORSÉ AU KETCHUP : Chauffer tous les ingrédients et ajouter le beurre hors du feu. Mixer à l'aide d'un mixeur plongeant. Réserver.

FINITION ET ACCOMPAGNEMENT

Mettre un peu de risotto au centre des assiettes. Dresser 3 noix de Saint-Jacques par assiette. Parsemer d'herbes ciselées, de poivre noir et de fleur de sel. Faire un trait de jus corsé au ketchup de chaque côté de l'assiette. Servir aussitôt.

NOIX DE SAINT-JACQUES ET CHORIZO DOUX, RISOTTO « VIALONE NANO » AUX ŒUFS DE SAUMON

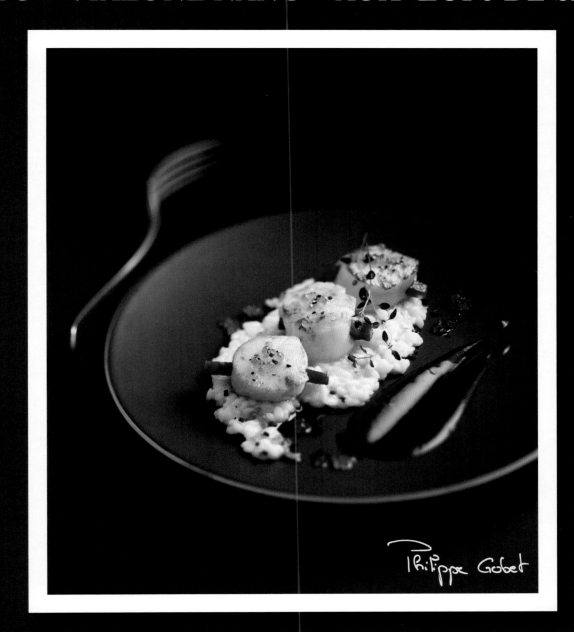

VIN CONSEILLÉ : AOC Patrimonio blanc • Minéralité et arômes d'agrumes se magnifient avec la fraîcheur • 2008 • 11°C
Domaine E Croce • (20) POGGIO D'OLETTA

PREPARATION

RISOTTO NANO: Heat a little of the olive oil in a saucepan along with the garlic clove and thyme sprig. Stir in the rice. Add the white wine. Stir in the vegetable bouillon little by little throughout the cooking time (about 18 minutes.) Correct the seasoning, being careful not to over salt.) Remove from the heat, add the remaining olive oil and Parmesan, stirring to bind. Add the salmon caviar just before serving.

SCALLOPS AND CHORIZO: Place a mini chorizo stick in each sea scallop. Season. Cook in a non-stick skillet with a little olive oil. Keep warm.

SPICY KETCHUP SAUCE: In a small saucepan, heat the vinegar, soy sauce and ketchup together. Remove from the heat and add the browned butter. Season with Tabasco to taste and mix with a hand mixer. Set aside.

SERVING

Spoon a little risotto in the center of each serving plate. Place 3 scallops on each plate. Sprinkle with the chopped parsley, black pepper and fleur de sel. Spoon a ribbon of the spicy ketchup sauce around the edge or each plate. Serve immediately.

JEAN-DENIS RIEUBLAND

Dès son plus jeune âge, Jean-Denis Rieubland sait qu'il veut être cuisinier. Formé au centre de formation des apprentis de Nice, il obtient son CAP de cuisine en 1991. Il débute alors sa carrière comme commis à l'hôtel Eden Roc du Cap d'Antibes, puis il passe par la Tour d'Argent où il fait la connaissance de Manuel Martinez (« Un des Meilleurs Ouvriers de France » 1986), une rencontre importante. Tout comme celle de Philippe Jourdin, MOF également. Il continue son apprentissage au sein de maisons renommées et veut lui aussi devenir « Un des Meilleurs Ouvriers de France », titre qu'il obtient en 2007. Jean-Denis Rieubland est actuellement le chef du « Chantecler » (une étoile au guide Michelin), le restaurant de l'hôtel Le Negresco à Nice.

Jean-Denis Rieubland knew at a very young age that he wanted to be a chef. He enrolled in a training center for apprentices in Nice and earned his C.A.P. (certificat d'aptitude professionnelle) in cuisine in 1991. He began his career as commis de cuisine at the Hôtel Eden Roc in Cap d'Antibes, then moved on to Paris and the Tour d'Argent where he met Manuel Martinez (MOF 1986), an important encounter, as was his meeting with another MOF Philippe Jourdin. He continued his apprenticeship in prestigious establishments and decided that he too would become a Meilleur Ouvrier de France, a title he won in 2007. Jean-Denis Rieubland is currently the chef at Chantecler, the one-Michelin star restaurant in the Negresco hotel in Nice.

INGRÉDIENTS (pour 6 personnes)

8 œufs de poule / 1 cuillère à soupe d'huile
200 g de pain d'épices séché réduit en chapelure
50 g de farine / 60 g d'échalote / 1 demi-botte de ciboulette / 1 demi-botte de cerfeuil / 1 demi-botte de persil / 4 cuillères à soupe d'huile d'olive
1 cuillère à soupe de vinaigre balsamique
120 g de jambon « pata negra » / 500 g de beurre clarifié / 100 g de pousses d'épinard
Fleur de sel, poivre du moulin

INGREDIENTS (for 6 servings)

8 fresh eggs / 1 tablespoon oil / 2 tablespoons water 1/3 cup flour / 7 oz spice-bread, dried and finely crumbled / 1 large shallot, finely chopped
1 tablespoon Balsamic vinegar / 4 1/2 tablespoons olive oil / ½ bunch chives, finely chopped
½ bunch chervil, finely chopped / ½ bunch parsley, finely chopped / 4 ¼ oz « pata negra » ham, thinly sliced / 2 cups clarified butter / 3 ½ oz baby spinach leaves / Fine sea salt, freshly ground pepper

MEILLEUR OUVRIER
DE FRANCE 2007

L'aventure des Meilleurs Ouvriers de France a commencé à germer dans mon esprit en 1995. Aujourd'hui, cette consécration est le fruit d'une passion, à transmettre aux plus jeunes générations. La pérennité de notre identité culinaire tient à cette excellence des Meilleurs Ouvriers de France.

HOTEL NEGRESCO • 37, PROMENADE DES ANGLAIS • 06000 NICE • TÉL. +33 (0)4 93 16 64 00
WWW.HOTEL-NEGRESCO-NICE.COM • RESTAURATION@HOTEL-NEGRESCO.COM

—————————— PRÉPARATION ——————————

Plonger 4 œufs 5 min. dans l'eau bouillante. Les rafraîchir puis les écaler. Fouetter les deux œufs restants avec une cuillère à soupe d'huile, 2 cuillères à soupe d'eau et une pincée de sel. Verser la préparation dans un plat creux.

PANER LES ŒUFS : les passer un par un dans la farine, puis dans les œufs battus et enfin dans la chapelure de pain d'épices. Repasser les œufs un par un dans l'œuf battu puis à nouveau dans la chapelure de pain d'épices.

RÉALISER LA VINAIGRETTE AUX HERBES : ciseler finement les échalotes et la ciboulette, hacher le persil et le cerfeuil. Mettre l'échalote ciselée dans un bol avec le vinaigre balsamique, du sel et du poivre. Ajouter l'huile en fouettant, puis les herbes au dernier moment.

Détailler le jambon « pata negra » en fines tranches.
Faire chauffer le beurre clarifié à 160°C. Plonger les œufs un par un 3 min. afin d'obtenir une belle croûte dorée.

—————————— FINITION ET ACCOMPAGNEMENT ——————————

Lustrer les pousses d'épinard avec un filet d'huile d'olive, dresser harmonieusement. Poudrer d'un peu de fleur de sel et de poivre fraîchement moulu.

ŒUFS DE POULE FRITS AU PAIN D'ÉPICES,
COPEAUX DE «PATA NEGRA»,
VINAIGRETTE D'HERBES

VIN CONSEILLÉ : AOC Champagne «Les Echansons» blanc • Fraîcheur de la bulle, maturité du vin, élégance • 1999 • 8°C
Maison Mailly Champagne • (51) MAILY

PREPARATION

Plunge 6 eggs, in the shells, into boiling water for 5 minutes. Refresh under cold water and remove delicately from the shells (they will be fragile). Whisk the 2 remaining eggs with the oil, 2 tablespoons water and a pinch of salt. Pour the mixture into a shallow dish.

BREAD THE EGGS: Roll the eggs, one at a time, in the flour, in the beaten egg mixture and then in the spice-bread crumbs.
Roll each egg a second time in the beaten egg, and in the spice bread crumbs.

HERB VINAIGRETTE: Place the chopped shallots in a bowl with the balsamic vinegar, salt and pepper. Whisk in 4 tablespoons olive oil. Add the chopped herbs at the last minute. Slice the ham thinly.

Heat the clarified butter to 325° F. Plunge the eggs in the butter for 3 minutes until a golden brown crust forms.

SERVING

Brush the spinach leaves with the remaining olive oil, arrange harmoniously, sprinkle with sea salt and freshly ground pepper.

CHRISTIAN TÊTEDOIE

Christian Têtedoie fait son apprentissage au restaurant Joseph Delphin – deux étoiles Michelin – entre 1975 et 1979. Il officie ensuite dans les maisons les plus prestigieuses comme chef de partie et effectue son service militaire au Palais de l'Elysée comme cuisinier particulier du Président de la République. Il ouvre son premier restaurant à Lyon en 1987, puis son restaurant actuel « Têtedoie » en 1990, toujours à Lyon. Il obtient le titre de « Un des Meilleurs Ouvriers de France » en 1997 et est aujourd'hui membre du jury au concours des Meilleurs Ouvriers de France.

Christian Têtedoie apprenticed at Joseph Delphin, a two-Michelin-star restaurant, from 1975 to 1979. After this, he worked in some of France's most prestigious establishments as chef de partie and spent his military service at the Palais d'Elysée, as chef de partie for the President of France. He opened his first restaurant in Lyon in 1987, then his current restaurant, « Têtedoie », also in Lyon in 1990. He won the title of « Un des Meilleurs Ouvriers de France » in 1997 and is now a member of the MOF jury.

MEILLEUR OUVRIER
DE FRANCE 1997

Le mot générosité résume à lui seul l'esprit des MOF, car il faut beaucoup de générosité dans le dépassement de soi, dans la précision, dans la recherche, dans le souci de transmettre.

RESTAURANT CHRISTIAN TÊTEDOIE • CHEMIN NEUF • 69005 LYON • TÉL. +33 (0)4 78 29 40 10 • HTTP://WWW.TETEDOIE.COM
RESTAURANT@TETEDOIE.COM

INGRÉDIENTS (pour 4 personnes)

BONBONS
300 g de foie gras cuit / 400 g de cerises / 300 g de petit pois / 200 g de pop-corn / 6 feuilles de gélatine

SALADE DE JEUNES LÉGUMES
4 carottes fanes / 1 demi-botte de radis
1 botte d'oignons cébette

MELBA
400 g de pain de mie

VINAIGRETTE
20 cl d'huile olive / 10 cl de vinaigre balsamique
1 botte de cerfeuil / Sel, poivre

INGREDIENTS (for 4 servings)

BONBONS
10 ½ oz cooked foie gras / 14 oz cherries / 10 ½ oz garden peas / 6 gelatine leaves or 3 teaspoons powdered gelatine / 7 oz cooked popcorn

MELBA TOAST
14 oz white sandwich bread

SALAD OF BABY VEGETABLES
4 young garden carrots / ½ bunch radishes
1 bunch green onions or baby leeks

VINAIGRETTE:
1 bunch chervil / 7 tablespoons balsamic vinegar
¾ cup olive oil / Salt, pepper

PRÉPARATION

BONBONS DE FOIE GRAS : Former 12 boules de foie gras et réserver au frais. Dénoyauter toutes les cerises, en conserver 8 et cuire le reste. Mixer et passer au chinois. Tremper 3 feuilles de gélatine dans l'eau froide et les mélanger au coulis de cerise.
Cuire les petits pois dans une eau bouillante salée. Tremper 3 feuilles de gélatine. Mixer les petits pois et y ajouter les feuilles de gélatine.
Mixer le pop corn de façon à obtenir une fine chapelure.
Tremper 4 boules de foie gras dans la gelée de petit pois et 4 autres dans la gelée de cerise.
Paner avec la chapelure de pop corn 4 boules de foie gras.
Réserver les boules de foie gras au frais sur un papier sulfurisé.

MELBA : Tailler le pain de mie en rectangles réguliers, les disposer sur un tapis de silicone entre deux plaques à four.
Mettre à sécher 12 min. à 150°C.

SALADE : Ecosser quelques petits pois cuits. Éplucher et émincer finement les carottes fanes et les radis. Emincer finement les oignons cébette.

VINAIGRETTE : Blanchir le cerfeuil, l'égoutter et le mixer. Mélanger l'huile d'olive, le balsamique un peu réduit et un peu de jus de cerfeuil. Assaisonner avec sel et poivre.

FINITION ET ACCOMPAGNEMENT

Sur une assiette, disposer les boules de foie gras (une de chaque) posées entre deux rectangles de pain de mie.
Assaisonner les légumes avec la vinaigrette, les disposer harmonieusement en salade sur le pain de mie.
Décorer l'assiette avec un peu de vinaigrette, quelques petits pois, cerises et pop-corn.

LES BONBONS DE FOIE GRAS

VIN CONSEILLÉ : AOC Champagne «Authentis - Cumières» blanc • Identité d'un terroir, fraîcheur de la bulle • 2003 • 8°C
Maison Duval Leroy • (51) VERTUS

PREPARATION

FOIE GRAS BONBONS: Form the foie gras into 12 balls, and refrigerate.
Pit the cherries, set 8 aside for the decoration. Cook the remaining cherries, process to a purée and strain through a fine sieve. Soak 3 gelatine leaves in a little cold water, drain, squeezing out the excess water and add to the cherry purée.
Cook the peas in boiling salted water, set a few aside for the decoration. Process to a purée. Soak 3 gelatine leaves in cold water, drain and add to the peas. Set aside a few popcorn kernels for the decoration, process the remaining popcorn to fine crumbs in a food processor.
Dip four balls of foie gras in the pea purée, dip 4 other balls in the cherry purée. Roll the 4 remaining foie gras balls in the popcorn crumbs. Arrange the foie gras balls on cooking parchment and refrigerate.

MELBA TOAST: Cut the sandwich bread into neat rectangles, place on a sheet of silicone between two baking sheets and dry in a 300°F oven for 12 minutes.
SALAD: Peel the carrots and slice finely. Slice the radishes finely, and finely shred the green onions.

VINAIGRETTE: Blanch the chervil, drain and process to a juice. Reduce the balsamic vinegar slightly. Combine the olive oil, balsamic vinegar, and a little of the chervil juice. Season with salt and pepper.

SERVING

On each serving plate, place three balls of foie gras (one of each flavor) between two rectangles of melba toast. Toss the vegetables in the vinaigrette, and arrange attractively on the melba toast. Decorate the plate with a little vinaigrette, a few peas, cherries and popcorn.

MAURICE TRIHAN

Né en 1940 dans une petite localité de l'Eure, Maurice Trihan a été élevé par des parents cultivateurs. Il a su dès son plus jeune âge qu'il ne reprendrait pas l'exploitation familiale.

Il trouve une place d'apprenti chez le charcutier de son village. C'est là que débute sa passion pour l'art culinaire et les métiers de bouche. Il parcourt la France afin de perfectionner sa technique et se lance dans les concours, goûtant le plaisir de la compétition.

Il devient « Un des Meilleurs Ouvriers de France » en 1982.

Aujourd'hui à la tête d'un entreprise de 26 salariés, Maurice Trihan n'en poursuit pas moins ses expérimentations dans son laboratoire.

Born in 1940 in a small area of the Eure department, Maurice Trihan grew up in a family of farmers. At a young age, he already knew that would not take over the family affair, and found work as an apprentice in the charcuterie shop of his village. Here his passion for food professions and the culinary art began. He traveled throughout France to perfect his techniques and began competing, discovering the pleasure of these challenges. He became Meilleur Ouvrier de France in 1982. Today, at the head of a business with 26 employees, Maurice Trihan continues his pursuits and culinary experiments.

MEILLEUR OUVRIER
DE FRANCE 1982

La charcuterie a un sens de convivialité et de joie que nous procure le porc.

CHARCUTERIE VT • 28, RUE DE NEMOURS • 35000 RENNES • TÉL. +33 (0)2 99 79 49 23
WWW.CHARCUTERIE-TRIHAN.FR • CHARCUTERIE.TRIHAN@HOTMAIL.COM

INGRÉDIENTS
(pour 10 personnes)

800 g de filet de canard / 600 g de filet de porc
2 œufs / 30 g de farine / 30 g de fécule
200 g de crème fraîche / 80 pruneaux
4 verres à liqueur de Grand Marnier
1 l de vin blanc

ASSAISONNEMENT

25 g de sel / 2 g de poivre gris / 1 g de muscade
1 g de 4 épices / 20 g de cognac

FARCE

400 g de petite viande de porc, plus les débris de canard après désossage et 500 g de gorge / 25 g de sel / 2 g de poivre gris du moulin / 1 g de 4 épices
20 g d'alcool d'orange

JUS CORSÉ

3 kg de couenne de porc / Os de canard plus os de porc / 3 oignons dont 1 piqué de clous de girofles
3 carottes / 4 gousses d'ail en chemise / Persil, thym, laurier / 150 g de graisse d'oie / 2 l d'eau / Cognac
Vin blanc

INGREDIENTS *(for 10 servings)*

1 whole duck / 1 1/3 lbs pork tenderloin
4 quarts well-seasoned duck stock (made with pork rind, duck carcass and pork bones)

PRUNE ROSETTES

80 prunes / 1 cup Grand Marnier liqueur

SEASONING

1 teaspoon freshly ground black pepper / ½ teaspoon 4-spice powder / ¼ teaspoon ground nutmeg
1 tablespoon Cognac / ½ tablespoon nitrited salt per pound of duck and pork meat *

FORCEMEAT

1 lb pork and duck trimmings from the carcass
1 ¼ lbs lean pork, cubed / 1 teaspoon freshly ground black pepper / ½ teaspoon 4-spice powder
2 tablespoons Grand Marnier liqueur / 1/2 tablespoon nitrited salt per pound of forcemeat * / Goose fat
2 shallots, diced / Chicken livers / 2 eggs
¼ cup flour / ¼ cup potato starch
3/4 cup crème fraîche or heavy cream
1 1/4 cups dry white wine

PRÉPARATION

Mettre les pruneaux à tremper dans le Grand Marnier pour la fabrication de la rosace. Désosser le canard par le dos. Prélever et couper en lamelles 800 g de filet de canard et 600 g de filet de porc. Assaisonner au sel nitrité le poivre, la muscade et les 4 épices. Mélanger le tout et laisser mariner pendant 2 heures.

FARCE : Mélanger la chair de porc, la gorge de porc et les débris de canard. Assaisonner avec le sel nitrité, le poivre, la muscade et les 4 épices. Arroser avec l'alcool d'orange et laisser mariner 24 heures.

FARCE À GRATIN : Faire fondre la graisse d'oie, ajouter 2 échalotes ciselées et les faire blondir (60 g). Mettre les foies de volailles à raidir seulement, flamber au Grand Marnier. Les foies de canard doivent être rosés à l'intérieur.

FARCE FINE : Mettre la farce dans le broyeur et passer à la plaque N°6. Ajouter les œufs, la farine, la fécule et la crème fraîche. Mettre au batteur, homogénéiser puis incorporer les lèches de canard marinées. Mélanger.

ROSACE (au centre de la galantine, elle doit être préparée à l'avance) :
Prendre 4 moules en forme de cœur, les habiller d'un papier sulfurisé puis d'une bande de lard très mince. Saupoudrer légèrement la gélatine. Couper les extrémités des pruneaux et les aligner bout à bout à l'intérieur de ces moules. Refermer, serrer, ficeler, pocher au jus de canard pendant 10 min. environ à 85°C. Bien refroidir. Démouler : on obtient 8 pétales. Rassembler ceux-ci avec un peu de farce fine. Serrer la rosace dans un film alimentaire et ficeler avec un cordon de pied. Cuire dans un jus de canard 15 min. environ à 80°C et bien refroidir.

MONTAGE DE LA GALANTINE : Disposer le canard sur le plan de travail, garnir avec le mélange lèches plus farce. Bien étaler l'ensemble dessus. Placer la rosace au centre puis rouler. Bien serrer au cordon.

CUISSON

Cuire un jus corsé pendant 3 heures environ : régler à 80°C et retirer à 76°C
CUIRE A PETIT FEU puis laisser refroidir et réserver en chambre froide.

GALANTINE DE CANARD AUX PRUNEAUX

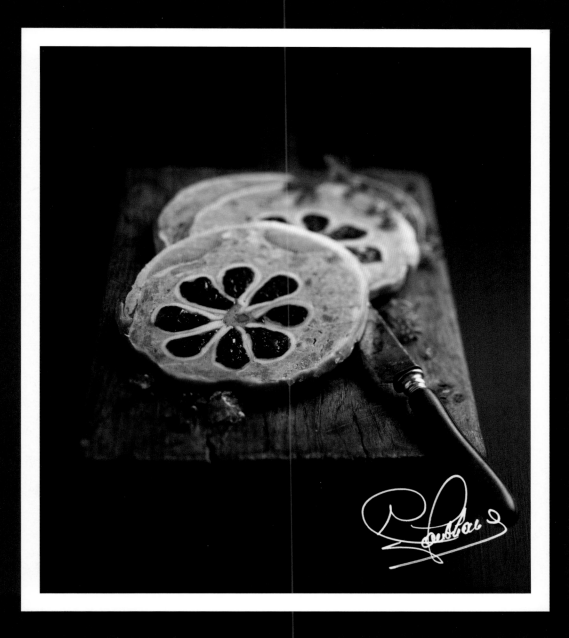

VIN CONSEILLÉ : AOC Pécharmant « Quintessence de Beauportail » • La maturité et les tanins du vin s'anoblissent avec l'élevage en fût • 2005 • 15°C • Domaine La Truffière-Beauportail • (24) PÉCHARMANT

PREPARATION

Bone the duck through the back. The breast should weigh about 1 ¾ lbs. Reserve the carcass for the stock and the skin for enveloping the forcemeat. Slice the duck breast and pork fillet in thin strips. Season with the pepper, 4-spice powder, nutmeg and Cognac. Weight the mixture and season with ½ tablespoon of nitrited salt per pound of meat. Mix well and marinate 24 hours. Combine and marinate for 2 hours. Soak the prunes in the Grand Marnier.

FORCEMEAT: Combine the pork and duck trimmings, and lean pork, season with pepper, 4-spice powder, and 1 tablespoon Grand Marnier. Weight the mixture and season with ½ tablespoon of nitrited salt per pound of forcemeat. Mix well and marinate 24 hours.

Melt a little goose fat in a skillet, add the shallots, and brown slightly, add the chicken livers and sauté briefly (livers should remain pink inside). Flame with the remaining Grand Marnier.

Grind the forcemeat through a meat grinder fitted with a number 6 disk. Transfer to a mixer, add the eggs, flour, starch, crème fraîche and white wine, and process to a fine mixture. Incorporate the marinated duck and pork fillet, combining well.

PREPARE THE ROSETTES OF PRUNES for the center of the galantine: Line 4 heart-shaped molds with cooking parchment, and then very thin slices of pork fat. Sprinkle lightly with gelatine. Trim the ends of the prunes, then line them end to end in the molds. Press firmly in place and tie with string. Poach in duck stock for 10 minutes at 190°F. Remove and let cool completely. Unmold to obtain 8 petals. Assemble these into rosettes, using a little forcemeat. Press the rosettes into plastic film. Cook in the duck stock for 15 minutes at 190°F.

ASSEMBLING THE GALANTINE: Place the duck skin, skin-side-down, on the work surface, spread the forcemeat and fillet mixture out evenly over the duck. Place the cylinder of prunes in the center of the duck. Roll the duck up into a neat cylinder, tie, then secure tightly with wide linen bands.

COOKING

Place in a large pan with enough stock to cover and poach over low heat for about 3 hours until the internal temperature of the galantine reaches 170°F. Remove and cool quickly.

Nitrited salt, also known as « Pink salt », is used by professional chacurterie chefs for its quality of maintaining an appetizing pink color in a pâté or terrine after cooking. It also acts as a preservative.

GILLES**POYAC**

Dès l'âge de sept ans, la vocation de Gilles Poyac est une évidence. Il suit une solide formation auprès des plus grands noms de la gastronomie française et multiplie les expériences culinaires. Il rencontre Jean-Jacques Mathou, intendant à la Présidence du Sénat, qui lui propose de devenir son adjoint. À son décès, il devient à son tour chef de la table de la présidence du Sénat. Après une première tentative en 1997, Gilles Poyac est couronné « Un des meilleurs ouvriers de France » en 2000.

Gilles Poyac worked alongside the greatest names in French gastronomy before becoming chef for the kitchens of the president of the French Senate. Cooking was an early vocation for him, since Gilles Poyac knew at the age of seven that he would become a chef. He trained with the great chefs and sought out culinary experiences. He met Jean-Jacques Mathou, head steward and chef de cuisine *for the Présidence of the French Senate who hired him as deputy chef. Subsequently, he became* chef de cuisine *after the death of Jean-Jacques Mathou. He participated in the* Meilleur Ouvrier de France *competiton for the first time in 1997, then competed a second time in 2000, when he won the title.*

MEILLEUR OUVRIER
DE FRANCE 2000

À travers ce recueil de recettes de toutes nos régions, j'espère que vous aurez beaucoup de plaisir à découvrir le monde des Meilleurs Ouvriers de France.

INGRÉDIENTS (pour 8 personnes)
24 langoustines royales / 8 échalotes / 20 cl d'huile d'olive / 300 g de riz Carnaroli / 1 g de safran
2 l de bouillon de poule / 250 g de beurre frais
150 g de parmesan râpé
200 g de grosses coques cuites et décortiquées
1 pincée de curry
2 dl de jus de crustacés
200 g de chorizo belotta / 100 g de poutargue
Fleur de sel, piment d'Espelette

INGREDIENTS (for 8 servings)
*24 raw, large langoustines / 8 shallots, finely minced
¾ cup olive oil / 10 ½ oz Carnaroli rice (or other round risotto rice) / Pinch saffron threads / 8 cups chicken broth / 5 ¼ oz freshly grated Parmesan cheese
8 ¾ oz butter / 7 oz large, cooked and shelled cockles
Pinch curry powder*

7 oz dried Belotta chorizo, thinly sliced / 3 ½ oz poutargue*, cut in julienne strips / ¾ cup shellfish broth Fleur de sel (fine sea salt) / Espelette pepper powder

---

PRÉPARATION

LA LANGOUSTINE ROYALE : Décortiquer les langoustines à cru et maintenir la queue à l'aide d'un pic à bois. Cuire les queues de langoustines dans une poêle antiadhésive avec une goutte d'huile d'olive. Attention à ne pas trop cuire les langoustines.

LE RISOTTO CARNAROLI : Faire suer légèrement l'échalote finement ciselée, ajouter le riz, bien l'enrober de matière grasse, le nacrer. Ajouter le safran et commencer à le cuire en mouillant au bouillon de poule. Au terme de la cuisson, le lier d'un peu de parmesan vieux et de beurre frais.
Poêler rapidement les coques décortiquées avec une pointe de curry.
Les mélanger délicatement au risotto.

PRÉSENTATION

Dans une assiette creuse disposer le risotto aux coques, trois langoustines rôties. Décorer avec la fine julienne de poutargue et les lamelles de chorizo au centre de l'assiette.
Verser un cordon de jus de crustacés au moment de l'envoi.

LANGOUSTINES ROYALES RÔTIES À LA POUTARGUE, RISOTTO AU SAFRAN ET COQUES SAUTÉES AU CURRY

VIN CONSEILLÉ : AOC Alsace Pinot gris « Fondation » • Équilibre et générosité s'harmonisent dans la délicatesse • 2004 • 12°C
Domaine Josmeyer • (68) WINTZENHEIM

PREPARATION

LANGOUSTINES: Shell the langoustines, without removing the tail. (If necessary, secure the tail with a toothpick.)

CARNAROLI RISOTTO: Sweat the shallots in a little of the olive oil, add the rice, stirring to coat with oil, and cook until it becomes opaque. Stir in the saffron. Add the chicken broth a little at a time, stirring constantly. When all of the liquid is absorbed and the rice is tender but still "al dente," stir in the Parmesan and the butter.
Sauté the cockles quickly in a skillet with oil and the curry. Fold delicately into the risotto.

In a nonstick skillet, heat a little of the olive oil, add the langoustines and cook quickly, being careful not to overcook. Season with fleur de sel and Espelette pepper powder.

SERVING

Spoon the risotto into shallow serving plates, top with three langoustines. Decorate the center of each serving with thin chorizo slices and the julienne of poutargue. Spoon a ribbon of the warmed shellfish broth around each plate just before serving.

*Poutargue is a Mediterranean delicacy of dried pressed fish roe.

JOSEPH**VIOLA**

INGRÉDIENTS (pour 15 personnes)

300 g de ris de veau / 700 g de gorge de porc
450 g de quasi de veau / 1 cuillère à soupe de
chapelure / 200 g de foie de volaille / 2 cuillères
à soupe d'échalote hachée / 2 cuillères à soupe
de persil frisé haché / 1 gousse d'ail / 1 pincée de
thym / 2 cuillères à soupe de trompettes séchées et
réhydratées / 2 cuillères à soupe de cèpes séchés et
réhydratés / 100 g de champignons de Paris / 2 œufs
350 g de foie gras (escalopes surgelées de 70g)

PÂTE BRISÉE
500 g de farine / 270 g de beurre / 5 g de sel fin
Poivre du moulin blanc / 2 œufs / 1 jaune d'œuf
80 g d'eau / 11 g de gelée en poudre

SALADE
150 g de mesclun de salade / 1 dl d'huile de noix
Vinaigre balsamique / Sel de Guérande

Joseph Viola a commencé son parcours chez Michel Guérard et Jean-Paul Lacombe, qui l'ont formé. . Il est aujourd'hui à la tête d'un authentique bouchon lyonnais, Chez Daniel et Denise. En 2004, il obtient le titre « Un des Meilleurs Ouvriers de France » puis, en 2008, celui de meilleur bouchon lyonnais lors de la soirée des Trophées de la gastronomie.

Joseph Viola, « Meilleur Ouvrier de France » 2004, today heads an authentic Lyonnais bouchon: Chez Daniel et Denise. In 2008, he received the prix du meilleur bouchon lyonnais *(prize for the best Lyonnaise bouchon) during the Gastronomy Trophies. Joseph Viola trained with Michel Guérard and Jean-Paul Lacombe.*

INGREDIENTS (for 15 servings)

*1 ½ lbs lean pork / 1 lb veal round / ¼ cup peanut oil
2 tablespoons dried horn of plenty mushrooms,
rehydrated / 2 tablespoons dried cepe mushrooms,
rehydrated / 2 medium white mushrooms
2 tablespoons chopped shallots / 1 garlic clove,
minced / 1 tablespoon breadcrumbs / 2 eggs
½ lb chicken livers / 1 ¾ lbs pate brisée or short crust
dough / 2 tablespoons chopped curly-leaf parsley
Pinch thyme / 3/4 lb frozen foie gras slices
10 ½ oz veal sweetbreads, blanched
1 egg yolk, beaten*

SALAD
*5 ¼ oz mesclun, or other mixed salad greens
7 tablespoons walnut oil / Balsamic vinegar
Guérande fleur de sel (sea salt) / Salt and freshly
ground white pepper*

MEILLEUR OUVRIER
DE FRANCE 2004

L'esprit des M.O.F., c'est une rigueur et la connaissance parfaite d'une discipline. Le devoir d'être formateur, de transmettre les techniques autour de soi.

RESTAURANT DANIEL ET DENISE • 156, RUE DE CRÉQUI • 69003 LYON • TÉL. +33 (0)4 78 60 66 53 • WWW.DANIEL-ET-DENISE.FR

PRÉPARATION

A l'aide de la grille de 0,5 cm de diamètre, hacher la gorge de porc, le quasi, les faire revenir à l'huile d'arachide à la poêle. Égoutter dans une passoire.
Faire sauter dans une poêle les trompettes, les cèpes, les champignons de Paris, l'échalote, l'ail avec l'huile d'arachide, assaisonner de sel, de poivre et cuire 2 à 3 min. Hacher le tout avec la même grille que la viande.
Mélanger la viande, les champignons, la cuillère à soupe de chapelure, les 2 œufs, les foies de volaille, le sel, le poivre et le persil.
Chemiser le moule à pâté avec la pâte brisée, puis verser la farce au fond du moule. Ajouter les escalopes de foie gras surgelées. Saler, poivrer, remettre de la farce. Ajouter les ris de veau préalablement blanchis. Saler, poivrer et

ajouter le restant de la farce. Fermer avec la pâte, dorer avec les jaunes d'œuf et faire 3 trous sur le dessus. Cuire au four à 220°C pendant 45 min. Faire refroidir pendant 24 heures et injecter la gelée.

FINITION ET ACCOMPAGNEMENT

Servir le pâté en tranches d'1 centimètre d'épaisseur avec le chutney. Ne pas oublier l'huile de noix avec les tranches ainsi que le sel de Guérande.

VIN CONSEILLÉ : Gringet « Les Alpes» Vins de Savoie • Fruits jaunes, agrumes, minéralité et volume
2008 • 11°C • Domaine Belluard et fils

PREPARATION

Grind the pork and veal through a meat grinder fitted with a 1/8-inch disk. Sauté in a skillet with a little peanut oil. Drain in a colander.

Heat the remaining peanut oil in a skillet, add all of the mushrooms, the shallots, and garlic, season with salt and pepper and cook for 2 to 3 minutes. Grind through the meat grinder. Combine the ground meat and mushrooms with the breadcrumbs, eggs, chicken livers, parsley and thyme. Season with salt and pepper.

Line a pâté mold with three-fourths of the pastry dough, place one-third of the pâté mixture in the bottom of the mold. Add the foie gras slices. Season with salt and pepper. Cover with another third of the paté mixture. Add the sweetbreads. Season with salt and pepper and top with the remaining paté mixture. Cover the top with the remaining dough, brush with the beaten egg yolk. Make three holes in the top of the pastry to allow steam to escape during the cooking.

Cook in a preheated 425 °F oven for 45 minutes. Remove from the oven and let cool for 24 hours.

SERVING

Slice the pate into ½ inch slices and serve with the chutney. Don't forget the salad, with walnut oil and balsamic vinaigrette, and Guérande salt.

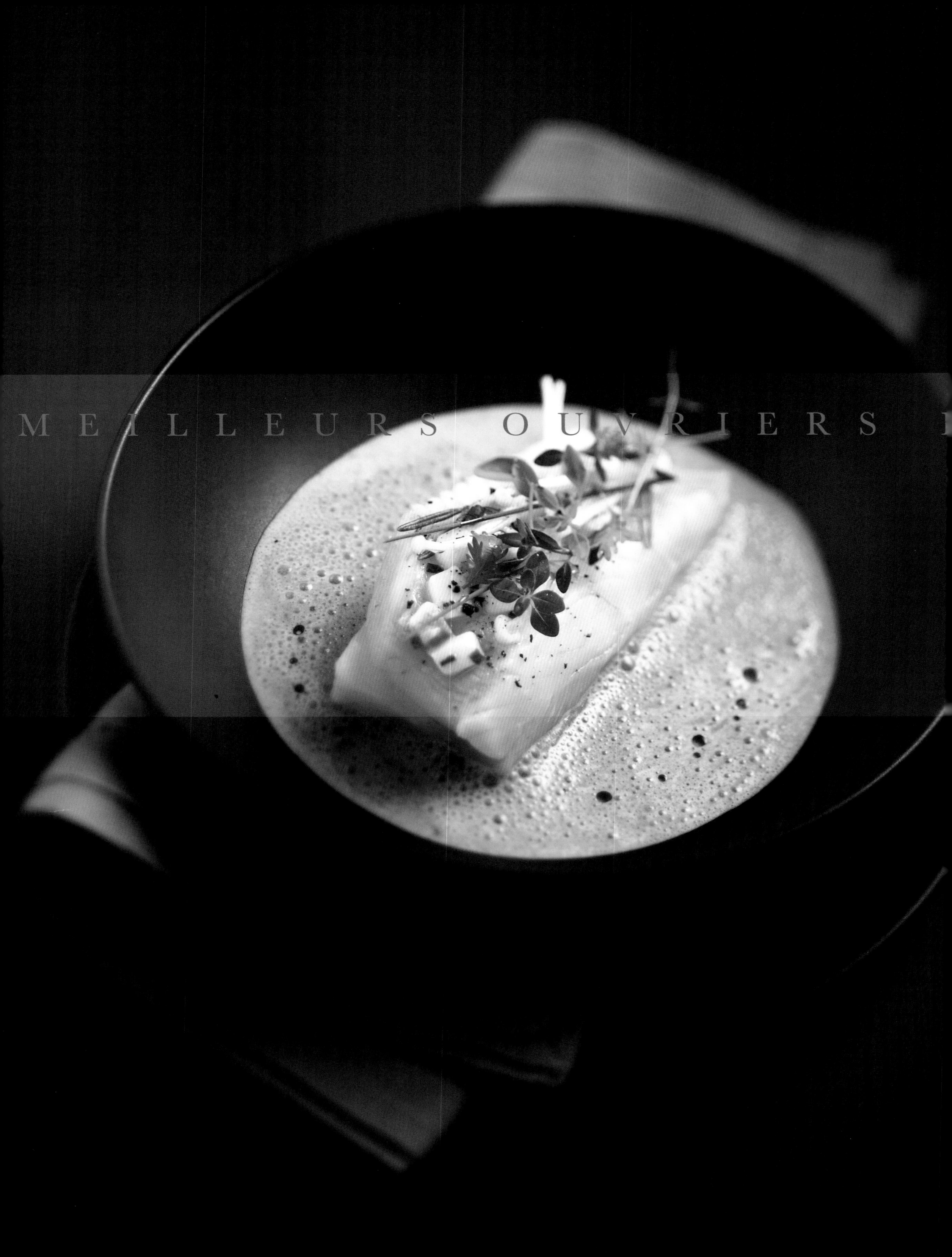
MEILLEURS OUVRIERS

Meilleurs Ouvriers de France

plats
main dishes

GÉRARD**BESSON**

Pour Gérard Besson, la cuisine est une histoire de famille. Ses parents tenaient une auberge près de la cité médiévale de Pérouges où Madame Besson Mère cuisinait grenouilles des Dombes, volailles de Bresse et tartes bressanes.
Gérard Bresson passe son CAP de cuisine à l'Ecole Hôtelière de Bellegarde sur Valserine de 1962 à 1965. Il remporte le titre de premier apprenti de l'Ain au Concours du Meilleur Apprenti de France et obtient un brevet professionnel de cuisine en 1973. Il est successivement deuxième commis de cuisine chez Alain Chapel à Mionnay, premier commis de cuisine au restaurant Ledoyen avec Guy Legay pour chef de cuisine (deux étoiles au Michelin), demi-chef de partie puis chef de partie chez Georges Garin, rue Lagrange (deux étoiles au Michelin), sous-chef au pavillon royal avec Michel Bourdin et enfin chef au Jamin, rue de Longchamp (deux étoiles au Michelin).
À vingt-huit ans, Gérard Besson devient « Un des Meilleurs Ouvriers de France ». Il ouvre en 1978 son restaurant au cœur de Paris, où il ne cesse depuis plus de trente ans de cuisiner des produits nobles avec simplicité.

For Gérard Besson, cooking is a family affair. His parents ran an auberge near the medieval city of Pérouges where Madame Besson senior cooked frogs' legs from the Dombes, Bresse poultry and Bressane-style tarts. He earned his C.A.P. (Certificat d'Apptitude Professionnelle) *at the hotel school in Bellegarde sur Valserine where he studied from 1962 to 1965. He won the title of* Premier Apprenti *of the Ain department in the* Meilleur Apprenti de France *competition and obtained his* brevet professionnel *in cuisine in 1973. He successively held positions in France's best restaurants :* deuxième commis *at Alain Chapel in Moinnay from 1965 to 1968,* premier commis *at Paris's two-Michelin-star Ledoyen restaurant with chef de cuisine Guy Legay from 1969 to1971,* demi-chef de partie, *then* chef de partie *at Georges Garin's two-Michelin-star restaurant on rue Lagrange from 1971 to 1973,* sous-chef *at the Pavillon Royal with Michel Bourdin from 1973 to 1974, and finally* chef de cuisine *at the two-Michelin-star Jamin restaurant on rue de Longchamp from 1974 to 1978. At 28 years old, Gérard Besson became* Meilleur Ouvrier de France, *and in 1978 he opened his own restaurant in the heart of Paris where he has been cooking noble products with simplicity for more than 30 years.*

INGRÉDIENTS (pour 4 personnes)
2 soles de 700 g chacune, enlever les 2 peaux
et lever en filets en conservant les arêtes
1 poireau / 2 échalotes grises
150 g de champignons de Paris
¼ litre de vin blanc / 1 kg d'épinards
150 g de beurre / 1 orange / 1 citron
1 botte de cerfeuil / Sel, poivre

INGREDIENTS (for 4 servings)
2 soles (each 1 ½ lbs) remove the skins and fillets,
reserving the bones / 1 leek / 2 shallots
5 ¼ oz white mushrooms / 1 cup white wine
1 cup water / 2 ¼ lbs fresh spinach / 2/3 cup butter
1 lemon / Juice of 1 orange / Grated zest of 2 oranges
1 bunch chervil / Salt, pepper

J'ai puisé ma vocation dans l'extraordinaire richesse de bons produits que recèle ma bresse natale.

MEILLEUR OUVRIER
DE FRANCE 1976

RESTAURANT GÉRARD BESSON • 5, RUE COQ HÉRON • 75001 PARIS • TÉL. +33 (0)1 42 33 14 74
WWW.GERARDBESSON.COM • GERARD.BESSON4@LIBERTYSURF.FR

PRÉPARATION

Faire un fumet court en étuvant blanc de poireau, échalotes émincées, champignons, arêtes de sole. Cuire avec un ¼ litre de vin blanc et un ½ litre d'eau, saler peu et cuire à feu doux pendant 20 min., laisser infuser une demi-heure et passer au chinois fin.
Équeuter, laver et blanchir les épinards dans de l'eau salée, rafraîchir aussitôt et égoutter.
Pour la cuisson des filets de sole : disposer les filets de soles pliés en deux, dans une plaque beurrée légèrement assaisonnée, couvrir de fumet et cuire à four chaud 5 min. Au terme de la cuisson, réserver les filets de soles au chaud, et réduire le fumet aux 2/3, incorporer 75 g de beurre, rectifier l'assaisonnement.

Ajouter 3 gouttes de jus de citron, passer au chinois et réserver au chaud.
Dans 60 g de beurre, réduire le jus d'orange, ajouter 2 zestes d'orange râpée. Réchauffer les épinards en prenant soin de les rouler dans ce jus réduit, rectifier l'assaisonnement.

PRÉSENTATION

Disposer dans le centre de l'assiette un lit d'épinards, surmonté de deux filets de sole, napper de sauce, saupoudrer de pluches de cerfeuil et servir très chaud.

FILETS DE SOLE CUITS DANS UN FUMET RÉDUIT SUR UN LIT D'ÉPINARD AU PARFUM D'AGRUMES

VIN CONSEILLÉ : AOC Savennières Roche aux Moines • La minéralité et les arômes de fruits blancs charnus dominent en élégance • 2006 • 12°C • Château Pierre Bise • (49) BEAULIEU SUR LAYON

PREPARATION

Fish stock: Combine the fish bones, leek white, shallots, mushrooms, white wine and water in a saucepan, season lightly with salt and simmer over low heat for 20 minutes. Remove from the heat, set aside to infuse for about 30 minutes. Strain through a fine sieve.

Stem the spinach, rinse well and blanch in salted water. Refresh under cold water and drain.

Place the sole fillets, folded in half in a buttered, lightly salted shallow baking pan. Add enough fish stock to cover the fillets and cook in a hot oven for 5 minutes. Remove from the oven and keep the sole fillets warm. Transfer the stock to a saucepan and reduce by two-thirds. Incorporate half of the butter and correct the seasonings. Add 3 drops of lemon juice, strain through a sieve and keep warm. Combine the remaining butter in a small saucepan with the orange juice and reduce. Add the orange zest. Reheat the spinach leaves by rolling them in the reduced orange juice. Correct the seasonings.

SERVING

Place a bed of spinach in the center of each serving plate. Top with two sole fillets, spoon the reduced stock over each serving and sprinkle with the chervil sprigs. Serve hot.

ÉTIENNE**CHAVRIER**

À son retour du service militaire en 1977, Etienne Chavrier s'installe comme poissonnier ambulant, puis obtient l'année suivante un emplacement sur les marchés roannais. En 1983, il s'installe dans les toutes nouvelles Halles de Roanne. Il gagne en notoriété, tant auprès d'une clientèle de particuliers que des traiteurs et restaurateurs.
Il obtient le titre de « Un des Meilleurs Ouvriers de France » en 2007.

When he returned from military service in 1977, Etienne Chavrier began his activity as an itinerant fishmonger, before obtaining a space in the Roannais markets the following year. In 1983 he moved to the city's newly built covered market, the Halles de Roanne. *He quickly built a reputation, not only with the public, but also among caterers and restaurateurs. He obtained the title of « Un des Meilleurs Ouvriers de France » in 2007.*

INGRÉDIENTS (pour 4 personnes)
800 g de blanc de seiche / 6 cuillères à potage d'huile d'olive / 1 jus de citron / 3 gousses d'ail 1 cuillère à soupe de persil haché / 600 g de cèpes émincés / Sel et poivre

INGREDIENTS (for 4 servings)
1 ¾ lb cleaned cuttlefish / 1 1/3 lbs cèpe mushrooms, sliced / 6 tablespoons olive oil / Juice of 1 lemon 3 garlic cloves, finely minced / 1 tablespoon finely chopped parsley / Salt and freshly ground pepper

MEILLEUR OUVRIER
DE FRANCE 2007

Des Meilleurs Ouvriers de France, un livre merveilleux, un travail excellent, le respect des produits et du client, la poésie de la cuisine. Un bonheur !

POISSONNERIE • HALLES DIDEROT • 42300 ROANNE • TÉL. +33 (0)4 77 70 02 63

RÉALISATION

BLANCS DE SEICHE : Les couper en deux et les inciser sur toute leur surface en quadrillage pour faciliter la cuisson à cœur. Les saisir dans une poêle très chaude avec une cuillère d'huile d'olive pendant 1 à 1 min. 30 de chaque côté (une cuisson plus longue les durcirait). Assaisonner de sel et de poivre du moulin.

EMULSION PERSILLÉE : Verser dans une saucière 3 cuillères d'huile d'olive, le jus du citron, le persil, l'ail haché finement, sel et poivre. L'émulsion nappera la seiche grillée au gré des convives.

CÈPES : Les poêler à l'avance simplement avec 2 cuillères d'huile d'olive, le sel et le poivre. Les réchauffer pendant la cuisson des seiches et les servir en accompagnement dans l'assiette de service.

SEICHE A LA PLANCHE ET CEPES POELES, ÉMULSION PERSILLÉE

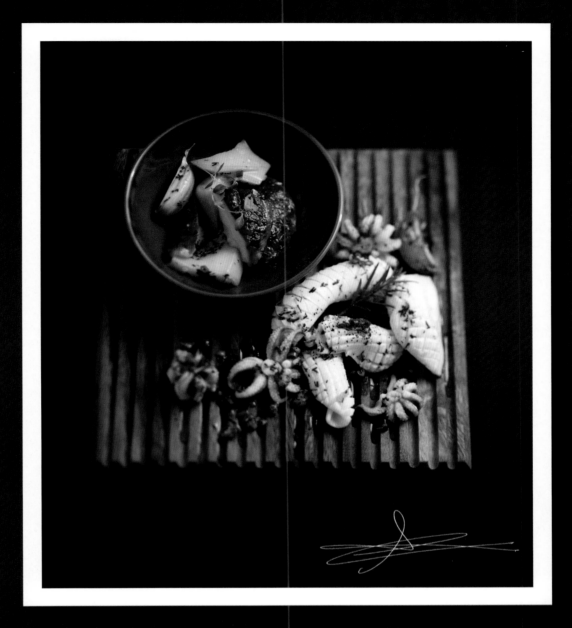

VIN CONSEILLÉ : VDT Rancy «sec» (type oxydatif)» • Force de caractère, fraîcheur en opposition au plat, complexe en arômes • 10°C
Domaine de Rancy • (66) LATOUR DE FRANCE

PREPARATION

Cut the cuttlefish in half lengthwise, and score the entire surface in grid style to help them cook evenly.

Heat 2 tablespoons olive oil in a skillet, sauté the cepes and season with salt and freshly ground pepper.

Combine 3 tablespoons olive oil, the lemon juice, garlic and parsley, season with salt and pepper. Pour into a sauceboat to be passed at the table with the cuttlefish.

Heat 1 tablespoon of olive oil on a flat griddle until very hot, add the cuttlefish and sear for 1 to 1 ½ minutes on each side (if cooked any longer, they become rubbery.) Season with salt and freshly ground pepper.

SERVING

Reheat the cepes while the cuttlefish cooks, then present them on a serving platter to accompany the cuttlefish.

SERGE**CHENET**

Implanté dans le Gard depuis plus de vingt ans, juste en face d'Avignon sur la rive droite du Rhône, « Un des Meilleurs Ouvriers de France » en 1994 et tout juste étoilé au Guide Michelin 2009, Serge Chenet vient d'ouvrir son restaurant dans un mas provençal aux vieilles pierres datant de 1610. Avant cela, Serge Chenet passe par de nombreux établissements comme chef de cuisine comme l'Hostellerie Le Prieuré où il obtient une étoile au Guide Michelin en 1993 tout comme au Château de Rochegude étoilé Michelin en 1987. Serge Chenet est par ailleurs formateur, il dispense des stages de cuisine à des professionnels.

Firmly established in the Gard department for more than 20 years on the left bank of the Rhone river facing Avignon, and « Un des Meilleurs Ouvriers de France » since 1994, Serge Chenet has just been awarded a star by the 2009 Michelin Guide for his recently opened restaurant in an old provencal stone farmhouse dating back to 1610. Before this, Serge Chenet worked as chef de cuisine for several establishments including the Hostellerie le Prieuré, where he obtained a star from the Michelin Guide in 1993, and at the Château de Rochegude, where he won a star in 1987. Serge Chenet is also a teacher, offering training sessions for professionals.

MEILLEUR OUVRIER
DE FRANCE 1994

Quelle belle initiative cet ouvrage sur les Meilleurs Ouvriers de France ! J'espère que cela donnera l'envie de pratiquer notre beau métier de cuisinier Peut-être quelques vocations vont-elles naître ?

RESTAURANT ENTRE VIGNE ET GARRIGUE • MAS SAINT-BRUNO • CHEMIN DES FALAISES • 30131 PUJAUT • TÉL. +33 (0)4 90 95 20 29
WWW.VIGNE-ET-GARRIGUE.COM • RESERVATION@VIGNE-ET-GARRIGUE.COM

INGRÉDIENTS (pour 4 personnes)

4 pavés de loup avec la peau / 2 aubergines
1 demi-cuillère à café de cumin en poudre
3 cuillères à soupe d'huile d'olive vierge
50 g de parmesan râpé
3 branches de coriandre fraîche

CAPPUCCINO DE CORIANDRE
2 dl de fumet de langoustine / 1 dl de crème fluide
50 g de beurre / 1 demi-botte de coriandre fraîche
Un trait de jus de citron / Sel et poivre

INGREDIENTS (for 4 servings)

4 thick, square sea bass fillets with the skin / 2 egg-plants / 3 tablespoons virgin olive oil / ½ teaspoon ground cumin / 2 tablespoons chopped cilantro / 1 tablespoon crème fraîche or heavy cream / ½ cup grated Parmesan cheese / Salt, pepper / Wooden skewers

CILANTRO CAPPUCCINO SAUCE:
¾ cup lobster or shrimp stock / 6 tablespoons heavy cream / 3 ½ tablespoons butter / Lemon juice / 1/2 bunch cilantro, rinsed and chopped

PRÉPARATION

CAVIAR D'AUBERGINE : Couper les aubergines en deux, les saler et les poser sur une plaque. Cuire au four à 140 °C (th 5) avec un peu d'huile d'olive. En fin de cuisson, retirer la pulpe à l'aide d'une cuillère.
Hacher la pulpe cuite au couteau, ajouter la poudre de cumin et la coriandre fraîche ciselée, détendre la préparation avec un peu de crème fraîche.

SUCETTES DE PARMESAN : Sur papier sulfurisé, saupoudrer un peu de parmesan râpé, pour former un disque. Poser plutôt plusieurs disques et plusieurs piques et cuire 15 secondes au micro-ondes. Sortir, laisser refroidir sur le papier avant de décoller les sucettes.

SAUCE CAPPUCCINO DE CORIANDRE : Réduire le fumet de langoustine, ajouter la crème et le monter au beurre. Compléter avec un trait de jus de citron. Verser la coriandre fraîche lavée et concassée, donner une ébullition. Passer la sauce au mixeur et la filtrer dans un chinois fin.

Cuire les filets de loup assaisonnés à la plancha, avec un trait d'huile d'olive. Saisir en donnant un peu de coloration côté peau.
Dresser la compote d'aubergine sur des assiettes chaudes, poser dessus les filets de poisson et piquer une sucette de parmesan.

FINITION ET ACCOMPAGNEMENT

Au dernier moment, mixer vivement le cappuccino à l'aide d'un mixeur plongeant.
Verser le cappuccino de coriandre fraîche autour du poisson.

PAVÉ DE LOUP
CAPPUCCINO DE CORIANDRE

VIN CONSEILLÉ : AOC Vin de Savoie Chignin Bergeron «Vieilles Vignes» • Rondeur, fraîcheur et volume • 2005 • 11°C
Domaine Jean-François Quénard • (73) CHIGNIN

PREPARATION

EGGPLANT « CAVIAR »: halve the eggplants lengthwise, season with salt, drizzle with a little olive oil and place on a baking sheet. Cook in an oven preheated to 275°F until tender. Remove from the oven, scoop out the eggplant pulp with a spoon, and chop, adding the cumin, cilantro and a little crème fraîche.
PREPARE THE PARMESAN LOLLIPOPS: on a sheet of cooking parchment, sprinkle 2 tablespoons of Parmesan into a circle. Repeat with the remaining cheese, forming 4 disks. Place a wooden skewer on each disk so that it reaches into the center. Microwave for 15 seconds. Let cool on the paper before removing the lollipops.
CILANTRO CAPPUCCINO SAUCE: reduce the stock, add the cream, and whisk in the butter a little at a time over low heat until thick. Finish with a drizzle of lemon juice. Add the chopped cilantro and bring to a boil. Process quickly in a food processor, and strain through a fine sieve.
Season the sea bass fillets and sear on a griddle with a little olive oil until the skin is lightly browned.
Spoon a little of the eggplant caviar on each warm serving plate, top with a fish fillet and stud with a Parmesan lollipop.

SERVING

Just before serving, mix the cilantro cappuccino briskly with the hand mixer and pour around the fish.

JACQUES**DECORET**

Jacques Decoret possède une expérience solide et exemplaire : chef de partie chez Lorrain à Joigny, ainsi que chez Troisgros à Roanne, puis sous-chef d'Alain Passard à l'Arpège à Paris et enfin chef de cuisine chez Régis Marcon à l'Auberge des Cimes. Il obtient le titre de « Un des Meilleurs Ouvriers de France » en 1997. Fort d'une expérience de dix ans chez les grands chefs étoilés et de la reconnaissance de ses pairs, il ouvre son premier restaurant à Vichy en 1997, qui obtiendra une étoile en 2000. Il ouvre ensuite en 2008 la Maison Decoret, un hôtel restaurant de cinq chambres donnant sur le Parc des Sources, à deux pas du très bel opéra art nouveau de Vichy.

Jacques Decoret's experience is solid and impressive. He held the post of chef de partie at La Côte Saint-Jacques in Joigny, as well as at Troisgros in Roanne. He was sous chef at Alain Passard's Arpege restaurant in Paris, then chef de cuisine at Regis Marcon's Clos des Cimes, in St.-Bonnet-le-Froid, He won the title of Meilleur Ouvrier de France in 1997. With this and the recognition of his peers, and backed by a decade of experience in the kitchens of some of France's greatest and most starred chefs, Jacques Decoret opened his first restaurant in 1997 in Vichy, where he won a Michelin star in 2000 . In 2008, he opened Decoret, a hotel-restaurant with five rooms overlooking the park of a fresh-water spring just a few steps from Vichy's beautiful art nouveau Opera.

INGRÉDIENTS (pour 6 personnes)
6 tranches épaisses de foie gras de canard de 50 g
12 feuilles de chou chinois vert (pak-choï)
150 g de chou rouge / 50 g de vinaigre rouge
80 g environ de jus de choucroute / 6 g d'agar-agar
7 fines tranches de lard artisanal alsacien / 100 g de jus de canard / 20 g de beurre noisette / 100 g de beurre / Mignonnette de poivre noir / Graines de carvi / Genièvre / 80 g d'eau / Sel, poivre

INGREDIENTS (for 6 servings)
6 thick slices duck foie gras (each about 2 oz) / 6 oz green Chinese cabbage (bok choi) leaves / 1 1/2 tablespoons browned butter / 5 ¼ oz red cabbage / 3 tablespoons red wine vinegar / 6 tablespoons cold butter / 1/3 cup sauerkraut juice (approximately) / 1 heaping teaspoon agar-agar / 7 thin slices smoke-cured Alsatian bacon / 3 ½ oz duck drippings / Juniper berries, crushed / Coarsely ground peppercorns / Caraway seeds / Salt, pepper

MEILLEUR OUVRIER
DE FRANCE 1997

Une grande joie d'avoir participé à la réalisation de ce bel ouvrage qui regroupe toute cette famille de femmes et d'hommes passionnés par leur métier

MAISON DECORET • 15, RUE DU PARC • 03200 VICHY • TÉL. +33 (0)4 70 97 65 06 • HTTP://WWW.JACQUESDECORET.COM

——— PRÉPARATION ———
Couper les feuilles de chou vert en deux dans la longueur, les sauter au beurre noisette, assaisonner.

Emincer finement le chou rouge (sans les côtes), ajouter le vinaigre rouge et 80 g d'eau.

Cuire à feu doux, mixer en ajoutant 10 g d'eau si nécessaire.

Avant de servir, monter légèrement au beurre, assaisonner, ajouter du jus de choucroute.

GELÉE DE CHOUCROUTE : Chauffer 40 g de jus de choucroute jusqu'à 60°C, ajouter l'agar-agar. Couler 10 g de gelée dans des formes longues et étroites, faire prendre au froid.

SEL DE LARD FUMÉ : Sécher 3 tranches de lard artisanal alsacien entre deux plaques dans un four à 130°C jusqu'à dessèchement. Hacher finement au couteau, puis réserver.

CUISSON : Poêler les tranches de foie gras, les éponger sur un papier absorbant puis les assaisonner de sel de lard fumé et de mignonnette de poivre noir.

JUS DE GENIÈVRE : Infuser le jus de canard avec du genièvre écrasé pendant 8 min. environ, assaisonner et filtrer.

——— FINITION ET ACCOMPAGNEMENT ———
Dans une assiette, démouler un bâton de gelée de choucroute, poser dessus le chou vert poêlé, une tranche de foie gras, quelques graines de carvi. Disposer un disque de purée de chou rouge, verser le jus de genièvre. Décorer d'une tranche de lard artisanal alsacien.

FOIE GRAS DE CANARD POÊLÉ
EN CHOUCROUTE IMAGINAIRE,
ASSAISONNÉ AU SEL DE LARD ALSACIEN

VIN CONSEILLÉ : AOC Alsace Sylvaner «El Diablo» • Volume et fraîcheur en harmonie • 2000 • 13°C
Domaine Albert Seltz • (67) MITTELBERGHEIM

PREPARATION

Halve the bok-choi leaves lengthwise, sauté in the browned butter, and season. Remove the ribs from the red cabbage and finely shred the leaves. Cook in a saucepan with the red wine vinegar and 1/3 cup water over low heat. Mix in a food processor until reduced to a purée, adding a little more water if necessary. Just before serving, return the purée to the saucepan and whisk in the cold butter little by little over very low heat to form an emulsion. Season and add a little sauerkraut juice.

SAUERKRAUT ASPIC: heat 3 ½ tablespoons of the sauerkraut juice to 140°F, stir in the agar-agar, pour onto a small, flat platter and let set in the refrigerator. Once set, slice into long, thin strips.

ALSATIAN BACON: flatten three slices of Alsatian bacon between two baking sheets and bake in a 265°F oven until crisp. Chop finely and set aside.

JUNIPER BERRY INFUSION: warm the duck drippings. Add the crushed juniper berries, remove from the heat and let infuse for 8 min. Season and strain.

COOKING: sauté the slices of foie gras in a skillet, drain on paper towels, then season with the crumbled bacon and the coarsely ground peppercorns.

SERVING

Place one strip of sauerkraut aspic on each plate. Top with the sautéed green cabbage, a slice of foie gras and a few caraway seeds. Add a disk of red cabbage purée to each plate, and finish with a spoonful of the juniper juice. Garnish with a slice of Alsatian bacon.

MICHEL**DEMATTÉIS**

Michel de Mattéis est d'abord passé par les cuisines du Royal Monceau, puis a fait l'essentiel de son expérience chez Taillevent avant de parfaire son art à l'Hôtel Saint James Club puis à La Tour d'Argent comme chef adjoint. Il rejoint ensuite l'Hôtel du Château de Divonne, puis La Coupole et enfin le restaurant de l'Hôtel Mirabeau (une étoile Michelin) à Monaco, où il officie pendant cinq ans comme chef de cuisine. « Un des Meilleurs Ouvriers de France », prix culinaire Pierre Taittinger, Michel de Mattéis exerce son talent et son répertoire culinaire dans les trois restaurants de l'Hôtel Royal Palm, à l'Ile Maurice, depuis novembre 2003.

Michel de Mattéis began his career in the kitchen of Paris's Royal Monceau hotel, before acquiring valuable experience at the restaurant Taillevent, prefecting his art at the Hotel Saint James Club, and then rising to the post of chef adjoint at another prestigious Parisian address, La Tour d'Argent. He subsequently joined the staff of the Hotel du Château de Divonne, then La Coupole, and finally the restaurant of the Hotel Mirabeau (one Michelin star) in Monaco, where he was chef de cuisine for five years. « Un des Meilleurs Ouvriers de France », and winner of the Pierre Taittinger Prix Culinaire, Michel de Mattéis has devoted his talent and his culinary repertoire to the three restaurants of the Hotel Royal Palm on the Ile Maurice since November 2003.

INGRÉDIENTS (pour 4 personnes)

4 pavés de coryphène de 120 g net / 100 g de queues de crevettes tigrées décortiquées / 3 cl d'huile d'olive / 500 g de patate douce / 1 jaune d'œuf 50 g de farine / 1 gousse de vanille grattée / 150 g de kaddaïf concassé / 500 g de courge butternut 30 g d'épices dukkah (épicerie fine) / 50 cl de fumet de poisson / 50 g de pois gourmands
Sel fin, poivre du moulin

INGREDIENTS (for 4 servings)

4 thick, square mahi-mahi fillets (about 4 oz each) 3 ½ oz shelled tiger shrimp (or other jumbo shrimp) ¼ cup olive oil / 1 lb sweet potatoes / Coarse salt 1 egg yolk / 6 ½ tablespoons flour / 1 vanilla bean, split and scraped / 5 ¼ de Kadaïf*, crumbled 1 lb butternut squash / 2 tablespoons Dukkah spices ** 2 cups fish stock / 2 oz snow peas or sugar snap peas Salt, freshly ground pepper

MEILLEUR OUVRIER
DE FRANCE 1991

Depuis toujours j'ai été fasciné par l'art culinaire. Le titre de MOF représente pour moi la recherche constante de l'excellence.

HÔTEL ROYAL PALM • ROYAL ROAD • GRAND BAIE • ILE MAURICE • TÉL. 00 230 209 83 00
WWW.ROYALPALM-HOTEL.COM • ROYALPALM@BCHOT.COM

PRÉPARATION

Faire sauter les crevettes dans un filet d'huile d'olive, puis les tailler en fine brunoise et les réserver.
Cuire les patates douces au four sur un lit de gros sel. Une fois cuites, récupérer la pulpe, ajouter le jaune d'œuf, la brunoise de crevettes, la farine, les grains de vanille. Bien assaisonner la préparation.
Réaliser des gnocchis ronds de 2,5 cm de diamètre et les rouler dans le kaddaïf concassé, réserver au frais.
Tailler des rectangles de courge butternut de 10 cm de longueur, 4 cm de large et 2 cm de hauteur, les mettre à mariner avec un peu d'huile d'olive et une pincée d'épices dukkah.
Cuire les parures de courge avec le fumet de poisson. Les mixer lorsqu'elles sont cuites, ajouter 2 cl d'huile d'olive et réserver au chaud.

Plonger les pois gourmands 4 min. dans une casserole d'eau bouillante salée, les rafraîchir et les égoutter.
Poêler les rectangles de courge ainsi que les pavés de coryphène à l'huile d'olive.
Frire les gnocchis de patate douce dans un bain d'huile.

FINITION ET ACCOMPAGNEMENT

Dresser les pavés de coryphène sur les rectangles de courge butternut.
Réaliser des brochettes en piquant sur un bambou deux gnocchis frits intercalés avec un pois gourmand. Piquer une brochette sur chaque pavé.
Napper légèrement de sauce, présenter le reste en saucière.

PAVÉ DE CORYPHENE ROTI, COURGE BUTTERNUT SNACKÉE AUX ÉPICES, CROUSTILLANT DE PATATE DOUCE

VIN CONSEILLÉ : VDP Duché d'Uzès «Orénia» blanc • Complexité des arômes, rondeur, finesse • 2005 • 11°C
Domaine Philippe Nusswitz • (30) DURFORT

PREPARATION

Sauté the shrimp in a drizzle of olive oil. Dice and set aside.

Bake the sweet potatoes in the oven on a bed of coarse salt. Scoop out the pulp with a spoon and combine in a bowl with the egg yolk, flour, vanilla seeds, and diced shrimp. Season with salt and pepper.

Form the mixture into gnocchi-sized balls about 1-inch in diameter, and roll them in the crumbled kadaïf. Refrigerate.

Peel the butternut squash and cut the flesh into 4 strips, each 4 inches long, 1 ½ inch wide and ¾-inch thick. Marinate in olive oil with a pinch of Dukkah spices. Coarsely chop the remaining squash.

Cook the trimmings from the squash in the fish stock. Mix in a food processor with 1 ½ tablespoons olive oil and keep warm.

Plunge the peas in salted boiling water and cook for 4 min. Refresh under cold water and drain.

Sauté the marinated squash rectangles and the mahi-mahi fillets in a skillet with olive oil.

Fry the sweet potato "gnocchi" in hot oil.

SERVING

Arrange each mahi-mahi fillet on a rectangle of butternut squash. Thread the sweet potato gnocchi and peas onto four bamboo skewers, alternating two gnocchi and one sugar pea. Stick a skewer in the center of each fish fillet. Spoon a little of the squash sauce around the fish, and pass the remaining sauce in a sauceboat.

JEAN-FRANÇOIS GIRARDIN

À la fin des années soixante, les émissions télévisées culinaires de Raymond Oliver et les publicités du chef Paul Bocuse diffusées dans les salles de cinéma passionnent Jean-François Girardin et lui inspirent sa vocation : la cuisine. Après trois ans d'apprentissage à Pouilly-sur-Loire, cinq ans sur la Côte d'Azur à l'Hôtel Carlton et son entrée dans le Compagnonnage, l'Hôtel Inter Continental de Paris lui ouvre ses portes, puis l'Hôtel Ritz en 1980. Il est consacré « Un des Meilleurs Ouvriers de France » en 1994 et s'investit depuis en qualité de Trésorier de la Société Nationale des Meilleurs Ouvriers de France.

At the end of the 1960's, the first televised cooking shows by Raymond Oliver and publicity spots championing Paul Bocuse captured Jean-François Girardin's imagination and gave birth to a vocation: **la cuisine!** *After three years of apprenticeship in Pouilly-sur-Loire, five years at the Hotel Carlton on the French Riviera and a tour as* Compagnon de France*, the doors of Paris's Hotel Inter-Continental opened to him, followed by those of the* Hôtel Ritz, Paris *in 1980. He became a* Meilleur Ouvrier de France *in 1994. Since then, he has held the post of Treasurer for the* Société Nationale de Meilleurs Ouvriers de France.

MEILLEUR OUVRIER
DE FRANCE 1994

Faire la cuisine et découvrir sans cesse des produits d'exception peut passionner toute une vie.

LE RITZ PARIS • 15, PLACE VENDÔME • 75001 PARIS • TÉL. +33 (0)1 43 16 30 30 • WWW.RITZPARIS.COM
RESA@RITZPARIS.COM

INGRÉDIENTS (pour 4 personnes)

2 râbles désossés (avec les petits rognons) / 2 cuisses désossées de lapin fermier (conserver les os pour la préparation du jus) / 1 foie de lapin / 200 g de blanc de dinde haché / 2 blancs d'œuf / 200 g de crème liquide / 1 demi-botte de cerfeuil, quelques brins de ciboulette / 200 g de crépine de porc / 2 cuillères à soupe de moutarde de Dijon / 1 oignon / 1 grosse carotte / 1 échalote / 1 demi-litre de bouillon de volaille / 100 g de polenta instantanée / 20 g de citron confit / 1 demi-litre de lait / 50 g de beurre
Petits pois, carottes fanes, champignons des bois
Sel et poivre

INGREDIENTS (for 4 servings)

2 boned saddles of farm rabbit (with the kidneys) / 2 boned thighs of farm rabbit (reserve the bones for the stock) / 1 rabbit liver / 7 oz finely ground turkey breast / ½ bunch chervil, chopped / 2 egg whites / ¾ cup heavy cream / 7 oz caul fat / 2 tablespoons Dijon mustard / 1 onion, diced / 1 large carrot, diced / 1 shallot, diced / 2 cups chicken broth / 3 ½ tablespoons butter / 3 ½ oz instant polenta / 3/4 oz diced salt-cured or pickled lemon / 2 cups milk / Garden peas, garden carrots, wild mushrooms / Chives, minced / Salt, pepper

---

PRÉPARATION

FARCE DES RÂBLES DE LAPIN : Au cutter, hacher le blanc de dinde, ajouter la demi-botte de cerfeuil, puis les 2 blancs d'œuf. Hacher finement avant d'ajouter le sel, le poivre et 200 g de crème liquide. Finir le mélange et réserver au frais. Saisir le foie de lapin et les rognons à la poêle, puis les découper en petits morceaux et les ajouter à la farce.

Garnir les râbles de lapin salés et poivrés avec cette farce, les refermer. Les emballer dans la crépine de porc et les ficeler avant de les faire rôtir au four dans un plat avec les cuisses salées et poivrées.

Une fois dorés, les poser sur les os, cuire 30 min. environ à four chaud.

Avant la fin de la cuisson, badigeonner les râbles et les cuisses de moutarde de Dijon pour obtenir une croûte dorée.

Une fois les viandes cuites, les envelopper dans du papier d'aluminium pour les garder moelleuses. Les réserver au chaud.

JUS DE LAPIN : Dans le plat de cuisson, ajouter aux os concassés (qui auront cuit sous les cuisses et les râbles rôtis au four) 1 oignon et 1 carotte en petits dés. Les faire suer au four, puis retirer la graisse de cuisson et ajouter le bouillon de volaille. Réduire, passer au chinois fin, ajouter une noix de beurre au dernier moment et mixer avant le dressage sur assiettes.

POLENTA : Verser 100 g de polenta instantanée dans 1 demi-litre de lait chaud avec le citron confit en petits dés. Verser la préparation dans un plat creux, laisser refroidir et découper en petits carrés qui seront dorés au beurre avant de servir.

LÉGUMES : Cuire à l'eau salée (et séparément) les carottes épluchées et les petits pois (ne pas trop cuire), les rafraîchir.

FINITION ET ACCOMPAGNEMENT

Réchauffer les petits légumes au dernier moment avec un peu de jus de lapin. Saupoudrer les légumes de ciboulette ciselée. Faire sauter les champignons avec une pointe d'échalote hachée. Déficeler et rancher le lapin. Dresser le tout harmonieusement sur des assiettes chaudes.

RABLES DE LAPIN FERMIER FARCIS AUX HERBES, CUISSES RÔTIES AVEC LEUR JUS, PETITS LÉGUMES ET POLENTA AU CITRON

VIN CONSEILLÉ : AOC Condrieu «Les Grandes Chaillées» • Volume, rondeur et fruits • 2001 • 12°C
Domaine du Monteillet • (42) CHAVANAY

PREPARATION

Stuffing for the rabbit saddles: combine the turkey breast, chervil and egg whites, season with salt, pepper and stir in the cream. Chill.

Sauté the rabbit kidneys and liver in a skillet. Chop coarsely and add to the stuffing mixture.

Lay the rabbit saddles out flat, season with salt and pepper, top with the stuffing mixture, and roll up, wrapping with the caul fat, tie up with kitchen string. Sauté the stuffed saddles, along with the thighs, seasoned with salt and pepper, until browned. Place the bones in the bottom of a shallow roasting pan, set the saddles and thighs on top, and cook for about 30 min. in a hot oven. Before the end of the cooking, brush the saddles and thighs with Dijon mustard to form a golden crust. Remove from the oven and wrap the saddles and thighs in aluminium foil to keep them tender. Keep warm.

SAUCE: add the diced onion, carrot, and shallot to the rabbit bones (on which the saddles and thighs cooked) in the roasting pan and let sweat in the oven. Pour off any excess fat and add the chicken broth. Cook until reduced, and strain through a fine sieve. Just before serving, add a knob of butter and whisk or process in a food processor.

POLENTA: combine the milk and diced lemon in a saucepan. Add the polenta and cook according to directions. Pour the polenta into a shallow pan and let cool. Cut into squares.

In boiling salted water, cook the peeled carrots and garden peas separately, without overcooking. Refresh in cold water.

SERVING

Just before serving, reheat the vegetables in a little of the rabbit sauce. Sprinkle the vegetables with minced chives. Sauté the polenta squares in butter. Sauté the mushrooms with a touch of shallots. Remove the string from the rabbit saddles and arrange with the thighs on warm serving plates with the polenta squares, vegetables, mushrooms and sauce.

PHILIPPE**GIRARDON**

Philippe Girardon a repris il y a vingt-cinq ans, avec son épouse Laurence, l'entreprise familiale du Domaine de Clairefontaine à Chonas l'Amballan en Isère. Il grandit dans une famille gourmande où les femmes tiennent les fourneaux d'une table d'hôtes. Après un apprentissage au Bec Fin à Vienne, il enchaîne les stages auprès des grands : La Pyramide à Vienne, l'Oasis à la Napoule, Le Royal Gray à Cannes ou encore les frères Roux à Londres. À tout juste vingt ans, il reprend l'affaire familiale pour la transformer en table gastronomique, l'auberge devient alors le Domaine de Clairefontaine. Le guide Michelin le couronne d'une étoile en 1993 et en 1997. Il décroche le prestigieux titre de « Un des Meilleurs Ouvriers de France » en 1997.

Twenty-five years ago, Philippe Giradon and his wife, Laurence, took over his family's business, the Domaine de Clairefontaine in Chonas l'Amballan, in the Isère department. He grew up in a family of food lovers, whose women manned the stoves of their simple auberge in Chonas l'Amballan. After apprenticing at the Bec Vin in Vienne, he went on to work in the kitchens of the great chefs : « LA Pyramide » in Vienne, « l'Oasis » in la Napoule, « Le Royal Gray » in Cannes and the Roux brothers in London. When he was just 20 years old, he took over the family business, transforming it into a gastronomic restaurant. The auberge thus became the « Domaine de Clairefontaine. » The Michelin guide crowned it with a star in 1993 and 1997. He won the prestigious title of Meilleur Ouvrier de France in 1997.

MEILLEUR OUVRIER
DE FRANCE 1997

Pour devenir MOF, il faut aller au sommet de l'effort et avoir pour sport favori la rigueur

DOMAINE DE CLAIREFONTAINE • CHEMIN DES FONTANETTES • 38121 CHONAS L'AMBALLAN • TÉL. +33 (0)4 74 58 81 52
WWW.DOMAINE-DE-CLAIREFONTAINE.FR • L.GIRARDON@DOMAINE-DE-CLAIREFONTAINE.FR

INGRÉDIENTS (pour 6 personnes)

6 pièces de pigeon calibre 500 g / 1 lobe de foie gras de canard cru 600 g environ / 300 g d'épinard (grosses feuilles) / 1 kg de graisse d'oie / 100 g de gros sel / 1 g de baies de genièvre / 10 g de sucre 2 brins de thym / 2 feuilles de laurier / 3 gousses d'ail / 12 œufs entiers / 1 kg de farine 500 g de chapelure

SAUCE
7 cl de vin de griotte / 4 cl de jus de truffe 20 g de truffes hachées

FOND DE PIGEON
Carcasse de pigeon 10 pièces / 100 g de carottes 50 g d'oignons / 50 g de céleri / 50 g d'échalote 1 l de vin rouge / 50 cl de fond de veau brun

INGREDIENTS (for 6 servings)

6 squab (each about 1 lb) / 1 lobe raw duck foie gras (about 1 1/3 lbs) / 10 ½ oz large spinach leaves 2 ¼ lbs goose fat / 3 ½ oz coarse salt / 1 juniper berry 2 teaspoons sugar / 2 thyme sprigs / 2 bay leaves 3 garlic cloves / 2 ¼ lb flour / 12 eggs, beaten 4 cups breadcrumbs

SQUAB STOCK
10 squab carcasses / 1 carrot / ½ onions / 1 celery rib 2 shallots / 4 cups red wine / 2 cups brown veal stock

SAUCE
1/3 cup griotte cherry wine / 3 tablespoons truffle juice / ¾ oz truffles, chopped

---

——————————— **PRÉPARATION** ———————————

Habiller le pigeon, lever à cru, mariner les cuisses au sel, lancer le fond de cuisson dans une russe, trier, laver les épinards et les blanchir quelques secondes. Rincer les cuisses sous l'eau froide et confire dans la graisse d'oie, raidir dans une sauteuse les filets de pigeons et poêler les escalopes de foie gras. Rouler les filets de pigeons les escalopes de foie gras dans les feuilles d'épinards puis dans du film alimentaire. Paner à l'anglaise et frire dans une négresse, passer le fond de sauce au chinois.

——————————— **PRÉSENTATION** ———————————

Dresser selon la saison avec une garniture de légumes, trancher le pigeon, ajouter une cuisse confite, servir la sauce à part.

VIN CONSEILLÉ : VDP Collines Rhodaniennes «Heluicum» rouge • Belle harmonie entre tanins et les fruits noirs concentrés • 2006 • 16°C • Vins de Vienne • (38) SEYSSUEL

PREPARATION

Bone the squab. Place the thighs in the coarse salt to marinate. Thinly slice the foie gras.

Prepare the stock, combining all of the ingredients in a large saucepan and simmering slowly for 30 minutes. Strain through a fine sieve and keep warm until serving.

Sort and rinse the spinach leaves. Blanch in boiling salted water for several seconds. Refresh in cold water and drain. Remove the thighs from the salt and rinse under cold water. Melt the goose fat in a large pan, add the thighs and cook over low heat. Sauté the squab breasts quickly in a skillet. Sauté the foie gras. Roll the squab breasts and the foie gras in the spinach leaves, using a sheet of plastic film to help roll into tight cylinders. Remove the squab rolls from the plastic film and dip on all sides in the flour, egg and breadcrumbs. Fry in a deep-fryer.

SERVING

Slice the squab breasts and arrange on a serving plates, garnishing each serving with a thigh. Serve the sauce separately. Accompany with seasonal vegetables.

GUYLASSAUSAIE

C'est en 1983 que Guy Lassausaie reprend l'établissement familial, fondé en 1906 par son arrière-grand-père Antoine. Formé au service à l'école hôtelière de Saint-Chamond, il se mettra ensuite à la cuisine – il obtient son CAP en candidat libre – grâce à son passage à La Pyramide à Vienne et à l'Oasis à La Napoule. Il met dix ans à accrocher sa première étoile, en 1993. En 1994, il obtient le titre de « Un des Meilleurs Ouvriers de France » et a décroché depuis sa deuxième étoile.

In 1983, Guy Lassausaie assumed the reigns of the family business founded in 1906 by his great grandfather Antoine. Trained for a career in restaurant service at the hotel school in Saint-Chamond, he quickly found his vocation behind the stove, and obtained the C.A.P as a free candidate, thanks to his experience in the kitchens of La Pyramide in Vienne and at the Oasis at La Napoule. Ten years later, in 1993, he obtained his first Michelin star. In 1994, he won the title of « Un des Meilleur Ouvriers de France », and since then, he has also earned his second star.

MEILLEUR OUVRIER
DE FRANCE 1994

M.O.F., le lien entre tradition et modernité pour un art de vivre toujours en éveil.

RESTAURANT GUY LASSAUSAIE • 1, RUE DE BELLE SISE • 69380 CHASSELAY • TÉL : +33 (0)4 78 47 62 59
HTTP://WWW.GUY-LASSAUSAIE.COM • GUY.LASSAUSAIE@WANADOO.FR

INGRÉDIENTS (pour 4 personnes)

FILET DE BARBUE MARINÉ AU THYM ET CITRON
400 g de filet de barbue / 1 branche de thym
2 Cuillérées d'huile d'olive / 1 jus de citron

TARTARE D'HUÎTRES ET SAINT-JACQUES
4 noix de Saint-Jacques / 1 jus de citron / 4 huîtres spéciales n°2 / Ciboulette / 3 cl d'huile d'olive

EMULSION DE CRESSON IODÉE
200 g d'épinard / 1 boîte de cresson / 5 cl d'huile d'olive / 1 gousse d'ail / 1 cuillère de bicarbonate de soude / 10 cl de vin blanc Chardonnay / 1 demi-litre de fond de volaille / 10 cl de crème fleurette

DRESSAGE ET FINITION
Mélange d'herbes fraîches et enoki / Vinaigrette à l'huile d'olive / Sel, poivre

INGREDIENTS (for 4 servings)

4 brill fillets (each 4-5 oz) / Juice of 1 ½ lemons / 4 tablespoons olive oil / 1 sprig thyme

CHOPPED
4 fresh sea scallops / 4 fresh oysters / Chives, chopped

WATERCRESS SAUCE
1 teaspoon baking soda / 7 oz spinach, washed well / 1 bunch watercress, washed well / 1 garlic clove / ¼ cup olive oil / 6 tablespoons dry white wine, preferably Chardonnay / 2 cups chicken stock / 6 tablespoons heavy cream

GARNISH
Mix of fresh herbs and enoki mushrooms / Olive oil vinaigrette / Salt, pepper

PRÉPARATION

FILET DE BARBUE MARINÉ AU THYM ET CITRON : Mettre à mariner environ 1 heure les filets de barbue avec le jus de citron, l'huile d'olive et le thym haché. Au dernier moment, assaisonner et cuire les filets de barbue à la vapeur.

TARTARE D'HUÎTRES ET SAINT-JACQUES : Couper les noix de Saint-Jacques en fine julienne, assaisonner et ajouter le jus de citron. Laisser agir 5 min, ajouter les huîtres hachées, la ciboulette ciselée et l'huile d'olive. Réserver au frais.

EMULSION DE CRESSON IODÉE : Porter à ébullition 2 litres d'eau salée, ajouter le bicarbonate de soude, cuire les épinards et le cresson environ 2 min. Retirer et plonger dans un bac d'eau glacée, égoutter et passer au mixeur pour obtenir une purée fine et verte.

Faire suer au beurre l'ail dans un sautoir, mouiller avec le vin blanc, réduire à sec, ajouter ensuite le fond de volaille et laisser réduire jusqu'à une contenance sirupeuse. Ajouter le jus des huîtres, la purée de cresson et la crème. Emulsionner au mixeur pour obtenir le velouté.

FINITION ET ACCOMPAGNEMENT

Disposer au centre de l'assiette un filet de barbue, y verser le tartare d'huîtres et Saint-Jacques, puis le mélange d'herbes assaisonné avec la vinaigrette. Entourer l'ensemble de l'émulsion de cresson iodée.

FILET DE BARBUE MARINÉ AU THYM ET CITRON, TARTARE D'HUÎTRES ET SAINT-JACQUES, ÉMULSION DE CRESSON IODÉE

VIN CONSEILLÉ : AOC Chablis Grand Cru «Les Clos» • Minéralité, fraîcheur, vin de grande race • 2004 • 13°C
Maison William Fèvre • (89) CHABLIS

PREPARATION

Marinate the brill fillets for about 1 hour with the lemon juice, 2 tablespoons olive oil and the thyme.

Cut the scallops into fine julienne, season and add a little lemon juice. Let rest for 5 min.

Shuck the oysters, reserving their liquid. Chop the oysters and add to the scallops. Top with the chives and 2 tablespoons olive oil. Refrigerate.

WATERCRESS SAUCE: Bring 2 quarts of salted water to a boil. Add the baking soda. Add the washed spinach and watercress and cook for 2 min. Remove and plunge into iced water. Drain and process in a food processor to obtain a smooth green purée. In a saucepan, sweat the garlic in a little butter, add the white wine and reduce until nearly evaporated. Add the chicken stock and let reduce to a syrupy consistency. Add the oyster liquid, the watercress purée and the cream. Mix in a food processor to obtain a velvety sauce. Remove the brill from the marinade, season with salt and pepper and steam.

SERVING

Place a brill fillet in the center of each serving plate. Top with the oyster and scallop tartare, and decorate with a handful of mixed herbs seasoned with the vinaigrette. Spoon the watercress sauce around and serve.

ERIC**LEBŒUF**

Issu d'une famille de bouchers installés à Melun, Eric Lebœuf perpétue la tradition familiale. En 1984, il suit son apprentissage chez ses parents puis obtient son CAP en 1986 et devient Meilleur Apprenti de France à Lille. En 1989, il est remporte le concours Super MAF réunissant les gagnants des cinq années précédentes. En 1993, Eric Lebœuf s'installe à son compte à Bourges et obtient en 2007 la récompense ultime de « Un des Meilleurs Ouvriers de France ».

Born into a family of butchers based in the city of Melun, Eric Lebœuf perpetuated the family tradition, beginning his apprenticeship with his parents in 1984. He obtained the CAP certification in 1986, and became MAF (Meilleur Apprenti de France – Best French Apprentice) in Lille. In 1989, he won the Super MAF, a competition between the MAF winners of the five preceding years. In 1993, Eric Lebœuf opened his own butcher shop in Bourges and in 2007, he won the ultimate honor of Meilleur Ouvrier de France.

MEILLEUR OUVRIER
DE FRANCE 2007

Par ce livre, vous contribuez à valoriser nos valeurs, nos savoirs-faire, nos produits.

BOUCHERIE ERIC LEBŒUF • 84, RUE D'AURON • 18000 BOURGES • TÉL. +33 (0)2 48 24 01 43

INGRÉDIENTS (pour 4 personnes)
2 demi-filets d'agneau
(côtes filets désossées et parées, panoufles retirées)
1 cuil. à soupe d'huile d'olive / 125 g de beurre
60 g de farine / 60 g de chapelure / 60 g de parmesan
1 jaune d'œuf / 1 demi-gousse d'ail / 1 cuillère à
soupe de basilic ciselé / 1 cuillère à soupe de persil
haché / Sel, poivre

INGREDIENTS (for 4 servings)
*2 lamb filets (or filet chops, boned and trimmed)
1 tablespoon olive oil / 8 tablespoons butter
7 tablespoons flour / 7 tablespoons breadcrumbs
½ cup grated Parmesan cheese / 1 egg yolk
½ garlic clove / 1 tablespoon chopped fresh basil
1 tablespoon chopped fresh parsley / Salt, pepper*

——— PRÉPARATION ———

Préchauffer le four à 200°C (th.7).
Saler, poivrer les filets et les saisir à la poêle dans un filet d'huile d'olive, les faire refroidir.
Préparer la croûte : ramollir le beurre et le mélanger aux autres ingrédients. Étaler cette pâte au rouleau entre deux feuilles de papier sulfurisé et la placer au frigo. Une fois la pâte durcie, retirer le papier sulfurisé, entourer vos filets de la pâte étalée. Mettre au four 15 min. à 200°.

——— FINITION ET ACCOMPAGNEMENT ———

Laisser reposer la viande 10 min. sous un papier aluminium avant de la trancher.
Un tian d'aubergine ou de légumes provençaux accompagnent au mieux vos filets d'agneau.

VIN CONSEILLÉ : AOC Bandol rouge • Maturité et caractère • 1998 • 16°C
Domaine de Terrebrune • (83) OLLIOULES

PREPARATION

Preheat the oven to 400°F.

Salt and pepper the lamb filets and sear in the olive oil in a skillet. Set aside to cool.

Prepare the crust: Soften the butter and combine with the remaining ingredients. Divide dough in half.

Place each half between two sheets of cooking parchment and roll out evenly. Refrigerate.

When the mixture is firm, remove the parchment and roll the butter-herb dough around the lamb filets.

Place in the oven and cook for 15 min. at 400°F.

SERVING

Let the lamb rest for 10 min. covered with aluminum foil before slicing and serving.

A tian or casserole of eggplant or Provençal vegetables is an excellent accompaniment for these lamb filets.

JOHAN**LECLERRE**

Johan Leclerre est petit-fils et fils de pêcheur. De cuisinier-marin pêcheur même. Ainsi est née sa vocation. Son apprentissage démarre à La Rochelle où il obtient son brevet de maîtrise en 1993 au Richelieu de l'Ile de Ré, à dix-neuf ans. S'ensuit un parcours gastronomique remarquable : au Relais Sainte Jeanne à Cormeilles-en-Vexin en 1992, à Saint-Étienne chez Pierre Gagnaire en 1993 – où il découvre les associations terre-mer et l'usage des épices – puis à La Côte Saint Jacques, chez Jean-Michel et Michel Lorain et enfin chez Troisgros à Roanne, en 1995.

En 1997, Johan Leclerre rejoint le Louis XV d'Alain Ducasse à Monaco. Il y apprend la rigueur, l'organisation, l'exigence extrême et la recherche permanente du meilleur.

Avec son épouse Stéphanie et l'aide de sa marraine Aline Leclerre, il reprend en 1998 la Maison des Mouettes à Aytré. Il obtient le titre de « Un des Meilleurs Ouvriers de France » en 2007.

Johan Leclere, son and grandson of fishermen, both also seafood cooks, discovered his vocation early in life. His apprenticeship began in La Rochelle. He obtained his certification at the age of 19 while at the Richelieu* on the Ile de Ré. This was just the beginning of a remarkable gastronomic career. From the Relais Sainte Jeanne in Cormeilles-en-Vexin in 1992, he moved on to the kitchens of Pierre Gagnaire in Saint Etienne in 1993 where he discovered land-sea combinations and the use of spices. He worked at La Côte Saint-Jacques with Jean-Michel and Michel Lorain, and then at Troisgros restaurant in Roanne (1995), before joining Alain Ducasse's team at the Louis XV in Monoco in 1997. Here he learned self-discipline, organization, extreme exactitude and a permanent quest for improvement.

With his wife, Stephanie, and with the help of his godmother, Aline Leclerre, he took over the Maison des Mouettes in Aytré in 1998. He obtained the title of Meilleur Ouvrier de France in 2007.

INGRÉDIENTS (pour 4 personnes)

4 pavés de filet de bœuf (180 g pièce) / 20 g de beurre / 1 cuillère à soupe d'huile de tournesol 2 poignées d'aiguilles de pin / 2 tomates 100 g d'échalote ciselée / 1 cuillère à soupe d'huile d'olive / 2 dl de vin blanc / 5 cl de vinaigre d'alcool 1 pincée de poivre mignonette / 4 œufs / 250 g de beurre / 2 cuillères à soupe d'estragon haché 1 cuillère à café de cerfeuil haché / Sel, poivre

INGREDIENTS (for 4 servings)

1 1/2 lbs beef fillet, cut into 4 thick slices 1 ½ tablespoons butter / 1 tablespoon sunflower seed oil / 2 handfuls pine needles
CHORON SAUCE
2 tomatoes / 3 ½ oz shallots, minced 1 tablespoon olive oil / Pinch coarsely cracked black peppercorns / ¾ cup dry white wine / Scant ¼ cup white vinegar / 4 egg yolks / 1 cup clarified butter 2 tablespoons chopped tarragon / 1 teaspoon chopped chervil / Salt, pepper

MEILLEUR OUVRIER
DE FRANCE 2007

Ce livre de recettes est un support qui restranscrit l'état d'esprit des MOF.

LA MAISON DES MOUETTES • 1, RUE DES CLAIRES • 17400 AYTRE - LA ROCHELLE SUD • TÉL. +33 (0)5 46 44 29 12 HTTP://WWW.LAMAISONDESMOUETTES.FR/ • RESERVATION@LAMAISONDESMOUETTES.FR

PRÉPARATION

Poêler les pavés de filet de bœuf assaisonnés au beurre et à l'huile de tournesol. Poser les pavés sur une assiette.

Disposer des épines de pin au fond d'une cocotte (avec un couvercle), y mettre le feu, puis disposer avec précaution l'assiette au fond de la cocotte.

Eteindre le feu à l'aide du couvercle de la cocotte, puis la laisser fermée pour que la fumée opère pendant 5 à 8 min.

SAUCE CHORON : Laver, monder et épépiner 2 tomates, les découper en dés. Suer la moitié de l'échalote à l'huile d'olive, ajouter les dés de tomate pour confectionner une concassée. Cuire 15 min. à feu doux pour bien assécher le tout.

Réunir le reste de l'échalote et le poivre mignonette dans une casserole avec le vin blanc et le vinaigre d'alcool. Réduire jusqu' à l'obtention d'une cuillère de liquide.

Séparer les œufs, mettre les jaunes dans la réduction d'échalote. Clarifier le beurre. Fouetter à feu doux comme un sabayon, puis incorporer le beurre clarifié. Vérifier l'assaisonnement. Finir avec la tomate séchée et les herbes hachées.

FINITION ET ACCOMPAGNEMENT

Pour la décoration, réaliser des bouquets d'épines de pin à l'aide de ficelle à rôti, les planter dans le bœuf au moment de servir et y mettre le feu. Dresser la sauce Choron en saucière.

Accompagner les pavés de bœuf de pommes de terre de l'Ile de Ré, taille grenaille, coupées en deux. Les griller sur la tranche dans une cocotte avec un peu d'huile et trois gousses d'ail écrasées.

Une fois les pommes de terre colorées, ajouter beurre, fleur de sel, thym, laurier, couvrir et cuire pendant 6 à 7 min.

FILET DE BŒUF ROTI SUR LA TRANCHE, FUMÉ AUX ÉPINES DE PIN, SAUCE CHORON, GRENAILLES DE L'ILE DE RÉ EN COCOTTE

VIN CONSEILLÉ : AOC Côte Rôtie «La Landonne» • Force et volume, épices du cépage • 2001 • 16°C
Domaine Jean Michel Gerin • (69) AMPUIS

PREPARATION

Season the beef fillets and sauté in a skillet with the butter and sunflower oil. Place the fillets on a plate.

Sprinkle the pine needles evenly over the bottom of a Dutch oven. Ignite the pine needles, and, using a barbecue glove to protect your hands, carefully place the plate of fillets on top of the pine needles. Tightly cover the Dutch oven to extinguish the flames, and leave covered for the meat to smoke for 5 to 8 minutes.

CHORON SAUCE: Rinse, peel and seed the tomatoes, and dice. Sweat half of the shallots in a skillet with the olive oil, add the diced tomatoes and simmer to make a concassée, (a coarse tomato sauce.) Cook for 15 minutes over low heat to evaporate any excess liquid. In a separate saucepan, combine the remaining shallots, cracked peppercorns, white wine and vinegar. Simmer until reduced to about 1 tablespoon of liquid.

Add the egg yolks to the shallot and wine reduction. Whisk over low heat as for a sabayon, adding the clarified butter gradually. Verify the seasoning. Stir in the tomato mixture and the chopped herbs.

SERVING

For the decoration, make little bundles of pine needles tied with string, stick them into the fillets, and light with a match just before serving. Pass the Choron sauce in a sauceboat.

Serve the fillets with small new potatoes (such as the grenaille potatoes grown on France's Ile de Ré), halved and browned in a Dutch oven with a little oil and three cloves crushed garlic. When nicely browned, add a little butter, fine "fleur de sel" sea salt, thyme, and bay leaf, cover and cook for 6 to 7 minutes.

BRUNO LÉGER

Après son apprentissage suivi dans l'entreprise familiale à Paris, Bruno Léger fait son service militaire à la cuisine du Cabinet du Ministre de l'Intérieur. En 1990, il obtient le titre de Maître Artisan Boucher et Charcutier.

De 1992 à 1996, il est lauréat de nombreux concours gastronomiques nationaux et internationaux : Romorantin, Angoulême, Arpajon, Nantes, Bourg-en-Bresse, Troyes, Lyon. Il obtient en 1997 le titre de « Un des Meilleurs Ouvriers de France » et devient par la suite conseiller à l'Enseignement Technologique, vice-président des Bouchers Charcutiers de Seine-et-Marne, membre élu et administrateur de la Chambre des Métiers de Meaux, administrateur de l'École de la Boucherie de Paris et membre de la commission nationale MOF. En 2004, Bruno Léger revend son fonds de commerce de Saâcy-sur-Marne et s'installe au Plessis-Trévise. Il développe alors sa nouvelle affaire par la création de nouveaux produits et recettes et emploie actuellement dix salariés.

Following his apprenticeship in the family business in Paris, Bruno Léger served his military duty in the kitchens of the Minister of the Interior. In 1990, he earned the title of Maître Artisan Boucher et Charcutier (Master Butcher and Charcutier). From 1992 to 1996, he won numerous national and international gastronomic competitions, including those held in Romorantin, Angoulême, Arpajon, Nantes, Bourg-en-Bresse, Troyes and Lyon. In 1997, he earned the title of "Un des Meilleurs Ouvriers de France" and subsequently became a technological training advisor, vice-president of the Seine-et-Marne department's association of butchers/charcutiers, member and administrator of the Chambre des Metiers of Meaux, administrator of Paris's École de la Boucherie, and member of the MOF's national commission. In 2004, Bruno Léger sold his business in Saâcy-sur-Marne and moved to Plessis-Trévise, where he continues to develop his new company, now employing a staff of 10, and specializing in the creation of recipes and products.

MEILLEUR OUVRIER
DE FRANCE 1997

*J'espère que cette recette simple et originale avec deux déclinaisons possible « Terre et Mer » donnera des envies à de nombreux gastronomes.
bonne cuisine à tous.*

INGRÉDIENTS (pour 4 personnes)
400 g de noix de veau de lait (4 fines escalopes)
150 g de saumon fumé (4 tranches fines)

Pour la farce :
150 g de poisson blanc (merlan, julienne, brochet)
150 g de crème liquide à 35% de MG
2 cuil. à soupe d'aneth et de ciboulette emincées
5 g de sel / ½ g de poivre
1 l de bouillon de volaille
Facultatif : algues décors
(laitue de la mer à dessaler 24h)

INGREDIENTS (for 4 servings)
4 thin scallops of milk-fed veal (about 14 oz total)
4 thin slices smoked salmon (about 5 oz total)
Seaweed (such as sea lettuce, de-salted 24 hours)
(optional) / 4 cups chicken broth / Clarified butter or olive oil
FISH FILLING
5 ¼ oz fish fillets (such as whiting or pike)
2/3 cup cold heavy cream / 1 teaspoon salt
Pinch pepper / 2 tablespoons chopped dill and chives
PRESENTATION
Salad / Cherry tomatoes

LE PLESSIS GOURMAND • 12, AVENUE DU GÉNÉRAL DE GAULLE • 94420 LE PLESSIS TREVISE
TÉL. +33 (0)1 45 76 10 26 • WWW.LEPLESSISGOURMAND.COM

PRÉPARATION

Confection de la farce : mixer le poisson en pommade pour que l'albumine et le collagène de la chair fasse la liaison, ajouter l'assaisonnement et la crème liquide froide (2°C).
Mettre les herbes finement émincées en dernier et mélanger à la spatule.
Étaler les escalopes de veau sur un film. Poser les tranches de saumon fumé sur les escalopes.
Étaler une fine couche de farce de poisson puis rouler l'ensemble en prenant les extrémités du film en maintenant l'ensemble bien serré.
Pour l'agrément visuel, l'algue peut se mettre sous l'escalope ou bien entre l'escalope de veau et la tranche de saumon.
Plonger les rouleaux dans un bouillon de volaille à 85°C, laisser cuire à 35min.
Faire refroidir avant d'enlever le film.

PRÉSENTATION

Faire dorer les cannellonis de veau dans du beurre clarifié ou à l'huile d'olive suivant le goût. Les découper en tranches épaisses. Servir avec une salade et des petites tomates cerises.

VARIANTE TERRE :
Réaliser la recette de la même façon en remplaçant le poisson blanc par un blanc de volaille et le saumon fumé par du magret de canard fumé ou du jambon cru peu salé.

CANNELLONI DE VEAU SOUS LA MER
RECETTE TERRE/MER

VIN CONSEILLÉ : AOC Côtes de Provence «Cuvée Clarendon» blanc • Race et caractère complétés par les arômes de fruits secs et tilleul
2007 • 10°C • Domaine Gavoty • (83) GABASSE

PREPARATION

Place each veal scallop on a sheet of plastic wrap on a flat surface. Top with a slice of smoked salmon. (If using seaweed, a piece can be placed under the veal or between the veal and the salmon slice.) Cover and refrigerate.

Filling: Process the fish in a food processor on high speed until very smooth (the albumin and collagen in the fish will create a liaison during this process). Stir in the cold cream, season with salt and pepper. Stir in the herbs at the end of this process with a wooden spoon.

Spread a thin, even layer of the filling over the top of each veal/salmon slice, and roll up jelly-roll style using the plastic wrap to help roll, forming a tight, uniform cylinder.

Place the rolls in the chicken broth heated to 185° F and simmer for 35 minutes. Remove and let cool before removing the plastic wrap.

SERVING

Warm the clarified butter or olive oil in a skillet, add the veal cannellonis and sauté, turning, until lightly browned. Remove and cut into thick slices. Serve with a salad and cherry tomatoes.

"TURF" VARIATION: Prepare the recipe in the same manner replacing the smoked salmon with thinly sliced smoked duck breast or cured ham, and using boneless chicken breasts for the filling in place of the fish fillets.

CLAUDELEGRAS

Claude Legras a débuté sa carrière en 1970 à l'hôtel de la Gloire à Montargis avec Monsieur Jolly. Ont suivi Le Doyen à Paris avec Monsieur Legay, le Laurent avec Monsieur Pralong, le restaurant Provost avec Monsieur Provost, puis le Palm Beach à Cannes avec Monsieur Febvay et enfin le Lion d'Or à Cologny, à Genève, comme Chef pendant dix ans – deux étoiles Michelin. En 1991, il obtient le titre « Un des Meilleurs Ouvriers de France », puis travaille quatre ans au Parc des Eaux-Vives à Genève comme chef de cuisine – un macaron Michelin. Claude Legras a ouvert son propre restaurant en janvier 1997, aujourd'hui une étoile Michelin.

Claude Legras began his career in 1970 at the Hôtel de la Gloire in Montargis with Mr. Jolly. He moved on to Le Doyen in Paris with Guy Legay, Le Laurent with Mr. Pralong, the restaurant Provost with Mr. Provost, then the Palm Beach in Cannes with Mr. Febvay and finally the Lion d'Or in Cologny, near Geneva where he worked as chef for ten years, earning two Michelin stars. In 1991, he won the title of « Un des Meilleurs Ouvriers de France », then worked for four years at the Parc des Eaux-Vives in Genèva as chef de cuisine, earning one Michelin star. Claude Legras opened his own restaurant in January 1997, which now holds one Michelin star.

INGRÉDIENTS (pour 4 personnes)
800 g de filets de perche / 100 g de carotte / 100 g de radis bière / 100 g de courgette / 2,5 dl d'huile d'olive / 200 g de coulis de tomate / 1 brindille d'origan / 1 gousse d'ail / 80 g d'échalote / 100 g de champignons de Paris / 1/2 bte de chasselas d'Anières / 100 g de beurre / sel, poivre

INGREDIENTS (for 4 servings)
1 ¾ lbs perch fillets / 3 1/2 oz carrot
3 ½ oz white radish / 3 ½ oz zucchini
1 cup olive oil / 7 oz tomatoes (2 medium tomatoes), peeled and chopped / 1 oregano sprig / 3 garlic cloves
1 1/3 cups cold butter / White wine / 2 ¾ oz shallots, chopped / 3 ½ oz white mushrooms, chopped / 2 oz onion / ½ bunch chasselas grapes / Salt, pepper
GARNISH
Edible flowers / Assorted fresh herbs

MEILLEUR OUVRIER
DE FRANCE 1991

Être MOF, c'est le bien faire, la sérénité, le courage, la persévérance, la perfection, l'excellence, la maîtrise et l'exemple envers les autres.

AUBERGE LE FLORIS • 287, ROUTE D'HERMANCE-CH • 1247 ANIÈRES • TÉL. 022 751 20 20
HTTP://WWW.LEFLORIS.COM/ • RESA@LEFLORIS.COM

PRÉPARATION

Tailler les carottes, les radis bière et les courgettes en brunoise de 5mm. Les poêler à l'huile d'olive séparément et les égoutter.
Faire chauffer le coulis de tomate avec l'origan, le mélanger avec les légumes, ajouter une pointe d'ail haché. Porter le tout à ébullition pendant 5 min.
Prendre un plat, le beurrer et disposer les filets de perche en éventail, les saler et les mouiller avec un peu de vin blanc, cuire au four 3 à 4 min.
Faire suer au beurre sans coloration les échalotes, les champignons de Paris, puis les mouiller au vin blanc et laisser réduire tout doucement, puis rajouter la cuisson des perches dans la réduction, monter au beurre et passer le tout au chinois.

PRÉSENTATION

Dresser dans une assiette creuse la bolognaise de légumes pas trop liquide, ajouter l'éventail de perche et mettre un cordon de sauce au chasselas, préalablement passé au mixeur. Disposer au bord de l'assiette des fleurs comestibles et assortiment d'herbes fraîches.

ÉVENTAIL DE FILETS DE PERCHE AU CHASSELAS D'ANIÈRES, BOLOGNAISE DE LÉGUMES À L'ORIGAN

VIN CONSEILLÉ : Convergence (assemblage de cépage blanc genevois) • Légèreté, souplesse, finesse • 2008 • 8°C
Les Parcelles, L. Villard

PREPARATION

Cut the carrots, radishes and zucchini into ¼-inch dice. Sauté each separately in a skillet with olive oil, and drain.

Simmer the tomatoes in a saucepan with a little olive oil until reduced to a thick purée, add the sautéed vegetables, chopped oregano and a little garlic. Bring to a boil and simmer for 5 minutes.

Butter a flat ovenproof platter, arrange the perch fillets in a fan on the platter, season with salt and drizzle with a little white wine. Cook in the oven for 3 to 4 minutes.

Melt a little butter in a skillet, add the shallots and mushrooms and sweat without browning. Add a little white wine and reduce slowly, add the cooking juices from the perch to the reduction. Whisk in the remaining butter, a little at a time, to make a thick, smooth sauce. Strain through a fine sieve. Process the chasselas grapes in a processor and add to the sauce.

SERVING

Place the bolognaise of vegetables (this should not be too liquid) on a shallow serving plate. Arrange the perch fillets in a fan on the plate and spoon a ribbon of Chasselas sauce over. Decorate the edge of the plate with edible flowers and an assortment of fresh herbs.

JEAN-FRANÇOIS LEMERCIER

Premier prix du concours de la cuisine normande en 1976, puis diplômé de l'académie culinaire de France en 1979, Jean-François Lemercier rejoint les rangs des Meilleurs Ouvriers de France en 1994.

Il officie actuellement à Aix-en-Provence en tant que chef exécutif du Groupe Partouche, au Pasino.

Winner of the First Prize in the Concours de la Cuisine Normande in 1976, then graduate of the Académie Culinaire de France in 1979, Jean-François Lemercier joined the ranks of Meilleurs Ouvriers de France in 1994.

He currently officiates as Executive Chef for the Groupe Partouche at Pasino in Aix-en-Provence.

MEILLEUR OUVRIER DE FRANCE 1994

Alliance d'un produit nordique, de légumes aux saveurs provençales, pour ce plat à haute valeur nutritive et gustative à proposer aux grands et aux petits.

LE PASINO •21, AVENUE DE L'EUROPE • 13626 AIX-EN-PROVENCE • TÉL. +33 (0)4 42 59 69 00
HTTP://WWW.PARTOUCHE-PASINO-AIX-EN-PROVENCE.FR/ • JFLEMERCIER@PARTOUCHE.COM

INGRÉDIENTS (pour 4 personnes)

PAYSANNE DE LÉGUMES
60 g de courgette / 60 g de poivron rouge
60 g de poivron vert / 60 g de poivron jaune
60 g de carotte / 80 g de pomme de terre
60 g d'aubergine / 60 g de céleri branche
60 g de navet long / 60 g de petit pois
60 g de févettes / 5 feuilles de basilic

JULIENNE DE LÉGUMES
40 g de carotte / 40 g de céleri en branches
20 g de courgette / 40 g de navet long
50 g de tomate

PAVÉS DE SAUMON
4 pavés de saumon de 180 g chacun / 80 g de pomme de terre / 1 demi-botte de persil plat
80 g de beurre / 30 cl d'huile d'olive / 6 feuilles de céleri en branches / Ail et brindilles de thym
1 dizaine de feuilles de basilic / Sel, poivre

INGREDIENTS (for 4 servings)

PAYSANNE-CUT VEGETABLES
1 celery rib / 1/2 long turnip / 1/8 green cabbage
1 carrot / ½ cup garden peas / ½ cup small fava beans
1/3 cup olive oil / ½ zucchini / ½ red bell pepper
½ green bell pepper / ½ yellow bell pepper
½ small eggplant / 4 garlic cloves / 2 thyme sprigs
5 basil leaves, chopped

JULIENNE-CUT VEGETABLES
½ carrot / 1 celery rib / ½ zucchini
½ long turnips

SALMON
4 thick fillets wild salmon (about 6 oz each)
1 tomato / 1 potato / ½ bunch flat-leaf parsley, chopped / 1/3 to ½ cup olive oil / 6 celery leaves
10 basil leaves / 5-1/2 tablespoons cold butter
Salt, pepper

PRÉPARATION

PAYSANNE DE LÉGUMES : Tailler tous les légumes en petits dés. Mettre à cuire à l'eau légèrement salée les dés de céleri, navet, chou, carotte, févette et petits pois. Laisser cuire environ 8 min. Refroidir, égoutter et garder l'eau de cuisson.
Poêler à l'huile d'olive les dés de poivron, de courgette, d'aubergine, les gousses d'ail et les brindilles de thym. Saler, poivrer, laisser cuire 4 min. puis égoutter. Mélanger tous les légumes, ajouter 5 feuilles de basilic ciselées et un trait d'huile d'olive. Vérifier l'assaisonnement.

JULIENNE DE LÉGUMES : Tailler les légumes en bâtonnets de 6 cm de long et 8 mm de largeur, les blanchir 4 min. dans une casserole d'eau bouillante salée et les refroidir.

PAVÉS DE SAUMON : Monder la tomate et détailler 8 bâtonnets de la même dimension que les juliennes de légumes. Faire une purée de pomme de terre façon classique et y incorporer le persil plat haché finement. Cuire les pavés de saumon à la vapeur pendant 12 min. environ. Tartiner chaque pavé de saumon de purée de pomme de terre et disposer harmonieusement les juliennes de légumes. Réchauffer la paysanne à la vapeur.

SAUCE : Faire réduire le jus de cuisson des légumes, y ajouter 2 feuilles de céleri et une dizaine de feuilles de basilic puis monter la sauce avec le beurre frais à l'aide d'un mixeur de façon à faire de l'écume. Vérifier l'assaisonnement.

FINITION ET ACCOMPAGNEMENT

Dans une assiette légèrement creuse, remplir un cercle de paysanne, y déposer le pavé de saumon, verser l'écume de basilic que vous avez récupérée sur la sauce. Orner les pavés de saumon d'une belle feuille jaune de céleri en branches.

PAVÉ DE SAUMON SAUVAGE EN ÉCUME DE BASILIC ET SA PAYSANNE DE LÉGUMES PROVENÇALE

VIN CONSEILLÉ : AOC Pessac Léognan blanc • Fraîcheur, arômes, finesse de texture • 2005 • 11°C
Château Malartic Lagravière • (33) LÉOGNAN

PREPARATION

PAYSANNE VEGETABLES: Cut all of the vegetables, except the peas and beans, into small dice. In a saucepan of lightly salted boiling water, cook the diced celery, turnip, cabbage, carrot, peas and fava beans for about 8 minutes. Drain, reserving the cooking liquid; refresh the vegetables under cold water. Heat a little olive oil in a skillet, add the zucchini, peppers and eggplant, garlic cloves and thyme. Season with salt and pepper, and sauté for about 4 minutes. Drain. Combine all of the vegetables, add the basil and drizzle with olive oil. Correct the seasonings.

JULIENNE VEGETABLES: Cut all of the vegetables into thin strips, about 2 inches long by ¼ inch wide. Blanch for 4 minutes in a saucepan of boiling salted water. Refresh under cold water.

SALMON: Season the salmon fillets. Skin and seed the tomatoes and cut into 8 strips the same size as the julienne vegetables. Prepare a potato purée in the classic manner, seasoning it with olive oil, salt, pepper and chopped parsley.
Steam the salmon for about 12 minutes. Spread a little of the potato purée over each fish fillet, arrange the julienne vegetables harmoniously on top. Steam the diced vegetables just long enough to reheat.

Reduce the reserved cooking liquid from the vegetables, add 2 of the celery leaves and all of the basil leaves. Transfer to a processor and mix, adding the cold butter a little at a time to make a frothy sauce. Correct the seasonings.

SERVING

On deep serving plates, arrange the paysanne vegetables in a neat round with the aid of a pastry ring. Top with the salmon and pour the basil sauce over. Decorate with the remaining celery leaves.

FRANÇOIS MARTINEAU

François Martineau débute sa carrière comme apprenti puis commis à la poissonnerie « La Havraise », à Paris.
Puis il est successivement chef acheteur, vendeur et responsable dans différentes poissonneries parisiennes. Il suit plusieurs formations, dont une de chef d'entreprise, et c'est tout naturellement qu'en 1988, il reprend la poissonnerie « La Fine Marée » à Paris.
François Martineau a obtenu différentes récompenses durant sa carrière : Meilleur Apprenti de France en 1981 et « Un des Meilleurs Ouvriers de France » en 2007.

François Martineau began his career as apprentice, then commis at the Parisian fish shop, « La Havraise ». *He moved successively up the ladder to become head buyer, seller and then manager of different Parisian fish poissonneries. He also completed different training programs, including one as company director. So it was only natural for him to take over « La Fine Marée » fish store in 1998. Françoise Martineau has won various awards during his career including the title of* Meilleur Apprenti de France *in 1981 and* Meilleur Ouvrier de France *in 2007.*

INGRÉDIENTS (pour 4 personnes)
2 bars de ligne de 700 g chacun / 150 g de jeunes carottes / 150 g de jeunes poireaux / 150 g de fenouil / 150 g de pois gourmands / Huile / Fleur de sel de Guérande / 200 g de beurre

INGREDIENTS (for 4 servings)
2 line-fished* sea bass, (1 ½ lbs each)
Oil / 5 ¼ oz baby carrots / 5 ¼ oz baby leeks
5 ¼ oz small fennel bulbs / 5 ¼ oz snow peas
14 tablespoons butter / Chopped chives / Fleur de sel de Guérande (fine sea salt from Guérande)

MEILLEUR OUVRIER
DE FRANCE 2007

Etre MOF est une histoire de conviction et d'implication de tous les jours dans son travail.

LA FINE MARÉE • 7, RUE DE LÉVIS • 75017 PARIS • TÉL. +33 (0)1 43 87 79 20

RÉALISATION
Demander à votre poissonnier de préparer le bar en filets, en gardant la peau grattée. Inciser légèrement la peau pour éviter que le poisson ne se rétracte. Huiler les filets de poisson, puis les saisir sur un gril très chaud côté peau. Pendant ce temps, faire cuire les petits légumes (préalablement nettoyés) 10 min. dans de l'eau bouillante, puis les faire revenir dans une sauteuse avec du beurre et un peu de jus de cuisson des légumes. Assaisonner, ajouter quelques brins de ciboulette hachée au dernier moment. La peau du poisson doit être bien croustillante (bien saisie dès le départ). Retourner les filets de poisson pour cuire le côté chair quelques minutes.

FINITION ET ACCOMPAGNEMENT
Dresser les filets saupoudrés de fleur de sel de Guérande et servir immédiatement. Le bar de ligne est pêché à l'hameçon et non au filet. Il vous garantit donc une qualité supérieure lors de l'achat chez votre poissonnier.

Accompagnez ce plat d'un délicieux muscadet de Loire-Atlantique.

BAR DE LIGNE GRILLÉ,
PETITS LÉGUMES À LA FLEUR DE SEL

VIN CONSEILLÉ : AOC Saint Véran • Belle harmonie de la fraîcheur et de la maturité du Chardonnay • 2005 • 10°C
Domaine Corsin • (71) DAVAYÉ

PREPARATION

Ask you fishmonger to scale and fillet the bass, leaving the skin on. Score the skin side lightly to prevent the fillets from curling during the cooking.
Brush the fillets with oil, and sear, skin-side-down, on a very hot grill.
Meanwhile, cook the baby vegetables for 10 minutes in boiling salted water. Drain (reserving a little of the cooking liquid). Sauté the vegetables in a deep-sided skillet with the butter. Add a little of the cooking liquid from the vegetables.
When the skin of the fish is crisp (it should be well seared at the start of the grilling) turn the fillets to cook the flesh side for a few minutes.

SERVING

Arrange the fillets on a serving platter, sprinkle with the fleur de sel. Sprinkle the baby vegetables with the chives and serve immediately.

* Ask for line-fished bass, caught with bait and not in a net, a guarantee of superior quality.

DIDIER**MASSOT**

Didier Massot entre dans l'entreprise familiale en 1980 et y effectue son apprentissage. Titulaire du brevet professionnel en 1986 et du brevet de maîtrise en 1996, il passe le concours de professeur en 2001 et devient enseignant durant trois années. Parallèlement, il se lance dans les concours nationaux préparant au titre « Un des Meilleurs Ouvriers de France ». Didier Massot obtient la reconnaissance de ses pairs et le titre tant convoité en 2004. En 2004 également, il reprend l'entreprise familiale, épaulé par son épouse et ses collaborateurs, perpétuant ainsi tradition et savoir-faire.

In 1980, Didier Massot joined the family business, where he underwent his professional apprenticeship. After earning a brevet professionnel degree in 1986 and a brevet de maîtrise in 1996, he passed the examination to become a professor in 2001, and taught for three years. At the same time, he participated in national competitions to prepare for the title of "Un des Meilleurs Ouvriers de France." Didier Massot won this coveted title in 2004, as well as the recognition of his peers. The same year, he took over the family business with the help of his wife and colleagues, thus perpetuating tradition and savoir-faire.

INGRÉDIENTS (pour 4 personnes)

12 tranches de rond de sous-noix coupées fines
100 g de petits pois / 100 g de haricots verts
100 g de carotte / 30 g d'échalote / 200 g de champignons de Paris / 20 g de beurre / 1 cuillère à café d'estragon / 1 cuillère à café de basilic
10 cl de crème liquide 35% de MG / 1 cuillère à soupe de farine / 4 cuillères à soupe de coulis de tomate
8 tomates confites / 2 cuillères à soupe d'huile d'olive / 10 feuilles de basilic frais / Sel, poivre

INGREDIENTS (for 4 servings)

12 thinly sliced veal scallops / ½ cup garden peas
½ cup green beans / 1 tablespoon butter
½ cup diced carrots / 1 large shallot, sliced
1 cup sliced white mushrooms / 1 teaspoon chopped fresh tarragon / 1 teaspoon chopped fresh basil
6 tablespoons heavy cream / 1 tablespoon flour
2 tablespoons olive oil / 8 oven-dried tomatoes
¼ cup tomato purée / 10 fresh basil leaves
Salt, pepper

MEILLEUR OUVRIER
DE FRANCE 2004

Collaborer avec mes amis MOF est toujours un honneur, partager notre passion pour la gastronomie et vous apporter un moment de bonheur à travers chaque recette reste un privilège.

BOUCHERIE MASSOT • 4, PLACE DE L'ÉGLISE • 01580 IZENORE • TÉL. +33 (0)4 74 76 96 36 • WWW.MONBOUCHER-ENLIGNE.COM

PRÉPARATION

Laver les légumes. Plonger les haricots verts et les petits pois 4 min. dans une casserole d'eau bouillante salée. Les rafraîchir puis les égoutter. Couper les carottes en mirepoix, émincer l'échalote et les champignons, hacher l'estragon et le basilic. Dans une poêle, faire sauter les carottes et l'échalote au beurre, puis les champignons pendant 5 min.
Ajouter les haricots verts, les petits pois blanchis, l'estragon et le basilic. Assaisonner.
Recouvrir de crème à hauteur, réduire jusqu'à évaporation totale de la crème. Fariner les tranches de veau, les poêler à l'huile d'olive 2 min. de chaque côté.

FINITION

Monter le millefeuille en alternant les tranches de veau et l'estouffade de légumes.
Dresser sur assiette avec les tomates confites, le coulis et les feuilles de basilic.

MILLE FEUILLE DE VEAU DE LAIT ET
SON ESTOUFFADE DE PETITS LÉGUMES

VIN CONSEILLÉ : AOC Fleurie «Vieilles Vignes» • Fraîcheur, fruits et charpente légère • 2005 • 14°C
Domaine de la Madone • (69) FLEURIE

PREPARATION

Rinse the vegetables. Plunge the peas and green beans into a saucepan of boiling salted water for 4 min. Remove, refresh in cold water, drain.
Melt the butter in a skillet, add the carrots, shallot and mushrooms and sauté for 5 min.
Add the drained peas and green beans, the tarragon and basil, and season.
Add enough cream to cover, reduce gently until the cream has completely evaporated.
Season the veal slices and dust with flour. Sauté in olive oil for 2 min. on each side.

SERVING

Assemble the millefeuille, alternating veal slices with the simmered vegetables. Present on a plate garnished with the oven-dried tomatoes, the tomato purée and basil leaves.

CHRISTOPHE MULLER

Passionné de cuisine depuis son enfance, **Christophe Muller débute son apprentissage auprès des grands noms de la cuisine.** En 1995, il rejoint Paul Bocuse en tant que chef dans son restaurant Au Mont d'Or, à Collonges, où il a fait ses débuts comme commis. Il est sacré « Un des Meilleurs Ouvriers de France » en 2000 et, à trente-sept ans, est aujourd'hui l'un des plus proches collaborateurs du grand chef lyonnais.

Named « Un des Meilleurs Ouvriers de France » *in 2000, Christophe Muller is one of Paul Bocuse's closest collaborators.* He is chef de cuisine for the great Lyonnaise chef's three-star restaurant located in Collonges Au Mont D'Or, where he started his career as commis. Passionate about cooking since childhood, Christophe Muller went on to apprentice with other great names in French cuisine before returning in 1995 to head the team of the restaurant Paul Bocuse where he began.

MEILLEUR OUVRIER DE FRANCE 2000

Pour moi être M.O.F. et arborer tous les jours les couleurs de notre pays sur notre col de veste de cuisine signifie rigueur au quotidien, fierté, plaisir, et reconnaissance dans le monde. Des noms de grands chefs prestigieux composent la famille des M.O.F, faire partie de cette galerie est un rêve culinaire accompli.

L'AUBERGE DU PONT DE COLLONGES • 40, RUE DE LA PLAGE • 69660 COLLONGES AU MONT D'OR • TÉL. +33 (0)4 72 42 90 90
HTTP://WWW.BOCUSE.FR/ACCUEIL.ASPX

PRÉPARATION

Verser les morilles dans un bol, les couvrir d'eau chaude et les laisser tremper 30 min. Les égoutter et les couper en deux. Verser le madère dans une casserole et le faire réduire à sec. Ajouter les morilles et une demi-tablette de bouillon de volaille. Couvrir d'eau et laisser cuire 40 min. à découvert, à feu moyen.
Saler le côté chair des morceaux de volaille.
Supprimer le pied des champignons et tailler les chapeaux en lamelles.
Peler les échalotes et les couper en lamelles. Rincer et essorer l'estragon.
Verser dans une cocotte 25 cl d'eau, le noilly et le vin blanc. Ajouter l'estragon, les échalotes, les champignons et 2 tablettes de bouillon. Faire chauffer à feu très vif. Plonger les morceaux de volaille dans la cocotte (si le liquide n'arrive pas à hauteur des morceaux de volaille, ajouter un peu d'eau) et les laisser cuire 12 min. découverts. Retirer les morceaux de « blanc ». Laisser les morceaux de « rouge » cuire encore 13 min.
Travailler le beurre pour le réduire en pommade. Ajouter la farine et bien mélanger (beurre manié).

Retirer les pilons et les hauts de cuisse de la cocotte. Oter l'estragon. Faire réduire le jus de cuisson à sec : lorsqu'il « chante », il ne reste plus que la graisse et le jus totalement réduit. Ajouter le beurre manié. Ajouter la crème sans attendre et laisser cuire 5 min. en remuant. Remettre les morceaux de volaille dans la cocotte. Les tourner à plusieurs reprises dans la sauce et les laisser réchauffer. Égoutter les morilles et les ajouter dans la cocotte avec un peu d'estragon frais haché.

FINITION ET ACCOMPAGNEMENT

Répartir le tout sur des assiettes chaudes et déguster sans attendre.
Cuisson dissociée : si les blancs sont trop cuits, ils deviennent secs. C'est pour cela qu'il est nécessaire de les retirer avant les morceaux « à os » qui, eux, exigent quelques minutes de cuisson supplémentaires.
« En pommade », « crème »... Quel que soit le terme employé, le beurre doit être très souple pour former un mélange homogène avec la farine.

FRICASSÉE DE VOLAILLE DE BRESSE AUX MORILLES

VIN CONSEILLÉ : AOC Pouilly Fuissé «La Maréchaude» • Équilibre avec la chair du plat, et arômes des champignons • 2000 • 13°C
Château de Beauregard • (71) SOLUTRÉ-POUILLY

PREPARATION

Place the morel mushrooms in a bowl, cover with hot water, and let soak for 30 minutes. Drain and cut in half. In a small saucepan, reduce the Madeira until nearly evaporated. Add the morel mushrooms and ½ bouillon cube. Cover with water and cook, uncovered, for 40 minutes over medium heat.

Salt the flesh-side of the poultry pieces. Remove the stems from the white mushrooms and thinly slice the caps. Slice the shallots. Rinse the tarragon and pat dry.

In a Dutch oven, combine the water, Noilly-Prat and white wine. Add the tarragon, shallots, white mushrooms and 2 bouillon cubes. Place over high heat and add the chicken pieces, making sure that they are completely covered. If necessary, add a little more water to cover. Cook for 12 minutes, uncovered. Remove the 4 pieces of white meat. Let the dark meat pieces cook 13 minutes longer. Remove the dark meat and the tarragon sprigs.

Work the softened butter to a creamy consistency, stir in the flour and mix well to produce a beurre manié.

Reduce the cooking juices until nearly evaporated. When the reduction starts to sizzle, meaning that only the fats and flavorful juices remain, stir in the beurre manié. Add the cream, and cook for 5 minutes, stirring. Return the chicken pieces to the pan and turn them several times in the sauce to warm. Drain the morel mushrooms and add to the pan with a little chopped fresh tarragon.

SERVING

Divide the chicken among warm plates and serve immediately.

Notes : If the white pieces cook too long, they will be dry. This is why it is important to remove the white meat before removing the pieces of dark meat, which require a longer cooking time. "En pomade" (creamed), is the term used for a butter worked to a creamy texture, soft enough to mix easily with the flour.

ANDRÉLENORMAND

André Lenormand est né en 1951 dans le Loiret. Il fait son apprentissage à quatorze ans chez un charcutier. Puis il occupe différents postes à Paris et en région parisienne chez des traîteurs, restaurateurs et poisonniers. Il s'installe en charcuterie à Fleury les Aubrais en 1978 avec deux apprentis. Il compte aujourd'hui seize salariés. André Lenormand participe et remporte différentes médailles d'or : pâté de foie et Grand Prix de Lyon en 1981, Romorantin et Arpajon en 1982. Il devient « Un des Meilleurs Ouvriers de France » en 1982.

André Lenormand was born in 1951 in the Loiret department. He began cooking as a charcutier's apprentice at the age of 14. Later, he held different positions in Paris and the surrounding region, working for caterers, restaurateurs, and fishmongers. In 1987, he opened a charcuterie shop in Fleury les Aubrais with two apprentices. Today he heads a team of 16 employees. André Lenormand has participated in numerous competitions, winning several gold medals: for his pâté de foie and the Grand Prix de Lyon in 1981, also in Romorantin and Arpajon in 1982. He became Meilleur Ouvrier de France in 1982.

MEILLEUR OUVRIER
DE FRANCE 1982

Cet ouvrage repertoriant des recettes de MOF permet de faire découvrir des métiers passionnants.

LENORMAND-TRAITEUR • 318, FAUBOURG BANNIER • 45400 FLEURY-LES-AUBRAIS • TÉL. +33 (0)2 38 88 65 03
HTTP://LENORMAND-TRAITEUR.FR/ • LENORMAND-TRAITEUR@WANADOO.FR

INGRÉDIENTS (pour 6 personnes)

6 suprêmes de volaille Messilien (volaille A O C) avec peau / 60 g de gros sel / 1 l de fond de volaille
10 cl de vieux vinaigre de vin rouge d'Orléans
170 g de carotte en brunoise / 170 g de courgette en brunoise / 150 g de navet rond en brunoise
300 g de petits pois écossés / 15 asperges blanches
15 asperges vertes / 55 g de beurre / 10 cl de crème liquide / 2 cuillères à soupe d'huile de noisette
Sel fin, poivre

INGREDIENTS (for 6 servings)

*6 boned Messilien chicken breasts with the skin
3 ½ tablespoons coarse salt / 10 ½ oz shelled garden peas / 15 white asparagus spears / 15 green asparagus spears / 4 1/4 cups chicken stock / 1/2 cup aged red wine Orléans vinegar / 5 oz carrots / 5 ¼ oz turnips / 5 oz zucchini / 3 ½ tablespoons butter
6 tablespoons heavy cream / 2 tablespoons hazelnut oil / 2/3 cup veal stock / Salt, pepper*

PRÉPARATION

Dans une casserole, faire bouillir 2 litres d'eau avec le gros sel. Cuire les petits pois dans cette eau pendant 6 à 7 min, les égoutter puis refroidir aussitôt dans de l'eau glacée. Réserver.

Éplucher et laver les asperges. Les cuire 7 à 8 min. dans 2 litres d'eau bouillante salée avec le gros sel, les égoutter puis les rafraîchir aussitôt dans de l'eau glacée.

Dans une casserole, faire réduire le fond de volaille jusqu'à obtention d'une consistance presque sirupeuse. Verser le vieux vinaigre dans une autre casserole et le faire réduire aux deux tiers. Réserver.

Éplucher, laver puis couper les carottes et les navets en petits dés. Laver et couper les courgettes en petits dés sans les éplucher. Dans une sauteuse, faire fondre 20 g de beurre et faire revenir doucement les dés de légumes jusqu'à très légère coloration. Ajouter la crème et poursuivre la cuisson jusqu'à ce que les légumes deviennent tendres. Incorporer le fond de volaille et le vinaigre

réduits. Assaisonner de sel et de poivre. Réserver cette sauce au chaud.

Préchauffer le four à 150°C (th 5). Dans une sauteuse, faire fondre 20 g de beurre et faire revenir les suprêmes de volaille du côté de la peau, jusqu'à légère coloration. Finir la cuisson au four pendant 10 min. environ.

Dans une poêle, faire chauffer l'huile de noisette et faire rapidement revenir les asperges.

Dans un sautoir, faire chauffer 150 g de fond blanc et le faire monter avec 25 g de beurre. Ajouter les petits pois pour les faire chauffer.

FINITION ET ACCOMPAGNEMENT

Dès la sortie du four, couper les blancs de volaille en fines tranches ou laisser entier et les disposer harmonieusement dans les assiettes avec asperges blanches et vertes, petits pois sur le côté. Napper la volaille de sauce et servir aussitôt.

SUPRÊME DE POULET MESSILIEN
AU VIEUX VINAIGRE D'ORLÉANS

VIN CONSEILLÉ : AOC Roussette de Savoie Marestel • La rondeur épanouie se marie à la complexité des arômes exotiques • 2007 • 12°C
Domaine Eugène Carrel et Fils • (73) JONGIEUX

PREPARATION

In a saucepan, bring 2 quarts of salted water to a boil. Add the peas and cook for 6 to 7 minutes. Drain and refresh in ice water. Set aside.

Rinse and peel the asparagus. Cook in 2 quarts of boiling salted water for 7 to 8 minutes. Drain and refresh in ice water. Set aside.

In a saucepan, reduce the chicken stock until thick and syrupy.

In a separate saucepan, reduce the vinegar by two-thirds.

Rinse, peel and dice the carrots and turnips. Rinse and dice the zucchini without peeling. Melt 1 tablespoon butter in a skillet, add the vegetables and sauté gently until just lightly browned. Add the cream and continue to cook until the vegetables are tender. Stir in the reduced chicken stock and vinegar. Season with salt and pepper. Keep warm.

Preheat the oven to 300°F. Melt 1 tablespoon butter in a sauté pan, add the chicken breasts, skin side down, and cook until lightly browned. Finish cooking in the oven until cooked through.

In a skillet, heat the hazelnut oil, add the asparagus and sauté quickly. In a saucepan, heat the veal stock and quickly whisk in the remaining butter, a little at a time, on and off the heat until thick and smooth. Add the peas to warm them.

SERVING

Remove the chicken breasts from the oven and slice thinly or leave whole and place on serving plates. Arrange the asparagus and peas around the edges. Spoon the sauce over the chicken and serve immediately.

MICHEL**NAVE**

Né à Saint-Etienne en 1960, Michel Nave a seize ans lorsqu'il part à Lyon pour suivre deux années d'apprentissage. Son CAP de cuisine en poche, il participe au concours des Meilleurs Apprentis de France. Il commence sa carrière au restaurant lyonnais Les Célestins chez Monsieur Bourillot, lui-même Meilleur Ouvrier de France. En 1979, il gagne Paris et travaille au restaurant Chez Pauline. 1982 marque son retour à Saint-Etienne et le début de sa collaboration avec Pierre Gagnaire, qu'il suit à Paris lorsque ce dernier y ouvre un établissement, où il travaille encore aujourd'hui. Michel Nave a obtenu le titre « Un des Meilleurs Ouvriers de France » en 2004.

Michel Nave was born in Saint-Etienne in 1960. He apprenticed in Lyon from 1976 to 1978, obtaining his C.A.P. (Certificat d'Apptitude Professionnelle) and participating in the Meilleurs Apprentis de France competition. In 1978 he began his career at Lyon's Les Celestines restaurant with Mr. Bourillot, himself a Meilleur Ouvrier de France. Michel Nave moved to Paris and worked at Chez Pauline from 1979 to 1982 before returning to Saint-Etienne to began a collaboration with Pierre Gagnaire that continued there until 1996. When Pierre Gagnaire came to Paris to open his restaurant on rue Balzac, Michel Nave followed, and he continues to work there today. He won the title of Meilleur Ouvrier de France in 2004.

MEILLEUR OUVRIER
DE FRANCE 2004

La gourmandise des yeux pour le plaisir des sens dans un livre qui réunit des passionnés.

RESTAURANT PIERRE GAGNAIRE • 6, RUE BALZAC • 75008 PARIS • TÉL. +33 (0)1 58 36 12 50 • HTTP://WWW.PIERRE-GAGNAIRE.COM

INGRÉDIENTS (pour 6 personnes)

600 g de filet épais de cabillaud / 250 g de beurre frais 500 g de pêche jaune / 100 g d'oignon
130 g de vinaigre de cidre / 80 g de sucre
5 g de paprika / 40 g de jus de citron / 40 g de miel
90 g d'huile d'olive / 100 g de fromage blanc
30 g de pulpe de fruit de la passion frais / 2 feuilles de laurier / 3 lamelles d'écorces de citron / 1 pincée de piment d'Espelette / Sel, poivre

INGREDIENTS (for 6 servings)

1 1/3 lbs thick cod fillets / 1 lb yellow peaches
6½ tablespoons sugar / ½ cup cider vinegar
½ onion, thinly sliced / 16 tablespoons cold butter
1 teaspoon paprika / 2½ tablespoons honey
3 tablespoons lemon juice / 3½ oz fromage blanc or other creamy, fresh cheese / 7 tablespoons olive oil
2 to 3 tablespoons cold passion fruit purée / 2 bay leaves / 3 thin strips lemon zest / Pinch Espelette pepper powder / Salt, pepper

PRÉPARATION

LA MARMELADE DE PÊCHE ACIDULÉE : monder les pêches à l'eau bouillante.
Tailler 200 g de chair en brunoise régulière, réserver cette brunoise au frais
Tailler le restant de chair de pêche en cubes grossiers.
Préparer un caramel blond avec 80 g de sucre et 30 g de vinaigre de cidre.
Retirer le caramel du feu et le décuire avec les 100 g de vinaigre restant.
Ciseler très finement les oignons, les faire suer sans coloration avec 20 g de vinaigre de beurre, saler légèrement.
Ajouter le paprika, la pêche taillée grossièrement et le caramel au vinaigre.
Mettre à cuire lentement jusqu'à obtenir une marmelade.
Ajouter hors du feu la brunoise de pêche crue à la marmelade bouillante.
Débarrasser et maintenir tiède au bain-marie.
L'HUILE D'OLIVE FOISONNÉE : détendre le miel avec le jus de citron, ajouter le fromage blanc, une pincée de sel.

Avec un petit mixeur, monter la sauce en versant l'huile d'olive en filet.
Terminer toujours au mixeur avec la pulpe de fruit de la passion.
Réserver à température ambiante.

POUR LA CUISSON DU POISSON : faire fondre le beurre restant avec les feuilles de laurier, le piment d'Espelette et les écorces de citron.
Détailler 6 pavés de cabillaud, les saler et les immerger dans le beurre fondu.
Enfourner dans un four à 100°C maximum, cuire en arrosant régulièrement.

PRÉSENTATION

Répartir dans 6 grandes assiettes creuses la marmelade de pêche.
Égoutter les pavés de cabillaud cuit (attention le poisson est maintenant très fragile) et les déposer sur la marmelade de pêche.
Napper le poisson d'un peu d'huile d'olive foisonnée, servir le reste en saucière.

CŒUR DE CABILLAUD POCHÉ A FOUR DOUX, MARMELADE DE PÊCHE ACIDULÉE, HUILE D'OLIVE FOISONNÉE MIEL ET CITRON

VIN CONSEILLÉ : AOC Pessac Léognan blanc • Frais et tendre aux arômes d'agrumes et de pêche blanche • 2005 • 12°C
Château de Fieuzal • (33) LÉOGNAN

PREPARATION

PEACH MARMALADE: Dip the peaches briefly into boiling water. Drain, peel and pit. Cut about half of the peach flesh into uniform 1/8 to ¼-inch cubes. Refrigerate. Chop the remaining peaches into coarse cubes.

Combine the sugar with 2 tablespoons of the cider vinegar in a small saucepan and cook to a pale caramel. Remove from the heat and deglaze with the remaining cider vinegar.

Cook the onions in 1 ½ tablespoons of the butter. Salt lightly. Add the paprika, the coarsely chopped peaches, and the caramel vinegar and cook slowly to obtain a marmalade. Remove from the heat, and add the peach cubes to the hot marmalade. Transfer to a water bath or double boiler and keep warm.

OLIVE OIL EMULSION: Combine the honey and lemon juice. Add the fromage blanc (or creamy fresh cheese), and season with a pinch of salt. In a food processor or with a hand mixer, beat the sauce while adding the olive oil little by little. Add the passion fruit purée, continuing to mix. Keep at room temperature.

COOKING THE COD: Melt the remaining 14 ½ tablespoons butter in a skillet with the bay leaves, lemon zest, and Espelette pepper. Cut the cod into 6 thick square pieces. Place in the melted butter and cook in a preheated 225°F oven, basting regularly.

SERVING

Divide the peach marmalade among 6 deep serving dishes. Drain the cod carefully (it is very fragile) and place each piece on a bed of marmalade. Spoon a little of the olive oil emulsion over the fish. Pass the remaining sauce in a sauceboat.

FABRICE PROCHASSON

Fabrice Prochasson est arrivé dans le monde de la cuisine par hasard, en 1982, sur les conseils de sa mère. Très vite, la passion l'anime grâce à ses professeurs de l'école hôtelière de Blois et à ses premiers chefs de cuisine lors de ses stages à l'hôtel restaurant de la Chaumière à Aubigny-sur-Nère, à l'Hôtel Meurice à Paris, au casino de Deauville et à l'Hôtel du Lion à Montargis. En 1987, l'armée lui fait fréquenter les ministères et le mess du cabinet du ministre de la Défense à la Tour Maubourg. Il entre chez Lenôtre en 1988, où il officie encore aujourd'hui comme Chef de cuisine et directeur du département licences. Fabrice Prochasson est sacré « Un des Meilleurs Ouvriers de France » en 1997.

Fabrice Prochasson, MOF since 1997, is chef de cuisine for Lenôtre, director of the licenses. He entered the culinary world almost by accident in 1982, following the advice of his mother. A passion for the subject quickly developed thanks to his professors at the hotel school in Blois and to his first chefs de cuisine in internships at the hotel-restaurant La Chaumière in Aubigny-sur-Nère, Paris's Hôtel Meurice, the casino in Deauville, and the Hôtel du Lion in Montargis. In 1987, the army brought him to the kitchens of different ministeries, including the Minister of the Defense at the Tour Maubourg, where he established his first contacts with Lenôtre. In 1988 he was hired by Lenôtre, where he remains today.

INGRÉDIENTS (pour 4 personnes)

4 cailles / 3 oignons blancs nouveaux / 1 gousse d'ail
40 g de beurre salé / 15 g de fécule de maïs
4 pêches de vigne / 160 g d'asperge sauvage jet de houblon / 30 g de beurre « mycryo » (ou beurre clarifié) / 6 cl de liqueur de coquelicot ou cherry brandy / 4 brochettes en bambou / Sel, poivre

INGREDIENTS (for 4 servings)

4 quails / 3 new white onions or large scallions
1 garlic clove / 2 3/4 tablespoons salted butter
2 tablespoons cornstarch / 4 vine peaches
6 oz wild asparagus / 2 tablespoons « mycryo »*
butter or clarified butter / 1/4 cup poppy liqueur or cherry brandy / 4 bamboo skewers / Salt, pepper

© Agnès JANIN

MEILLEUR OUVRIER
DE FRANCE 1997

L'art culinaire qui nous réunit dans ce livre est un bel exemple de partage et de savoir-faire.

LENÔTRE PARIS • 40, RUE PIERRE CURIE • BP 6 • 78375 PLAISIR CEDEX • TÉL. +33 (0)1 30 81 47 75
WWW.LENOTRE.FR • PROCHASSON_FABRICE@LENOTRE.FR

PRÉPARATION

Désosser soigneusement et délicatement les cailles pour obtenir filets et cuisses. Concasser les carcasses et ailerons.

Éplucher et couper finement les oignons et l'ail. Dans une sauteuse, faire fondre 15 g de beurre salé et faire dorer les oignons, l'ail, ainsi que les carcasses et ailerons des cailles. Recouvrir l'ensemble d'eau et laisser cuire doucement pendant 45 min. Au terme de la cuisson, passer le tout au chinois. Verser le jus obtenu dans une casserole et faire cuire à feu vif jusqu'à réduction de moitié. Sur feu très doux, ajouter la fécule de maïs en remuant jusqu'à obtention d'un jus onctueux et homogène. Réserver.

Plonger les asperges sauvages dans une casserole d'eau bouillante salée. Les laisser 1 à 2 min. maximum, puis les refroidir aussitôt à l'eau glacée.

Retirer la peau des pêches de vigne.

Dans une grande poêle, faire chauffer le beurre « mycryo » et faire revenir ensemble les morceaux de caille et les pêches de vigne jusqu'à obtention d'une belle coloration dorée.

Assaisonner de sel et de poivre. Retirer les morceaux de caille et les pêches à la poêle. Les réserver au chaud. Déglacer la poêle ayant servi à la cuisson avec la liqueur de coquelicot, puis ajouter le jus confectionné précédemment avec les carcasses. Porter à ébullition.

Réchauffer les asperges sauvages à la poêle avec le restant de beurre salé.

FINITION ET ACCOMPAGNEMENT

Dresser les morceaux de caille sur les brochettes en bambou et piquer une brochette sur chaque pêche de vigne. Poser une pêche dans chaque assiette. Ajouter le jus de coquelicot et les asperges sauvages. Servir aussitôt.

CAILLE DES CHAMPS DU GÂTINAIS,
PÊCHE DE VIGNE RÔTIE À LA LIQUEUR DE COQUELICOT ET ASPERGES SAUVAGES

VIN CONSEILLÉ : AOC Cour Cheverny • Rondeur du romorantin avec une acidité fraîche et minéralité • 2006 • 11°C
Domaine des Huards • (41) COUR-CHEVERN

PREPARATION

Delicately bone the quails, separating the breasts and thighs. Break up the carcasses and wings with a cleaver. Peel and finely chop the onions and garlic. In a sauté pan, melt 1 tablespoon of the butter, add the onions and garlic and brown along with the chopped quail carcasses and wings. Add enough water to cover and cook over low heat for 45 minutes. Remove from the heat and strain through a fine sieve. Place the strained juices in a saucepan and cook over high heat until reduced by half. Reduce the heat, add the cornstarch and stir to obtain a smooth, thick sauce. Set aside.

Plunge the asparagus in a saucepan of boiling salted water and cook for 1 to 2 minutes. Refresh immediately in iced water.

Peel the peaches. In a large skillet, heat the mycryo or clarified butter, sauté the quail pieces and the peaches until browned. Season with salt and pepper. Remove the quail pieces and the peaches from the skillet and keep warm. Deglaze the skillet with the poppy liqueur, stir in the sauce made from the quail carcasses. Bring to a boil. Reheat the asparagus in a skillet with the remaining salted butter.

SERVING

Thread the quail pieces on bamboo skewers and stick each skewer into a peach. Place a peach and quail on each serving plate. Add the poppy liqueur sauce and the wild asparagus. Serve immediately.

* Mycryo is a pure cocoa butter used for savory cooking or pastries.

ANDRÉE**ROSIER**

Andrée Rosier est native du Pays Basque. Ses parents agriculteurs lui donne le goût des produits de bonne qualité. Elle sait vers douze ans que la cuisine sera son métier. Elle intègre alors le lycée Hôtelier de Biarritz où elle passe son BEP puis un bac professionnel. André Rosier est la première femme à obtenir le titre de « Un des Meilleurs Ouvriers de France » catégorie cuisine en 2007. Elle a ouvert son restaurant « Les Rosiers » avec son mari en juin 2008 et compte déjà un macaron au guide Michelin.

Andrée Rosier is a native of France's Basque region. Her parents were farmers who gave her a taste for quality products. Around the age of 12, she knew that her profession would be cooking. She enrolled in the hotel school in Biarritz where she earned her B.E.P. certification, followed by her professional baccalauréat. In 2007, André Rosier was the first woman to obtain the title of Meilleur Ouvrier de France in cuisine. She opened her restaurant, « Les Rosiers », with her husband in June 2008 and has already been awarded one star by the Michelin guide.

MEILLEUR OUVRIER
DE FRANCE 2007

Ce livre représente beaucoup, il permet de faire découvrir ces différents métiers de l'artisanat tous aussi nobles les uns que les autres.

RESTAURANT LES ROSIERS • 32, AVENUE BEAU SOLEIL • 64200 BIARRITZ • TÉL. + 33 (0)5 59 23 13 68
HTTP://WWW.RESTAURANT-LESROSIERS.FR

INGRÉDIENTS (pour 4 personnes)
4 pavés de merlu (130 g/pers) / Sel, piments
CROÛTE DE CHORIZO
50 g de chorizo / 60 g de beurre / 15 g de péquillos (petits poivrons pelés) / 80 g de chapelure
Fleur de sel
CHIPIRONS
300 g de chipirons (ou petits encornets)
200 g de champignons de Paris / 30 g de jambon
15 g de persil ciselé / 1 gousse d'ail / 15 g d'échalote ciselée / 1 cuillère à soupe d'huile d'olive / Sel, piment d'Espelette
CRÈME DE COCO
200 g de haricots cocos / 1 carotte / 1 oignon
1 bouquet garni (thym, laurier, queues de persil liés avec une feuille de poireau) / 60 g de talon de jambon / 80 g de beurre / Sel

Beurre de persil / 1 demi-botte de persil / 1 gousse d'ail / 60 g de beurre / Fleur de sel

INGREDIENTS (for 4 servings)
4 hake fillets (4-5 oz each) / Salt, Espelette pepper
CHORIZO CRUST
1 ¾ oz chorizo sausage / ½ oz péquillos (small sweet Basque peppers) / ¾ cup breadcrumbs / 4 tablespoons butter, softened / Fine sea salt
PARSLEY BUTTER
½ bunch parsley / 1 garlic clove / 4 tablespoons butter, softened / Fleur de sel (fine sea salt)
BABY SQUID
10 ½ oz baby squid / 1 tablespoon olive oil
7 oz white mushrooms, diced / ½ shallot, chopped
1/2 tablespoon butter / 1 oz ham, diced / 1 /2 bunch parsley, chopped / 1 garlic clove, chopped / Salt, Espelette pepper
CREAMY WHITE BEANS
7 oz white "coco" beans * / 1 carrot, sliced
1 onion, sliced / 1 bouquet garni (thyme, bay leaf, parsley stems tied up in a leek leaf) / 2 oz ham trimmings / 5 tablespoons butter / Salt

PRÉPARATION

MERLU : Tailler des pavés de merlu d'environ 130 g par pièce, les assaisonner. Les réserver au frais.

CROÛTE DE CHORIZO : Mixer chorizo et péquillos, mélanger à la chapelure. Ajouter le beurre pommade et la fleur de sel. Étaler l'appareil au rouleau entre deux feuilles de papier et réserver au frais.

BEURRE DE PERSIL : Mixer ail et persil. Mélanger le tout avec le beurre pommade et la fleur de sel.

CHIPIRONS : Nettoyer les chipirons, les tailler en petits dés, les poêler, les égoutter. Tailler des petits dés de champignon, les poêler. Ciseler les échalotes et les suer au beurre.
Tailler le jambon en dés, ciseler le persil, mélanger le tout et vérifier l'assaisonnement.

CRÈME DE COCO : Cuire les cocos avec une garniture aromatique. Une fois cuits, les égoutter et les mixer.

CUISSON DU MERLU : Poser un carré de croûte de chorizo sur le pavé de merlu assaisonné. Le cuire 5 min. au four à 180°C environ et terminer sous le gril.

FINITION ET ACCOMPAGNEMENT

Mettre une cuillère de crème de coco sur des assiettes chaudes, poser les pavés de merlu. Entourer d'un trait de beurre de persil.

PAVÉ DE MERLU DE LIGNE EN CROÛTE DE CHORIZO, CRÈME DE COCO ET CHIPIRONS AU BEURRE DE PERSIL

VIN CONSEILLÉ : AOC Irouléguy blanc • Fraîcheur, arômes, finesse de texture • 2007 • 11°C
Domaine Brana • (64) SAINT-JEAN-DE-PIED-DE-PORT

PREPARATION

HAKE: Trim the hake fillets into neat, uniformly thick squares.

CHORIZO CRUST: Process the chorizo and péquillos to a fine mixture, add the breadcrumbs, softened butter and sea salt.
Roll out the mixture between two sheets of cooking parchment and chill. When chilled, cut into squares.

PARSLEY BUTTER: Process the parsley and garlic finely. Add the softened butter and sea salt.

BABY SQUID: Clean the squid, cut into small cubes, sauté in olive oil and drain. Sauté the mushrooms separately. Sweat the shallots in butter. Combine the squid, mushrooms, shallots, ham, parsley, and garlic, and season, if necessary, with salt and Espelette pepper.

WHITE BEANS: In a large pan of boiling water, cook the beans with the carrot, onion and bouquet garni until very soft. Drain, discard the bouquet garni and reduce the beans to a purée in a food processor.

COOKING THE HAKE: Season the hate fillets and top each with a square of the chorizo crust. Cook in a preheated 355°F oven for about 5 minutes. Finish cooking until the broiler.

SERVING

Spread a spoonful of the white bean purée on each hot serving plate, place a hake fillet on top and spoon a ribbon of the parsley butter around.

* Haricots coco are fresh white beans in a pod. If substituting dried white beans, such as great Northern, pre-soak before cooking.

MICHEL**ROTH**

Directeur des cuisines du Ritz Paris depuis septembre 2001, Michel Roth collectionne les trophées prestigieux : prix Taittinger en 1985, Escoffier en 1986, Bocuse d'or et « Un des Meilleurs Ouvriers de France » en 1991. Il rentre au Ritz en 1981 comme premier commis de cuisine sous la direction de Guy Legay, Meilleur Ouvrier de France, puis gravit tous les échelons jusqu'à devenir chef de cuisine, en charge du restaurant l'Espadon en 1991. En 1999, il quitte la place Vendôme pour l'avenue Franklin Roosevelt chez Lasserre, avant de revenir au Ritz deux ans plus tard. Michel Roth est fait Chevalier de l'Ordre national du Mérite en 2003, puis Chevalier de la Légion d'honneur en 2006.

Director of the kitchens of the hotel Ritz Paris since September 2001, Michel Roth has accumulated a collection of prestigious trophies: Prix Taittinger in 1985, Escoffier in 1986, Bocuse d'Or and « Un des Meilleurs de France » in 1991. He joined the Ritz in 1981 as premier commis de cuisine under the direction of Guy Legay, MOF, then quickly moved up the ladder to become chef de cuisine, heading the hotel's gastronomic restaurant, L'Espadon, in 1991. In 1999, he left the hotel on the Place Vendôme to join the kitchens of Lasserre on avenue Franklin Roosevelt, before returning to the Ritz two years later. Michel Roth was named Chevalier de l'Ordre national du Mérite in 2003, then Chevalier de la Légion d'honneur in 2006.

MEILLEUR OUVRIER
DE FRANCE 1991

Un ouvrage qui vous dévoile les recettes du bonheur et de l'Excellence.

RESTAURANT L'ESPADON - RESTAURANT DU RITZ • 15, PLACE VENDÔME • 75001 PARIS • TÉL. +33 (0)1 43 16 36 40
WWW.RITZPARIS.COM • CHEF-CUISINE@RITZPARIS.COM

INGRÉDIENTS (pour 4 personnes)

600 g de filet d'agneau (préalablement dénervé et préparé par le boucher) / ½ botte d'estragon
½ botte de cerfeuil / 120 g de mie de pain fraîche
2 dl d'huile d'olive / 1 œuf battu / 80 g de beurre
6 artichauts poivrades / 3 courgettes (de 150 g)
1 oignon / 2 gousses d'ail / 8 pétales de tomates confites à l'huile d'olive / graines de coriandre
Sel de Guérande, poivre du moulin

8 cl de jus d'agneau / Feuilles d'estragon et fleurs de courgettes frites (facultatif)

INGREDIENTS (for 4 servings)

*1 1/3 lbs lamb filets (prepared by your butcher)
½ bunch tarragon / ½ bunch chervil / 4¼ oz fresh sandwich bread (about how many slices???)
¾ cup olive oil / 1 egg, beaten / 6 purple artichokes
Coriander seeds / 3 zucchini (about 5 ¼ oz)
1 onion, chopped / 2 garlic cloves, crushed / 8 petals of tomatoes « confites »* / 6 tablespoons butter
Guérande sea salt, freshly ground black pepper*

*GARNISH
Tarragon leaves and fried zucchini blossoms (optional)*

PRÉPARATION

Plonger les herbes rapidement dans une casserole d'eau bouillante salée, refroidir et égoutter.
Mixer les 2/3 des herbes avec la mie de pain, débarrasser dans un plat creux.
Confectionner l'huile d'herbes avec le tiers restant et 1 dl d'huile d'olive. Réserver au frais.
Saler, poivrer les filets d'agneau, les tremper dans l'œuf battu puis les paner dans la mie de pain aux herbes.
15 min. avant de servir, les cuire au beurre à feu doux pendant 5 à 6 min, les tenir cuisson rosée et les laisser reposer.
Éplucher les artichauts poivrades, les couper en 4, les poêler avec de l'huile d'olive, du sel de Guérande, une pincée de coriandre en grains. Les cuire croquants.
CANNELLONIS : tailler 2 courgettes en petits dés, les sauter à l'huile d'olive avec l'oignon haché et l'ail écrasé, saler et poivrer.

Avec 1/3 des courgettes, faites une purée, puis mélanger celle-ci aux dés. Couper la courgette restante en fines lamelles dans le sens de la longueur, les blanchir rapidement, les étaler puis réaliser 4 cannellonis en disposant la purée aux dés de courgettes sur les lamelles, enrouler et réserver au chaud avec les pétales de tomates confites.

PRÉSENTATION

Trancher les filets d'agneau en rosette, les dresser sur les assiettes. Poser les cannellonis de courgettes, les artichauts poivrades, les pétales de tomates confites.
Saucer avec le jus d'agneau et avec l'huile d'herbes.
Finir la présentation avec des feuilles d'estragon et des fleurs de courgettes frites (facultatif).

ROSETTE D'AGNEAU EN ÉCRAN D'HERBES, CANNELLONI DE COURGETTES ET ARTICHAUTS POIVRADES AUX TOMATES CONFITES

VIN CONSEILLÉ : AOC Saint Chinian « Clos de la Simonette » rouge • La profondeur et la complexité dominent, la finesse se devine • 2001 • 16°C • Mas Champart • (34) BRANEFAN

PREPARATION

Briefly plunge the tarragon and chervil into a saucepan of boiling salted water, refresh under cold water and drain. Process two-thirds of the herbs with the sandwich bread in a food processor. Turn out into a shallow bowl.

Make a herb oil with the remaining herbs and half of the olive oil. Refrigerate. Season the lamb filets with salt and pepper. Dip them into the beaten egg, and then roll them in the herbed bread crumbs.

Peel the artichokes, cut into quarters, sauté in some of the remaining olive oil with the Guérand salt and a pinch of coriander seeds. They should remain slightly crunchy.

CANNELLONI: Cut 2 of the zucchini into small cubes. Sauté them in olive oil with the onion and garlic, season with salt and pepper. Purée about one-third of the zucchini cubes in a food processor. Combine with the zucchini cubes.

Cut the remaining zucchini lengthwise into thin slices. Blanch rapidly in boiling salted water. Drain and spread out on a flat work surface. Spread a little of the zucchini puree and dice over each slice, then roll up like a cannelloni. Keep warm with the tomato "petals."

About 15 minutes before serving, melt the butter in a skillet, add the breaded lamb filets and cook for 5 to 6 minutes over low heat, until just pink. Set aside to rest. Collect the butter and juices from the skillet and keep warm; you should have about 1/3 cup.

SERVING

Slice the lamb filets thinly and arrange in a ring in the center of each plate. Add the cannellonis, artichokes and tomato petals. Spoon the lamb juices and herb oil over. Decorate with the tarragon leaves and the fried zucchini flowers (optional).

* To make your own «tomatoes confites», peel and seed medium tomatoes, cut into wedges, place on a baking sheet, sprinkle with thyme, a little powdered sugar and olive oil and bake in a very low oven (150°F) for about 3 hours.

CHRISTOPHE**ROURE**

Christophe Roure s'est doté d'une triple compétence culinaire : cuisinier, pâtissier et charcutier. Sa carrière débute à la Poularde à Montron et son apprentissage se déroule chez les plus grands : Pierre Gagnaire, Paul Bocuse puis Jacques Decoret chez Régis Marcon. D'abord chef salarié, il décide finalement d'ouvrir son propre établissement près de Saint-Etienne et décroche quatre ans plus tard sa deuxième étoile.
Christophe Roure est lauréat du concours « Un des Meilleurs Ouvriers de France » en 2007.

Christophe Roure is gifted with a triple culinary competence : as chef, pastry chef, and charcutier . His career began at La Poularde in Moutron, after which he apprenticed with some of the greatest chefs: Pierre Gagnaire, Paul Bocuse, then Jacques Decoret and Regis Marcon. Following many years as a salaried chef, he decided to open his own establishment near Saint-Etienne. Just four years later he obtained two Michelin stars. Christophe Roure was one of the winners of the Meilleurs Ouvriers de France competition in 2007.

MEILLEUR OUVRIER
DE FRANCE 2007

Etre MOF, c'est un devoir au quotidien vis-à-vis de la profession et vis-à-vis de mes pairs.

LE NEUVIÈME ART • PLACE DU 19 MARS 1962 • 42170 SAINT JUST SAINT RAMBERT • TÉL. +33 (0)4 77 55 87 15
HTTP://WWW.LENEUVIEMEART.COM • LE.NEUVIEME.ART@WANADOO.FR

INGRÉDIENTS (pour 2 personnes)
1 homard breton de 600 g pièce / 35 g de quinoa
1 dl vinaigre de mangue / 50 cl huile d'amande
douce / Pluches d'aneth / 1 petite mangue

GRANITÉ AU PAMPLEMOUSSE
175 g de jus de pamplemousse / 25 g de martini
blanc / 25 g de muscat / 10 g de sucre

GELÉE D'ANETH
350 g d'eau minérale / 3 bouquets d'aneth
12 g de gélifiant végétal de losa

MOUSSE D'ANETH
150 g de fumet de langoustine / 8 gouttes d'arôme
aneth / 2 feuilles de gélatine / 100 g de crème
semi-fouettée

15 g caviar d'Aquitaine / Sel, poivre

INGREDIENTS (for 2 servings)
1 Brittany lobster (about 1 ½ lbs) / 2 tablespoons
quinoa / 1 small mango / 6 1/2 tablespoons mango
vinegar / 2 cups almond oil

GRAPEFRUIT GRANITÉ
¾ cup grapefruit juice / 2 tablespoons Martini Bianco
vermouth / 2 tablespoons Muscat wine
2 teaspoons sugar

DILL ASPIC
1 ½ cup mineral water / 3 bunches dill, finely chopped
2 ½ teaspoons vegetable gelatine

DILL MOUSSE
2/3 cup lobster stock / 8 drops dill essence
2 gelatine leaves (or 1 teaspoon powdered gelatine)
7 tablespoons heavy cream, lightly whipped

GARNISH
1/2 oz Aquitaine (French) caviar
Dill sprigs

PRÉPARATION

Cuire le homard attaché sur une planche, le cuire à la vapeur à 70°C pendant 11 min.
Cuire le quinoa dans une casserole d'eau bouillante salée, le rafraîchir et l'égoutter. Tailler la mangue en brunoise, mélanger le tout et réserver au frais.
Réduire le vinaigre de mangue de moitié, réaliser une vinaigrette avec l'huile d'amande douce, une pincée de sel et de poivre.
CONFECTIONNER LE GRANITÉ : mélanger le jus de pamplemousse avec le martini, le muscat et le sucre.
Mettre à congeler à – 30°C, puis gratter à la fourchette.
GELÉE D'ANETH : faire chauffer l'eau à 90°C puis la verser sur l'aneth émincé. Mixer avec un mixeur à tête plongeante très puissant puis filtrer à l'aide d'un filtre café en plastique avant de refroidir.

Gélifier avec le gélifiant végétal de losa. Chauffer à nouveau avant de couler sur une plaque à pâtisserie en inox chaude (laisser prendre).
MOUSSE D'ANETH : chauffer le fumet de langoustine avec l'arôme d'aneth. Ajouter la gélatine ramollie à l'eau froide (laisser refroidir jusqu'à un début de prise).
Mélanger au fouet la crème montée au fumet gélifié.
Pour former les cannellonis, découper des carrés de 10x10 et les rouler.

PRÉSENTATION

Dresser sur des assiettes froides : le cannelloni avec le caviar et les pluches d'aneth. Assaisonner le homard avec la vinaigrette de mangue, le déposer sur un rectangle de quinoa aux mangues. Présenter le granité dans des grandes cuillères.

HOMARD BLEU ASSAISONNÉ AU VINAIGRE DE MANGUE, CANNELLONI FRAIS À L'ANETH, GRANITÉ AU PAMPLEMOUSSE ROSE

VIN CONSEILLÉ : AOC Montlouis sur Loire «Rémus Plus» • Volume du vin, fraîcheur du cépage et minéralité du terroir • 2007 • 11°C
Domaine de la Taille aux Loups • (37) MONTLOUIS-SUR-LOIRE

PREPARATION

Attach the lobster to a board and steam at 160°F for 11 minutes.

Cook the quinoa in salted boiling water, refresh under cold water and drain. Cut the mango into small cubes, combine with the quinoa and spread evenly over a flat surface. Refrigerate.

Reduce the mango vinegar by half. Prepare a vinaigrette with the reduced vinegar, almond oil, salt and pepper.

GRAPEFRUIT GRANITÉ: Combine the grapefruit juice with the Martini, muscat and sugar. Freeze at − 22°F, then scrape with a fork to form the granite.

DILL ASPIC: Heat the water to 195°F, then pour over the chopped dill. Mix with a powerful hand mixer or in a processor. Filter through a coffee filter. Chill. Add the gelatine. Reheat, and then pour the mixture evenly over a warm stainless steel baking sheet and allow it to set.

DILL MOUSSE: Heat the lobster stock with the dill essence. Soak the gelatine leaves in a little cold water, squeeze out the excess water, add to the warm stock and let cool until the mixture begins to set. With a whisk, combine the whipped cream with the stock mixture.

For the Cannellonis, cut the aspic into 4-inch squares and roll each into a cylinder.

SERVING

On cold serving places, arrange a cannelloni with the caviar and dill sprigs. Season the lobster with the mango vinaigrette, and place on a rectangle of mango quinoa. Present the granité in large spoons.

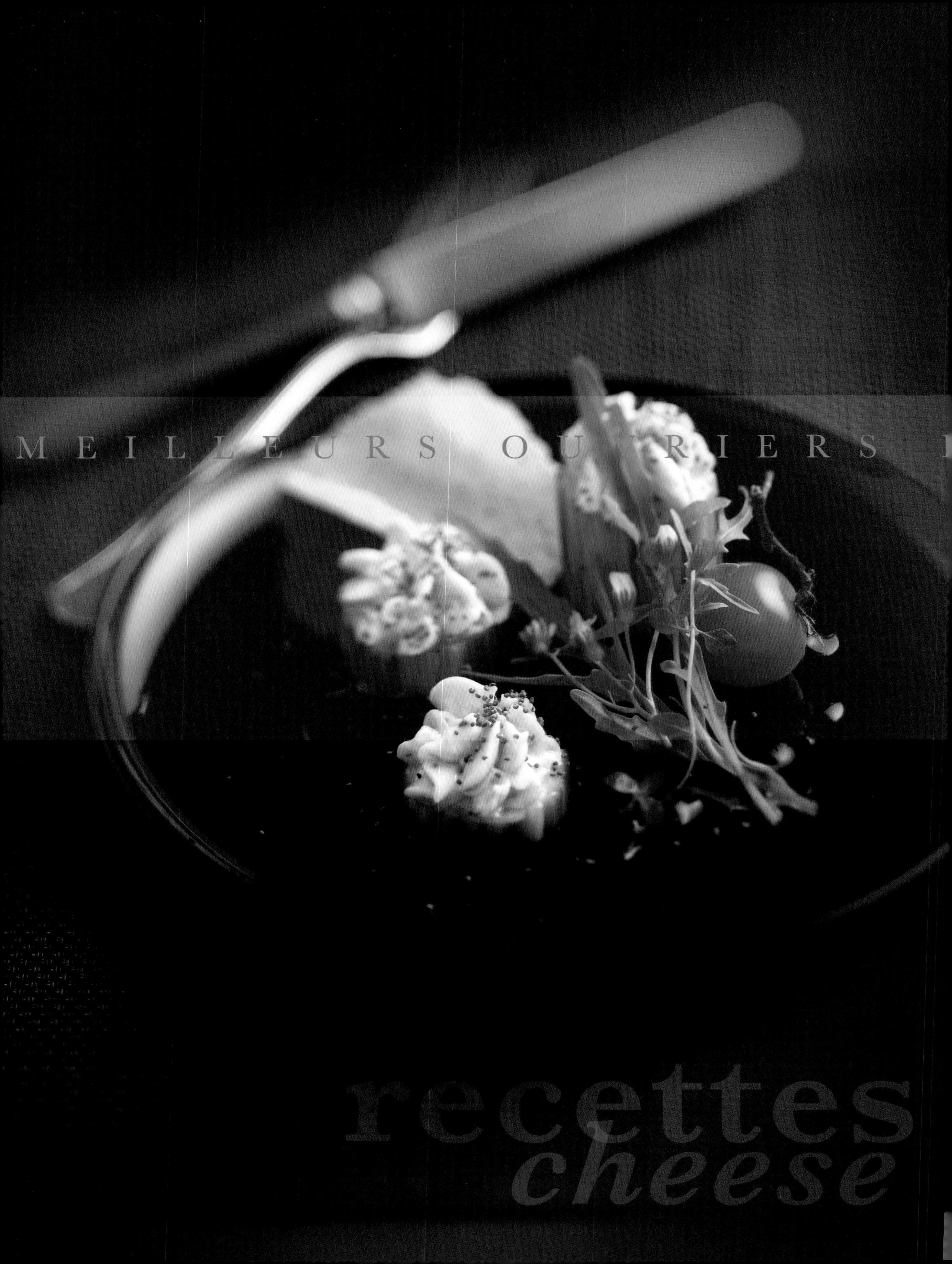
MEILLEURS OUVRIERS
recettes
cheese

E FRANCE Meilleurs

MEILLEURS OUVRIERS DE FRANCE

Ouvriers

de France

MEILLEURS OUVRIERS DE FRANCE

fromagères
recipes

CHRISTIAN**JANIER**

Christian Janier n'a que six ans lorsqu'il prend conscience de sa passion pour le fromage, né dans une famille où l'on est fromagers affineurs depuis quatre générations. Il obtient le titre de « Un des Meilleurs Ouvriers de France » en 2000 et reçoit par la suite de nombreuses distinctions dont les plus marquantes sont Chevalier de l'Ordre du Mérite Agricole en 2005 et médaille d'Honneur de la Chambre des Métiers et de l'Artisanat du Rhône et de la ville de Lyon.

Christian Janier was born into a family of cheesemongers whose activity in the field spans four generations, and was only six years old when he became aware of his passion for cheese. He obtained the title of « Un des Meilleurs Ouvriers de France » in 2000 and subsequently received several distinctions, the most prestigious of which are the Chevalier de l'Ordre du Mérite Agricole in 2005 and the medal of honor of the Chambre des Métiers et de l'Artisanat of the Rhone and the city of Lyon.

INGRÉDIENTS (pour 6 personnes)

1 concombre / 5 cl de crème fleurette / 200 g de roquefort / Noix de muscade / 2 cl de porto / Salade (mâche ou roquette) / 18 tomates cerises / 100 g de Parmigiano Reggiano / 1 pincée de graines de pavot
1 cuillère à soupe de vinaigre balsamique
2 cuillères à soupe d'huile d'olive
Gros sel, sel fin, poivre

INGREDIENTS *(for 6 servings)*

1 cucumber / ¼ cup heavy cream / 7 oz Roquefort cheese / 1 ½ tablespoons ruby Port wine / Pinch grated nutmeg
PARMESAN TUILES
3 ½ oz Parmesan cheese, very finely grated
1 pinch poppy seeds
VINAIGRETTE
1 tablespoon balsamic vinegar
2 tablespoons olive oil
SALAD
Salad greens (lamb's lettuce or arugula) / 18 cherry tomatoes / Coarse salt, fine salt, pepper

© Matthieu CELLARD

MEILLEUR OUVRIER DE FRANCE 2000

Le titre de Meilleur Ouvrier de France m'a permis de rencontrer une deuxième famille dans laquelle nous partageons des valeurs communes d'amitié, de partage et d'entraide.

FROMAGERIE JANIER • 2, RUE SEGUIN • 69002 LYON • TÉL. +33 (0)4 78 38 01 12 • CHRISTIANJANIER@WANADOO.FR

PRÉPARATION

Tronçonner le concombre (de 4 à 6 cm de hauteur), le canneler, l'historier, puis vider délicatement les tronçons de leur pulpe à l'aide d'une cuillère parisienne. Faire dégorger le concombre avec un peu de gros sel quelques min.
Préparer la farce en malaxant le roquefort, la crème fleurette et un soupçon de porto (facultatif) afin d'obtenir une pâte onctueuse. Rectifier l'assaisonnement en ajoutant un peu de noix de muscade râpée à la dernière minute, saler et poivrer à votre convenance.
Remplir de farce les tronçons à l'aide d'une poche et d'une douille.
TUILES DE PARMESAN : Préparer au dernier moment de la poudre de parmesan en mouture très fine à laquelle vous pouvez adjoindre quelques graines de pavot. Étaler une feuille de papier sulfurisé sur une plaque antiadhésive et y disposer vos cercles à entremets (diamètre de 8 cm). Verser la poudre dans les cercles sur 1 mm d'épaisseur. Cuire sous le gril du four jusqu'à la coloration voulue (soit 2 à 3 min). Décoller les tuiles et les faire refroidir sur un rouleau à pâtisserie pour leur donner une forme bombée.

VINAIGRETTE : Mettre une pincée de sel et de poivre dans un bol avec le vinaigre balsamique, incorporer l'huile d'olive en fouettant, réserver.

FINITION ET ACCOMPAGNEMENT

Tapisser le fond de l'assiette à l'aide d'un lit de salade. Positionner dessus deux à trois tronçons de concombre farcis et la tuile de parmesan. Décorer l'assiette avec quelques tomates cerises afin d'apporter une touche de couleur.

Cette préparation fromagère s'apparente à un entremets froid. On l'appréciera donc plus spécialement en entrée. Servie fraîche, cette recette s'adapte parfaitement aux chaleurs estivales. Sa présentation originale conjuguée à un équilibre intéressant des saveurs en font un plat qui ne passe jamais inaperçu.

PETITS FARCIS DE CONCOMBRE
À LA CRÈME DE ROQUEFORT ET TUILES DE PARMESAN
SUR LIT DE ROQUETTE

VIN CONSEILLÉ : AOC Sancerre «Cul de Beaujeu» blanc • Fraîcheur, arômes, finesse de texture • 2006 • 13°C
Domaine François Cotat • (18) CHAVIGNOL

PREPARATION

Draw the tines of a fork lengthwise through the skin of the cucumber to make decorative ridges. Cut the cucumber crosswise into 18 short cylinders, each 1 ½ to 2 inches high. Use a paring knife to cut a zig-zag pattern on the top edge of each cylinder. Carefully scoop out most of the pulp with a melon baler, making cucumber cups. Place the cups in a colander, sprinkle with coarse salt and let rest for a few minutes.

FILLING: Mix the cream, Roquefort, and a little Port (optional), working to a smooth paste. Season to taste with salt and pepper, and add a pinch of grated nutmeg at the last minute.

Pipe the filling mixture into the cucumber cups using a pastry bag fitted with a star tip.

PARMESAN TUILES: Combine the grated Parmesan with a pinch of poppy seeds. Line a nonstick baking sheet with cooking parchment. Sprinkle the Parmesan in even circles of about 3 inches in diameter, about 1/16-inch deep. (If desired, sprinkle the Parmesan into a pastry ring to form neat even circles.) Cook under the broiler of the oven until lightly browned, 2 to 3 minutes.

Remove from the oven and remove the parmesan rounds with a spatula, quickly draping each around a rolling pin to give it a rounded shape.

VINAIGRETTE : Place a pinch of salt and pepper in a bowl along with the balsamic vinegar. Whisk in the olive oil. Set aside.

SERVING

Just before serving, toss the salad greens in the vinaigrette. Place a bed of salad greens on each serving plate. Position two or three stuffed cucumbers on top, and top with a Parmesan tuile. Decorate each plate with a few cherry tomatoes to add a touch of color.

This cheese recipe is most appropriate as a chilled starter, particularly suitable for hot weather. The original presentation, combined with an interesting balance of flavors makes it a dish that rarely goes unnoticed.

HERVÉ**MONS**

Consacré « Un des Meilleurs Ouvriers de France » en 2000, Hervé Mons est élu « Fromager de l'année » par le guide gastronomique Pudlo France en 2002.
La même année, il organise le salon Congrilait, considéré comme l'événement mondial le plus important de la filière laitière. À longueur d'année, Hervé Mons parcourt la France en quête des producteurs traditionnels, gardiens du savoir-faire ancestral et des meilleurs produits qu'il affine ensuite dans ses caves. C'est pourquoi la maison Mons est aujourd'hui le fournisseur officiel des grandes tables à travers le monde et la référence en matière de spécialités fromagères.

Named Meilleur Ouvrier de France in 2000, Hervé Mons received the distinction of Fromager de l'année 2002 (Cheesemonger of the Year 2002) by the gastronomic guide « Pudlo France. »
The same year, he organized the Salon Congrilait, considered to be the international dairy industry's most important professional gathering. Throughout the year, Hervé Mons criss-crosses France searching for traditional products, for producers who remain guardians of ancestral savoir-faire, whose cheeses he then ripens in his cellars. For this reason, Maison Mons is the official supplier to fine restaurants around the world and remains a reference when it comes to cheese specialties.

INGRÉDIENTS (pour 1 personne)
1 faisselle fraîche / 1 cuillère à soupe de crème fraîche / Huile de noix / 1 à 2 radis / 1 pincée de graines de cumin / 1 pincée de ciboulette ciselée
Sel, poivre

INGREDIENTS (for 1 serving)
1 Faisselle fraîche (3 oz), or other creamy fresh cheese
1 tablespoon crème fraîche or lightly whipped heavy cream / Walnut oil / 1 pinch caraway seeds / 1 pinch minced chives / 2 round radishes / Salt, pepper

MEILLEUR OUVRIER
DE FRANCE 2000

L'esprit d'un MOF dans son quotidien se résume dans ces quelques mots : Simplicité, Authenticité, Créativité, Humilité, Qualité. Travail et respect étant les mots clés de notre métier

L'AUVERGNAT • HALLES DIDEROT • 42300 ROANNE • TÉL. +33 (0)4 77 70 08 18 • MONS@MONS-FROMAGERIE.FR

——————— **PRÉPARATION** ———————
Démouler une faisselle, la couvrir de crème fraîche et ajouter un filet d'huile de noix. Parsemer de quelques grains de cumin et de ciboulette émincée. Découper les radis en rondelles et les poser sur le sommet du fromage blanc. Saler et poivrer.

——————— **FINITION ET ACCOMPAGNEMENT** ———————
Servir assez frais avec un morceau de pain toasté.

FAISSELLE AU RADIS

VIN CONSEILLÉ : AOVDQS Moselle « Les Tendres Becs » blanc • Légèreté, souplesse, finesse • 2006 • 10°C
Château de Vaux • (57) VAUX

PREPARATION

Turn the faiselle out of its container, inverting onto a plate. Top with a tablespoon of crème fraîche. Drizzle with walnut oil.
Sprinkle with the caraway seeds and minced chives.
Slice the radishes in thin rounds, and place on top of the cheese. Season with salt and pepper.

SERVING

Serve chilled with a slice of toasted bread.

MARIE QUATREHOMME

Marie Quatrehomme commence par suivre des études de psychologie avant de reprendre avec son mari, en 1983, une affaire créée par ses beaux-parents : « La Maison du Fromage ». Elle ouvre une deuxième fromagerie en 1997, en reprend une troisième en 2000 puis lance une franchise en Guadeloupe en 2001.
Aujourd'hui entourée d'une équipe de vingt personnes réparties dans trois boutiques, Marie Quatrehomme fournit de nombreux restaurants étoilés. Elle a obtenu en 2000 le titre de « Un des meilleurs ouvriers de France ».

Marie Quatrehomme began her studies and envisioned a career in psychology until 1983 when she and her husband took over « La Maison du Fromage », a cheese shop created by her parents-in-law. In 1997, she opened a second fromagerie, then took over a third in 2000: During the same year, she earned the title of Meilleur Ouvrier de France. A franchise opened in Gaudaloupe in 2001. Today, Marie Quatrehomme has a team of 20 employees for the three boutiques and supplies many of Paris's Michelin starred restaurants.

INGRÉDIENTS (pour 4 personnes)
1 Mont-d'Or (environ 500 g) / 20 g de truffe fraîche
50 g de brisures de truffes + leur jus

INGREDIENTS (for 4 servings)
1 Mont-d'Or cheese (about 1 pound) / ¾ oz fresh truffle / 1 ¾ oz truffle canned pieces and their juices

MEILLEUR OUVRIER
DE FRANCE 2000

Le titre de Meilleur Ouvrier de France a représenté un tournant dans ma vie et constitue une véritable reconnaissance de mes pairs.

FROMAGERIE-CRÈMERIE QUATREHOMME • 62, RUE DE SÈVRES • 75007 PARIS • TÉL. +33 (0)1 47 34 33 45
MARIEQUATREHOMME@WANADOO.FR

PRÉPARATION

LA VEILLE : Découper avec un couteau pointu la moitié de la hauteur de la boîte en bois où est niché le mont-d'or en veillant à ne pas entamer l'écorce d'épicéa qui protège le fromage.
Retirer délicatement la croûte supérieure du fromage à l'aide d'un petit couteau de cuisine, à la façon d'un chapeau. Veiller à ne laisser aucune trace de croûte sur le dessus, tout en retirant un minimum de chair. Si vous craignez de ne pas y arriver, demander à votre fromager de le faire. Les bons et les gentils se feront un plaisir de vous rendre service.
Râper finement la moitié de la truffe fraîche. Mélanger dans un bol les brisures de truffes et leur jus, la truffe râpée et 2 cuillères à café de chair de mont-d'or. Répartir cette préparation sur le fromage.
Émincer la truffe restante afin d'obtenir des rondelles presque transparentes. Le couteau économe est un bon outil pour cela. Répartir ces rondelles sur le mont-d'or le plus élégamment possible. Le recouvrir d'une feuille de papier sulfurisé puis l'emballer dans du film alimentaire.
Réserver au réfrigérateur 24 h avant de servir.

PRÉSENTATION

LE JOUR-MÊME : Sortez le mont-d'or à la truffe du réfrigérateur 2 à 3 h avant de le savourer.
Mais « déshabillez-le » uniquement au moment de servir.
Servez-le avec un pain de campagne légèrement toasté.

POUR INFORMATION : Proposez-le en fromage unique...
Très peu peuvent supporter une telle concurrence !
Mont-d'or et vacherin sont deux appellations du même fromage.

Recette tirée du livre « Une irrésistible envie de fromage » - Albin Michel (octobre 2008), Dominique Combet et Marie Quatrehomme.

VIN CONSEILLÉ : AOC Château Chalon • La race d'un grand seigneur • 2000 • 14°C
Jean Macle • (39) CHÂTEAU CHALON

PREPARATION

A DAY IN ADVANCE: With a pointed knife, cut down around the sides of the wooden box in which the cheese is packed, trimming away about half the depth, without cutting the inner band of spruce that protects the cheese.

Delicately cut horizontally through the top rind of the cheese, lifting it off like a thin, flat hat. Be careful not to leave any traces of the top crust, while removing a minimum of the cheese itself. If you are not sure of being able to do this, ask your cheese monger to prepare the cheese for you.

Finely grate half of the fresh truffle. In a small bowl, combine the truffle pieces, their juice and the grated truffle with 2 teaspoons of the cheese. Spread this mixture evenly over the top of the cheese.

Using a sharp paring knife, very thinly slice the remaining truffle half into nearly transparent rounds. Arrange the truffle slices over the top of the cheese as evenly as possible. Cover with a sheet of cooking parchment, and then wrap the entire cheese in plastic film. Refrigerate for 24 hours.

SERVING

THE NEXT DAY: Remove the truffled Mont D'Or from the refrigerator 2 to 3 hours before serving. Do not unwrap until just before serving. Serve with lightly toasted country-style bread.

NOTE: Serve this alone, rather than with other cheeses since few other cheeses are capable of competing with this!

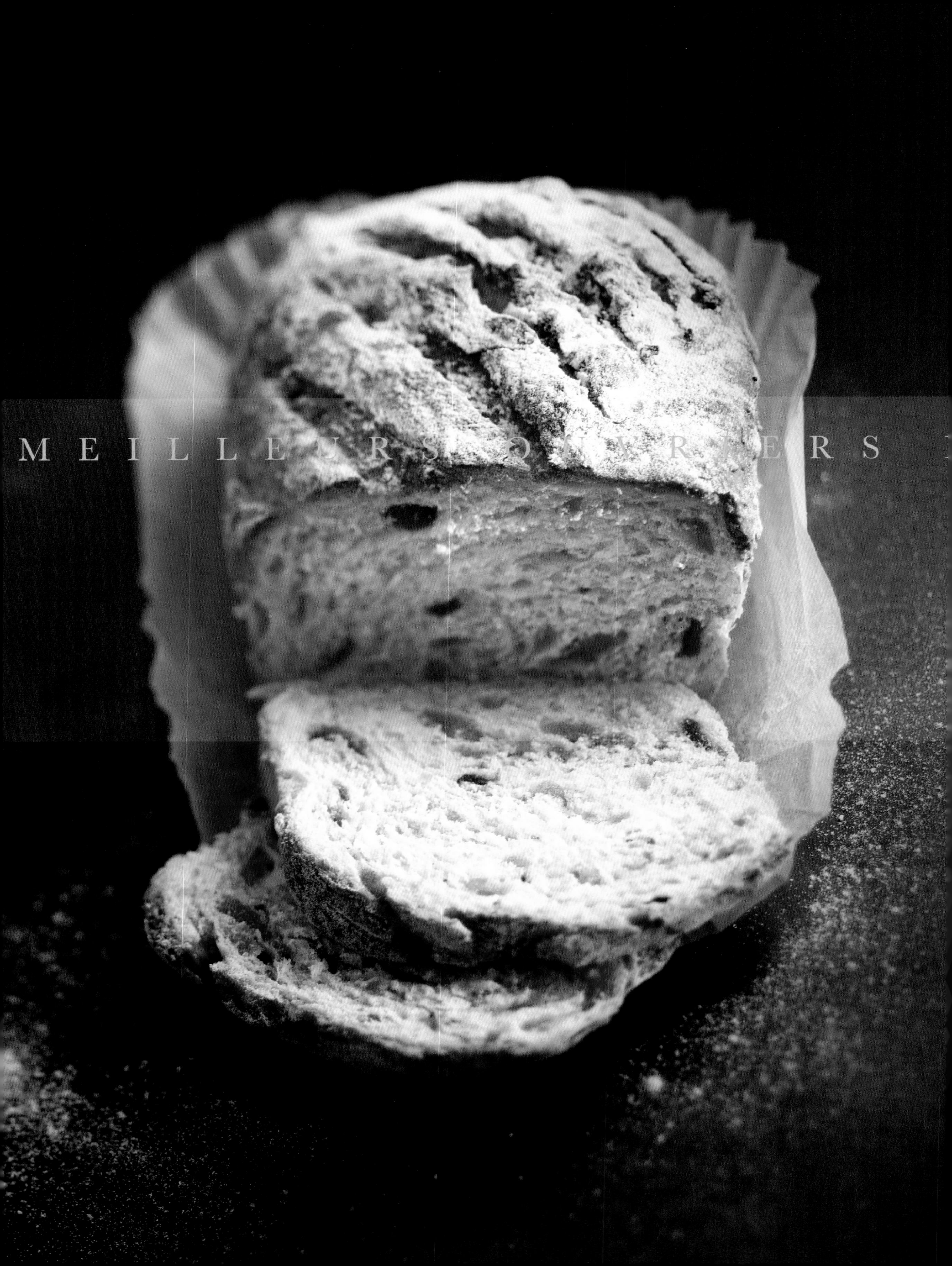
M E I L L E U R S   O U V R I E R S

Meilleurs Ouvriers de France

FRANCE

MEILLEURS OUVRIERS DE FRANCE

MEILLEURS OUVRIERS DE FRANCE

pains
breads

BRUNOCORMERAIS

Titulaire d'un C.A.P et d'un Brevet de Maîtrise en boulangerie et d'un C.A.P Pâtissier, Bruno Cormerais passe dix-sept années dans la meunerie comme boulanger-conseil. Il décide ensuite de s'installer à Bussy-Saint-Georges, à l'Est de Paris, et devient l'un des dix membres fondateurs des « Ambassadeurs du Pain » dont l'un des buts premiers est l'échange et la transmission du savoir. Bruno Cormerais participe au concours M.O.F par pur plaisir et obtient le titre en 2004.

After earning his C.A.P (Certificat d'Aptitude Professionnelle), his brevet de maîtrise in bread baking, and a C.A.P. in pastry, Bruno Cormerais spent 17 years as the baking consultant for a flour mill. He then decided to open his own business in Bussy-Saint-Georges, East of Paris, and became one of the founding members of the "Ambassadeurs du Pain" whose main goal is the exchange and transmission of savoir-faire. Bruno Cormerais participated in the M.O.F. competition for pure pleasure and won the title in 2004.

MEILLEUR OUVRIER
DE FRANCE 2004

Pour le plaisir des yeux et le régal du palais, ce livre nous dévoile la passion gourmande et simple de chacun.

BOULANGERIE BRUNO • 16, RUE PAUL DE LOUVRIER • 77600 BUSSY SAINT GEORGES
TÉL. +33 (0)1 64 77 59 14 • BOULANGERIEBRUNO@ORANGE.FR

INGRÉDIENTS
(pour 8 personnes)

PRÉPARATION A
500 g de levain naturel / 500 g de pâte fermentée
500 g d'eau à 50°C / 500 g de farine de seigle T110

PRÉPARATION B
2 kg de levain (Préparation A) / 2 kg de farine de
seigle T85 / 1,6 l d'eau à 50°C / 70 g de sel

INGREDIENTS (for 8 servings)
Starter
1 lb starter (natural leavening agent) / 1 lb fermented
dough* / 2 cups water at 120°F / 1 lb rye flour

Dough
4 ¼ lbs rye flour / 6 ¾ cups water at 120°F /
6 tablespoons salt / 4 lbs starter (above)

PRÉPARATION

PRÉPARATION A :
Mélanger les ingrédients et laisser fermenter 15 heures à 5°C.

PRÉPARATION B :
Mélanger la farine et le sel, incorporer l'eau et le levain (préparation A).
Pétrir 10 min. en première vitesse.
Laisser pointer 1 h 30.
Apprêt en paillasse 30 min.

FINITION

Façonner et cuire au four à 270°C 30 min.
Faire refroidir sur grille.

TOURTE DE SEIGLE

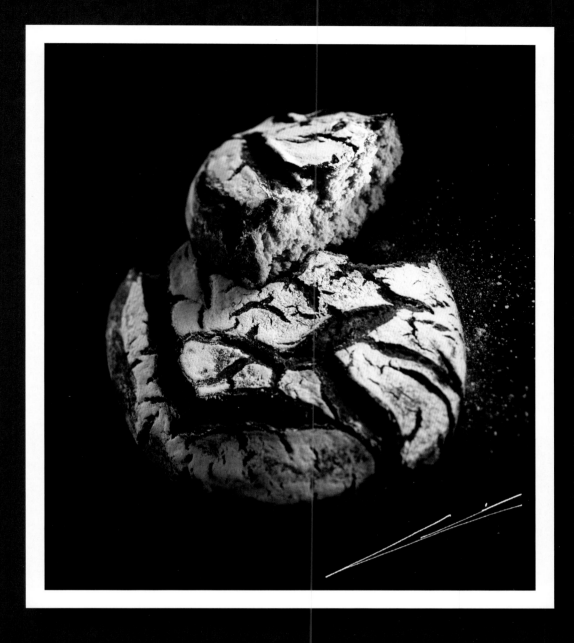

PREPARATION

1 • STARTER: Combine the starter, fermented dough, water, and 1 lb. rye flour, and let ferment for 15 hours at 40°F.

2 • KNEADING: Once the starter has fermented, combine the 4 ¼ lbs rye flour and salt. Incorporate the water and the fermented starter. Knead for 10 min. on first speed. Let rise for 1 ½ hours.

Let rest in a linen-lined wicker basket for 30 min.

BAKING

Form into loaves and bake in a preheated oven at 525°F for 30 min. Remove from the oven and let cool on a rack.

It is simply a little of the risen dough from the last batch of bread, saved to be used as the rising agent for the next batch of bread. If not available, ask your local baker for a bit of his fermented dough.

ANIS**BOUABSA**

Alors qu'il est en troisième, Anis Bouabsa fait un stage dans une boulangerie avec un ami. Il a seize ans et découvre la magie de la fabrication du pain. L'année suivante, il s'oriente vers un CAP boulanger à Bondy, retrouve la boulangerie de ses débuts et passe aussi avec succès son CAP de pâtissier. Parallèlement, il décide de passer son Brevet de Maîtrise pour approfondir certains aspects du métier, notamment la gestion, et rencontre Thierry Meunier, professeur et MOF boulanger. Anis Bouabsa décide alors de passer le concours et devient MOF en 2004 - le plus jeune à recevoir cette distinction.

Anis Bouabsa's first experience in his future profession was an internship in a bakery with a friend when he was a teenager. He was 16 years old and discovered the magic of bread baking. The following year, he set his sights upon obtaining a C.A.P. in boulangerie in Bondy in the same bakery where he had worked during his first internship. He successfully passed his C.A.P. in pastry as well. At the same time, he had decided to pass his brevet de maîtrise to explore in more depth certain aspects of the profession, particularly management. During his studies, he met Thierry Meunier, professor and MOF in baking. Anis Bouabsa decided to participate in the competition and in 2004, he became MOF, and in addition, was the youngest competitor to receive this distinction.

INGRÉDIENTS
(pour 8 petits pains)
Pain idéal pour le foie gras
1 kg farine de tradition française / 100 g de farine brut de seigle / 100 g farine de pain complet
650 g d'eau / 200 g de pâte fermentée
30 g de levure / 20 g de sel / 120 g de beurre
250 g de fromage blanc / 200 g de figues, abricots secs / 100 g de framboise pépins

INGREDIENTS (for 8 dinner rolls)
The ideal bread for foie gras
2 ¼ lbs bread flour / 3 oz dark rye flour / 3 oz whole wheat flour / 2 2/3 cups water / 7 oz fermented bread dough* / 1 oz yeast / 2 tablespoons salt / 4 oz butter 8 ¾ oz fromage blanc or creamy fresh cheese / 7 oz figs and/or dried apricots / 3 ½ oz raspberries

MEILLEUR OUVRIER
DE FRANCE 1997

Le titre de meilleur ouvrier de France représente la reconnaissance par ses pairs. La récompense d'un travail qui s'est fait sur plusieurs années qui vient saluer la passion et l'amour du métier. Bon pain.

BOULANGERIE AU DUC DE LA CHAPELLE • ANIS BOUABSA • 32/34, RUE TRISTAN TZARA • 75018 PARIS • TÉL. +33 (0)1 40 38 18 98

PRÉPARATION

Mélanger les ingrédients dans l'ordre (sauf les fruits secs et la framboise). Pétrir 5 min. en première vitesse, puis 6 min. en deuxième vitesse. Incorporer en fin de pétrissage la framboise pépins, 2 min. en première vitesse, puis les fruits secs 2 min. en première vitesse. Température de la pâte : 24 à 26°C. Laisser pointer 45 min. à température ambiante. Diviser en pâtons de 200 g. Détente : 15 min. Façonner en moule légèrement fariné. Apprêt : 1 h 30 à température ambiante.

FINITION

Cuire 25 min. à 240°C.

PAIN À L'ANIS

PREPARATION

Combine all of the ingredients in order, except the figs/apricots and raspberries.
Knead for 5 min. on first speed, then for 6 min. on second speed.
At the end of the kneading, incorporate the raspberries. Knead for 2 min. on first speed, add the figs/apricots and knead for 2 min. more on first speed.
The temperature of the dough should be between 75 and 79°F. Let rise for 45 min. at room temperature.
Divide into balls of 7 ounces. Let rest for 15 min.
Place in lightly floured molds. Let rise for 1 ½ hours at room temperature.
Baking:
Preheat the oven to 475°F. Bake for 25 min.

SERVING

Serve with Foie Gras.

* This is similar to the starter for sourdough bread. It is simply a little of the risen dough from the last batch of bread, saved to be used as the rising agent for the next batch of bread. If not available, ask your local baker for a bit of his fermented dough.

FRÉDÉRIC**LALOS**

Frédéric Lalos n'envisage de son métier que l'excellence et la tradition. Ces deux valeurs l'ont conduit au titre suprême de Meilleur Ouvrier de France en 1997, alors qu'il n'avait que vingt-six ans.

Depuis 1999, il est l'associé fondateur du Quartier du Pain qui compte quatre boutiques. Son credo : emmener toujours plus haut la boulangerie artisanale.

For Frédéric Lalos, excellence and tradition are elements implicit to his profession. These two values brought him the supreme title of Meilleur Ouvrier de France *in 1997 at the young age of twenty-six.*
He is the founding associate of the Quartier du Pain, *a company created in 1999 that now includes four units. His motto: raising ever higher the banner and quality of French traditional bread baking.*

MEILLEUR OUVRIER
DE FRANCE 1997

Etre associé à autant de MOF pour l'élaboration de ce livre est quelque chose de certainement unique mais surtout magique.

LE QUARTIER DU PAIN • 74, RUE SAINT CHARLES • 75015 PARIS • TÉL. +33 (0)1 45 78 87 23 • WWW.LEQUARTIERDUPAIN.COM

PRÉPARATION

Choisir le programme pétrissage simple. Dans la cuve de la machine, disposer l'eau, l'huile d'olive et la levure déshydratée. Y ajouter la farine T65, le gluten et le sel. Pétrir 5 à 6 min. en première vitesse afin que tous les ingrédients soient mélangés de façon homogène. Pétrir 20 min. en deuxième vitesse : il faut que la pâte se décolle de la cuve et devienne lisse.

Ajouter les herbes de Provence et réaliser le mélange en première vitesse pendant quelques min. Sortir la pâte de la cuve et la laisser reposer sur un plan de travail pendant 1 heure, recouverte d'un linge.

Prendre la pâte et la disposer au centre d'un torchon préalablement fariné. Étaler la pâte avec la pointe des doigts jusqu'à obtenir un rectangle d'un demi-centimètre d'épaisseur. La laisser pousser pendant 1 h 20, toujours sous un linge.

À l'aide d'un couteau, découper des formes variées et les disposer sur une plaque de cuisson recouverte de papier sulfurisé. Dans un four préchauffé à 240°C (th.8), enfourner la plaque. Jeter alors un peu d'eau dans la lèchefrite chaude afin de dégager de la vapeur, puis refermer rapidement la porte du four.

Laisser cuire pendant 20 min. Surveiller la cuisson afin d'obtenir un pain bien blond.

Laisser refroidir sur une grille avant de déguster.

FINITION ET ACCOMPAGNEMENT

Ce pain aux herbes de Provence est un régal avec du fromage de chèvre.

PREPARATION

Select the simple kneading program.

In the bowl of the kneading machine, combine the water, olive oil and dry yeast. Add the flour, gluten and salt. Knead for 5 to 6 min. on first speed until all ingredients are well combined. Knead for 20 min. on second speed until the dough is smooth and pulls away from the sides of the bowl.

Add the herbs and knead on first speed for a few min. until well combined. Remove the dough from the bowl and let rest on the work surface, covered with a clean kitchen towel, for about 1 hour.

Place the dough in the center of the kitchen towel dusted with flour. Spread out the dough with your fingertips to form a rectangle of about ¼ inch thick. Cover with the towel and let rise for 1 hour and 20 min.

Preheat the oven to 475°F.

Using a sharp knife, cut slits in the dough. Transfer to a baking sheet covered with cooking parchment and place in the preheated oven. Sprinkle a little water in the drip pan underneath the baking sheet to produce a little steam, close the oven door quickly.

Cook for about 20 min. until nicely browned. Remove from the oven and let cool on a rack before tasting.

SERVING

This Provencal herb bread is delicious with goat cheese.

PIERRE**NURY**

Pierre Nury obtient son CAP de Boulanger en 1980. Depuis son installation comme artisan à Loubeyrat en 1984, il a obtenu un grand nombre de récompenses : en 1993, le premier prix à la Coupe d'Europe par équipe au Rabelais d'Or de la Gastronomie ; en 1994, le prix spécial Pain à la Coupe du Monde de la Boulangerie et, en 1997, le titre de « Un des Meilleurs Ouvriers de France ». À noter qu'il détient aussi le record du monde de la plus longue brioche : soixante-trois mètres au Guiness.

Pierre Nury obtained his C.A.P. (Certificat d'Aptitude Professionnelle) in baking in 1980. Since establishing himself as a bread artisan in Loubeyrat in 1984, he has won an impressive number of awards: first prize in the Coupe d'Europe 1993; a special bread prize in the Coupe du Monde de la Boulangerie in 1994 and 1997, and the title of « Un des Meilleurs Ouvriers de France ».
He also holds the Guiness record for the world's longest brioche – 63 meters.

INGRÉDIENTS

1 kg de farine T65 / 415 g de pâte fermentée
0,5 l d'eau / 10 g d'huile d'olive
14 g de sel / 9 g de levure de boulangerie
5 g d'herbes de Provence / 300 g d'olives noires
300 g d'olives vertes égouttées
5 cl d'huile d'olive

INGREDIENTS

2 ¼ lbs flour / 14 ½ oz fermented bread dough*
2 cups water / 2 teaspoons olive oil / 1 tablespoon salt
/ 3/8 oz bakers yeast / 1 teaspoon Provençal herbs
10 ½ oz black olives, drained / 10 ½ oz green olives,
drained / ¼ cup olive oil

MEILLEUR OUVRIER
DE FRANCE 1997

Pierre Nury, une bonne tranche de combraille.

FOURNIL 1869 • 63410 LOUBEYRAT • TÉL. +33 (0)4 73 86 55 95

PRÉPARATION

Mélanger tous les ingrédients sauf les olives.
Pétrir en première vitesse au pétrin à spirale, tout en ajoutant les olives au fur et à mesure que la pâte se corse. À l'arrêt du pétrin, partager la pâte en deux bacs, couvrir et mettre au réfrigérateur pendant 24 h.
Puis peser, laisser détendre 30 min, façonner en bâtard.

Laisser pousser environ 1h à 1h15 à température ambiante.
Mettre au four sur feuille de cuisson en faisant 2 entailles au coupe pâte.
Cuisson 20 à 25 min. à 230°C.

PRÉSENTATION

À la sortie du four, passer de l'huile d'olive au pinceau.

VIN CONSEILLÉ : AOC Les Baux de Provence rosé • La fraîcheur des agrumes affine la structure du vin • 2008 • 10°C
Mas de la Dame • (13) LES BAUX DE PROVENCE

PREPARATION

Combine all of the ingredients except the olives and ¼ cup olive oil.
Knead on first speed of a spiral-axis kneading machine, adding the olives a little at a time as the dough forms. Remove from the kneading machine, divide into two bowls, cover and refrigerate for 24 hours.
Weigh the dough into ounce pieces. Let rest for 30 minutes at room temperature and form into loaves.
Let rise for 1 to 1 ¼ hours at room temperature. Place on cooking parchment, cut two slits in the top of each loaf. Cook for 20 to 25 minutes at 450°F.

FINISHING

Remove from the oven and brush with the ¼ cup olive oil.

* Fermented bread dough -This is similar to the starter used for sourdough bread. It is simply a little of the risen dough from the last batch of bread, saved to be used as the rising agent for the next day's batch. If you do not have your own, ask your local baker for a bit of his fermented dough.

Meilleurs Ouvriers de France

MEILLEURS OUVRIERS DE FRANCE

MEILLEURS OUVRIERS DE FRANCE

desserts

desserts

OLIVIER**BAJARD**

Olivier Bajard part sur les routes de France à l'âge de quinze ans pour apprendre et pratiquer son métier auprès de grands professionnels. Il prépare de nombreux concours tout en suivant différentes formations professionnelles afin d'enrichir ses connaissances. Il rencontre quelques Meilleurs Ouvriers de France, comme Gabriel Paillasson, Alain Guinet, Bernard Huguet et Pascal Caffet. Rencontres déterminantes puisqu'il décide de passer le concours et obtient le titre de « Un des Meilleurs Ouvriers de France » en 1994, à 27 ans. En 1995, il remporte le titre de champion du monde des métiers du dessert. En 2001, il crée son entreprise de conseil et formation en pâtisserie. En 2005, l'École internationale de pâtisserie d'Olivier Bajard voit le jour, proposant aux professionnels et au grand public des formations courtes et longues.

Olivier Bajard left home to travel throughout France at the age of 15 to learn and practice his trade with great professionals. He participated in several competitions, all the while undergoing different professional training and continued to widen his knowledge. During this time, he met several Meilleurs Ouvriers de France, including Gabriel Paillasson, Alain Guinet, Bernard Huguet and Pascal Caffet; decisive encounters, leading him to participate in the MOF competition. He obtained the title of « Un des Meilleurs Ouvriers de France » in 1994 at the age of 27. In 1995 he won the title of Champion du Monde des Metiers du Dessert (World Champion of Dessert Professions). He created his own pastry consulting and training business in 2001, and in 2005, the Ecole International de Pâtisserie d'Olivier Bajard opened, offering long and short-term training sessions for professionals and the general public.

MEILLEUR OUVRIER
DE FRANCE 1994

Je souhaite que ce livre vous procure autant de bonheur et de plaisir que nous avons à communiquer, transmettre et partager notre métier qui est passion.
Amitiés gourmandes

ÉCOLE INTERNATIONALE DE PÂTISSERIE OLIVIER BAJARD • 335, RUE DOCTEUR PARCÉ • AGROSUD • 66000 PERPIGNAN
TÉL. +33 (0)4 68 38 78 85 • CONTACT@OLIVIER-BAJARD.COM

INGRÉDIENTS (pour 12 demi-sphères de 7 cm de diamètre - Insert 6 cm de diamètre)

MOUSSEUX CHOCOLAT
45 g de lait / 10 g de sucre semoule / 40 g de jaune d'œuf / 65 g de chocolat noir à 70% grand cru
110 g de crème fouettée 35% de MG

COULIS DE FRAMBOISE
170 g de purée de framboise / 20 g de sucre semoule
2 g de feuille de gélatine / 10 g d'eau

CRÈME PÂTISSIÈRE
150 g de lait / 45 g de crème 35% de MG
2 g de gousse de vanille / 30 g de sucre semoule
30 g de jaune d'œuf / 12 g de maïzena

BISCUIT CHOCOLAT
50 g de jaune d'œuf / 25 g d'œufs entiers
30 g de sucre semoule / 25 g de farine
15 g de cacao en poudre / 15 g de beurre fondu
15 g de chocolat noir à 70% / 65 g de blanc d'œuf monté / 30 g de sucre semoule / 1 g de sel

CRÈME « DIPLOMATE » AU COQUELICOT
200 g de crème pâtissière / 3 g d'arôme naturel de coquelicot/ 60 g de crème fouettée 35% de MG
200 g de cerises de Céret

FOND DE PÂTE SABLÉE
85 g de beurre pommade / 35 g de sucre glace
1 g de sel fin / 80 g de farine T55

INGREDIENTS (for 12 domes, each 2 ½-inches in diameter)

CHOCOLATE BISCUIT
1 ¾ oz egg yolk (2 ½ yolks) / 7/8 oz whole egg (½ egg)
/ 4 tablespoons granulated sugar / 3 1/2 tablespoons flour / 1 tablespoon unsweetened cocoa powder / ½ oz dark chocolate (70 %) / 1 tablespoon melted butter
/ 2 ¼ oz egg white (2 egg whites)
Pinch salt

SHORT CRUST
4 tablespoons butter, softened / 4 ½ tablespoons powdered sugar / Pinch salt
½ cup plus 3 tablespoons flour

RASPBERRY PURÉE
5 oz raspberry purée / 1 ½ tablespoons granulated sugar / 1 sheet gelatine or ½ teaspoon powdered gelatine / 2 ½ teaspoons water

PASTRY CREAM
2/3 cup milk / 3 tablespoons heavy cream
½ teaspoon vanilla seeds / 2 tablespoons granulated sugar / 1 oz egg yolk (1 ½ egg yolks)
2 ½ teaspoons cornstarch

POPPY FLAVORED "DIPLOMATE" CREAM
7 oz pastry cream (see above) / ½ tablespoon natural poppy flavoring / ¼ cup heavy cream

CHOCOLATE MOUSSE
2 ½ oz dark chocolate "grand cru" 70% / 3 tablespoons milk / 1 tablespoon granulated sugar / 2 oz egg yolk
(2 egg yolks) / Scant ½ cup whipping cream

GARNISH
7 oz Céret cherries / Raspberries
Thin chocolate sticks

RÉALISATION

MOUSSEUX CHOCOLAT : Faire bouillir le lait avec le sucre et verser sur les jaunes. Verser l'anglaise chaude sur le chocolat préalablement fondu à 50°C. Mixer puis monter la crème fouettée mousseuse. Incorporer la préparation chocolatée dans la crème fouettée.

COULIS DE FRAMBOISE : Incorporer le sucre dans la purée de framboise. Hydrater la gélatine puis la faire fondre. Incorporer la gélatine dans la purée de framboise sucrée. Garnir chaque petit gâteau de 15 g de coulis dans les demi-sphères de 6 cm de diamètre.

CRÈME PÂTISSIÈRE : Faire bouillir le lait, la crème et la vanille avec 15 g de sucre. Blanchir les jaunes avec la deuxième partie de sucre et la maïzena. Délayer l'appareil avec la moitié du lait chaud, puis verser le tout dans la casserole. Cuire au premier bouillon l'ensemble des ingrédients. Mettre à refroidir, filmer sur plaque au grand froid.

BISCUIT CHOCOLAT : Monter en fouettant les œufs, les jaunes et les sucres. Monter « au bec d'oiseau » les blancs avec le sucre et le sel. Incorporer la farine et le cacao en poudre préalablement mélangé et tamisé. Incorporer le beurre et le chocolat préalablement chauffé à 50°C. Incorporer la meringue. Couler la masse dans un moule. Cuire au four à 155°C pendant 8 min. Détailler 12 ronds de 6 cm de diamètre et 0.7 cm d'épaisseur.

CRÈME « DIPLOMATE » AU COQUELICOT : Fouetter et monter la crème pâtissière froide. Monter la crème fouettée mousseuse. Incorporer l'arôme naturel de coquelicot. Garnir chaque petit gâteau de 20 g de crème diplomate vanille, puis recouvrir de coulis de framboise. Disposer les cerises de Céret, puis un fond de biscuit chocolat.

FOND DE PÂTE SABLÉE : Monter le beurre, le sucre glace et le sel ensemble. Incorporer la farine et mélanger. Étaler la pâte à 3 mm. Cuire au four à 145°C pendant 25 min, puis détailler 12 fonds de 7 cm de diamètre.

FINITION ET ACCOMPAGNEMENT

Garnir chaque petit gâteau de 20 g de mousseux chocolat dans les demi-sphères de 7 cm de diamètre. Insérer la crème coquelicot avec le coulis. Disposer un fond de pâte sablée.

VIN CONSEILLÉ : AOC Maury rouge • Harmonie entre douceur et fraîcheur, tanins fins • 2008 • 12°C
Domaine des Soulanes • (66) MAURY

PREPARATION

CHOCOLATE BISCUIT: Combine the egg yolk, whole egg and 2 tablespoons of the sugar and whip until thickened. Sift the flour and cocoa powder together and fold into the egg mixture. Melt the chocolate to 120° F and incorporate along with the butter. Beat the egg whites with the remaining 2 tablespoons sugar and the salt until stiff. Fold into the chocolate mixture. Pour onto a parchment lined baking sheet, spreading evenly. Cook in an oven preheated to 300 °F for 8 minutes. Cut into 2 ½-inch diameter rounds.

SHORT CRUST: Beat the butter, powdered sugar and salt together. Incorporate the flour and mix well. Roll out the dough to 1/8-inch thick. Place on a baking sheet and bake in a preheated 300°F oven for 25 minutes. Cut into 3-inch rounds.

RASPBERRY PURÉE: Combine the raspberry purée with the sugar. Soak the gelatine sheet in a cold water, squeeze out excess water, then melt. Stir into the raspberry purée along with the water. Ladle 1 tablespoon of the purée into silicone domes, place in the freezer.

PASTRY CREAM: Combine the milk, cream, vanilla and half of the sugar in a saucepan, and bring to a boil. Beat the egg yolks with the remaining sugar and cornstarch until thickened and light lemon yellow. Pour about half of the warm milk mixture into the egg yolks, then pour back into the saucepan with the remaining milk/cream and bring to a boil. Remove from the heat, pour into a bowl, cover with plastic wrap and refrigerate.

POPPY FLAVORED "DIPLOMATE" CREAM: Whisk the chilled pastry cream until smooth and stir in the poppy flavoring. Whip the cream and fold into the pastry cream.

CHOCOLATE MOUSSE: Melt the chocolate to 120° F. Combine the milk and sugar, bring to a boil and pour over the egg yolk. Pour the warm milk/egg mixture over the chocolate. Whip the cream. Fold the chocolate mixture into the whipped cream.

ASSEMBLING

Fill each (2 ½-inch) dome with ¾ oz (about 1 ½ tablespoons) of the chocolate mousse. Cover with a round of the raspberry purée. Fill the center with ¾ oz (about1 ½ tablespoons) of the diplomate cream, stud with the cherries, then cover with a disk of chocolate biscuit. Finish with a round of the short crust. Unmold and decorate each dome with a raspberry and a thin chocolate sticks.

BRUNO**CORDIER**

Né en 1966, Bruno Cordier s'est distingué dans le domaine de la sculpture sur glace : en 1992, dans le port de La Rochelle, il participe à la réalisation d'une sculpture sur glace de soixante-dix tonnes représentant la Santa Maria de Christophe Colomb ; en 1998, il réalise à Disneyland une sculpture sur glace de dix-sept tonnes pour Michael Jackson. Il obtient la distinction de Meilleur Ouvrier de France Glacier en 1997. Installé à Orléans, il est aujourd'hui à la tête d'une entreprise de dix-huit salariés, dispense des formations à l'étranger et est Ambassadeur Cacao Barry.

Born in 1966, Bruno Cordier has distinquished himself in the field of ice carving.
In 1992, in the port city of La Rochelle, he participated in the creation of a 70-ton ice sculpture representing Christopher Columbus's Santa Maria. In 1998, at Disneyland, he made a 17-ton ice carving for Michael Jackson. He obtained the distinction of Meilleur Ouvrier de France Glacier in 1997. Today he heads a company with 18 employees located in the city of Orléans. He frequently gives training sessions around the world and is an « Ambassadeur Cacao Barry. »

INGRÉDIENTS
1 l de sorbet exotique / ½ l de sorbet framboise
½ l de crème glacée fraise coquelicot
2 disques de biscuit « dacquoise pistache »

½ mangue / 2 physalis / 4 grappes de groseilles
20 plaquettes de chocolat
Nappage pour glace

INGREDIENTS
1 quart exotic fruit sorbet / 1 pint strawberry/poppy ice cream / 1 pint raspberry sorbet / 2 rounds pistachio "dacquoise" sponge cake / Glaze

½ mango / 2 physalis (or cape gooseberries)
4 bunches red currants / 20 chocolate squares

Un ouvrage qui rassemble tous les métiers de la Gastronomie Française si convoitée à travers le monde et tant enviée, un travail de ces Grands chefs dont le dévouement, le sérieux, la compétence ne sont plus à démontrer

MEILLEUR OUVRIER
DE FRANCE 1997

PÂTISSERIE CORDIER • 20, RUE BANNIER • 45000 ORLÉANS • TÉL. +33 (0)2 38 53 74 43
CORDIER.MOF@WANADOO.FR • WWW.CORDIER-MOF.COM

PRÉPARATION

Pour le montage, mettre 2 cercles en inox au congélateur une 1/2 h.
Poser les cercles sur une plaque en inox recouverte d'une feuille de papier sulfurisé.
Chemiser les cercles de sorbet exotique, déposer la crème glacée fraise coquelicot, insérer une couche de sorbet framboise, finir par le disque de biscuit dacquoise pistache.
Remettre au congélateur 2 h minimum.
Retourner les cercles sur un carton rond (le biscuit se trouve donc maintenant dessous).

Retirer les cercles en les chauffant légèrement. Recouvrir les entremets glacés de glaçage pour glace.

PRÉSENTATION

Décorer harmonieusement avec les fruits frais et les plaquettes de chocolat. Conserver au congélateur jusqu'au dernier moment.

VIN CONSEILLÉ : AOC Bugey Cerdon • Arômes de framboise et bulles légères, peu d'alcool... • 2008 • 8°C
Clos de la Bierle • (01) PONCIN

PREPARATION

Place 2 stainless-steel rings in the freezer for 30 minutes. Meanwhile, remove the sorbets and ice cream from the freezer to let them soften to a spreading consistency. Remove the rings from the freezer and place on a stainless-steel baking sheet covered with cooking parchment.
Line each ring with a layer of the exotic fruit sorbet. Add a layer of the strawberry/poppy ice cream to each Top with a layer of raspberry sorbet, and then place a disk of the pistachio dacquoise sponge cake on each. *
Place in the freezer for 2 hours. Remove the rings from the freezer and invert each onto a sturdy round of cardboard. (The pistachio spongecake should now be on the bottom.)

Warm the outside of the rings gently and carefully lift off the rings. Cover the chilled cakes with a glaze for ice cream.

SERVING

Decorate each ice cream cake with mango, cape gooseberries, currants and the chocolate squares. Keep in the freezer until just before serving.

MICHEL**DEVILLE**

INGRÉDIENTS

SORBET PLEIN FRUIT POIRE DE SAVOIE
200 g de sirop / 30 g de glucose atomisé / 170 g de sucre / 4 g de stabilisateur / 800 g de pulpe de poire de Savoie

SORBET CHOCOLAT
2 l d'eau / 40 g de poudre à lait à 0% de MG 150 g de sucre inverti / 500 g de sucre / 14 g de stabilisateur / 650 g de chocolat à 80% de cacao 60 g de Grande Chartreuse cuvée Meilleur Ouvrier de France

POIRE AU VIN ROUGE MONDEUSE
800 g de vin rouge Mondeuse / 500 g de sucre 250 g de glucose / 800 g de poire en petites billes (réalisées à l'aide d'une cuillère à pomme parisienne) / 4 clous de girofle / 1 étoile de badiane / 1 bâton de cannelle

BISCUIT AMANDES
2 blancs d'œuf / 125 g de sucre glace / 125 g de poudre d'amande / 2 jaunes d'œufs / 2 œufs 20 g d'alcool de kirsch / 5 g de vanille liquide

Michel Deville s'installe en 1981 dans sa ville natale de Thonon-les-Bains. Son palmarès est éloquent : premier au Concours Glace « Mains d'or » à La-Roche-sur-Foron Annecy en 1992, 1993 et 1994, premier au Concours Glace « Bol d'or » à Paris en 1992, 1993 et 1994, troisième à la Coupe de France de Sculpture sur Glace au Grand Bornand, premier au Concours International des Métiers de Bouche à Lyon, au SIRHA. Michel Deville est finaliste du concours M.O.F. glacier en 1993 et décroche le titre en 1997.

Michel Deville opened his shop in 1981 in his native town of Thonon-les-Bains. His list of honors speaks for itself: First prize in the "Mains d'Or" ice cream competition in La-Roche-sur-Foron near Annecy in 1992, 1993, and 1994; First prize, in the "Bol d'Or" ice cream competition in Paris in 1992, 1993, and 1994; Third prize in the Coupe de France for Ice Carving in Grand Bornand; First place in the International Metiers de Bouche competition at Lyon's prestigious SIRHA conference. In 1993, Michel Deville was a finalist in the ice cream section of the MOF competition before winning the title of MOF in 1997.

INGREDIENTS

PEAR SORBET
7 oz pear syrup (3 ½ oz pear juice, 3 ½ oz sugar, boiled together and cooled) / 1 oz powdered glucose / ¾ cup + 2 tablespoons granulated sugar 1/8 oz stabilizer / 28 oz Savoy pear pulp or purée

CHOCOLATE SORBET
8 cups water / 1 1/3 oz powdered milk (0% fat) 5 ½ oz inverted sugar / 2 ½ cup sugar / 1/2 oz stabilizer / Scant 1 ½ lbs dark chocolate (80% cocoa), chopped / ¼ cup Grande Chartreuse liqueur, preferably Cuvée Meilleur Ouvrier de France

PEARS IN RED MONDEUSE WINE
3 1/4 cup red wine, preferably Mondeuse 2 1/2 cup granulated sugar / 8 1/2 oz glucose 1 ¾ lbs pears balls (formed with a melon baller) 4 whole cloves / 1 star anise / 1 cinnamon stick

ALMOND BISCUIT
1 cup powdered sugar / 1 cup almond powder 2 egg yolks / 2 whole eggs / 1 ½ tablespoons Kirsch or other cherry brandy / 1 teaspoon vanilla extract / 2 egg whites

MEILLEUR OUVRIER
DE FRANCE 1997

Etre Meilleur Ouvrier de France représente pour moi l'excellence.

MICHEL DEVILLE • 5, SQUARE ARISTIDE BRIAND • 74200 THONON LES BAINS • TÉL. +33 (0)4 50 71 04 31

PRÉPARATION

SORBET PLEIN FRUIT POIRE DE SAVOIE : Chauffer dans une casserole le sirop, le glucose atomisé. Ajouter à 45°C le sucre et le stabilisateur préalablement mélangé. Porter à 85°C, mixer, verser sur la pulpe de poire - maturation 24 h au frigo. Turbiner.

SORBET CHOCOLAT : Chauffer l'eau, la poudre à lait, le sucre inverti ensemble. À 45°C, incorporer le sucre et le stabilisateur préalablement mélangés Porter à 80°C, verser sur le chocolat, mixer, laisser maturer 24 h au frigo. Incorporer la Chartreuse au moment du turbinage.

POIRE AU VIN ROUGE MONDEUSE : Porter à ébullition le vin rouge, le sucre, le glucose pendant 3 min. Verser sur les poires, les clous de girofles, la badiane et la cannelle. Laisser macérer 24 h, puis retirer les épices.

BISCUIT AMANDES : Monter les blancs en neige, mélanger le reste des ingrédients ensemble puis incorporer les blancs montés. Dresser sur plaque, cuire à 180°C (2 x 6 min.) four ventilé.

PRÉSENTATION

Disposer une plaque de biscuit dans un cadre métallique. Couvrir avec le sorbet chocolat. Mettre au congélateur. Compléter avec une couche de sorbet poire, lisser à la spatule et remettre au congélateur. Trancher en parts généreuses, décorer chaque part avec une plaquette chocolat. Ranger harmonieusement les billes de poires. Décorer les assiettes d'un peu de jus de poire au vin rouge épicé.

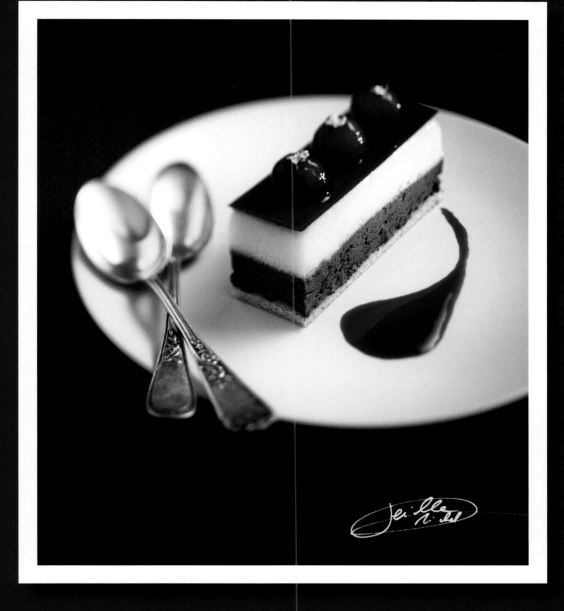

VIN CONSEILLÉ : AOC Crépy « Cuvée tardive de décembre 2005 » • Moelleux élégant, rondeur, souplesse • 2005 • 8°C
Domaine de la Grande Cave • (74) DOUVAINE

PREPARATION

PEAR SORBET: In a saucepan, heat the pear syrup and the powdered glucose together. Combine the sugar and stabilizer. When the pear syrup reaches 115°F, stir in the sugar/stabilizer mixture, and heat to 185°F. Pour over the pear purée. Chill for 24 hours. Process in the sorbet machine.

CHOCOLATE SORBET : Combine the water, milk powder and inverted sugar in a saucepan, and heat to 115°F. Combine the sugar and stabilizer, add to the water/milk mixture and bring to 175°F. Place the chocolate in a bowl, pour the warm mixture over it, stirring until the chocolate melts. Refrigerate for 24 hours. Stir in the Chartreuse just before processing in the sorbet machine.

PEARS IN RED MONDEUSE WINE: Combine the red wine, sugar and glucose, bring to a boil and boil for 3 minutes. Pour over the pears, cloves, star anise and cinnamon. Let rest for 24 hours, remove the spices.

ALMOND BISCUIT: Combine the sugar, almond powder, egg yolks, whole eggs, kirsch and vanilla. Whip the egg whites. Fold the egg whites into the batter, turning gently until just combined. Spread onto a baking sheet, and cook at 355°F for 2 to 6 minutes in a convection oven.

ASSEMBLING

Place the sheet of almond biscuit in a metal cake frame. Spread a layer of the chocolate sorbet evenly over. Place in the freezer. Spread a layer of the pear sorbet evenly over the top and return to the freezer. Slice into generous portions, and decorate each serving with a chocolate "plaquette". Arrange the pear balls attractively over the top. Decorate each plate with a little of the spiced red wine/pear juice.

JEAN-PAUL**HÉVIN**

Arrivé en retard à son examen d'électronique, le jeune Jean-Paul Hévin se tourne alors vers l'univers de la pâtisserie et de la chocolaterie. Joli coup de pouce du destin puisque, son CAP en poche, il trace ensuite un parcours semé de rencontres essentielles : Joël Robuchon qu'il côtoie pendant sept ans, Lucien Peltier pour qui il ouvre une boutique à Tokyo. De retour en France en 1986, il gagne ses galons et le col tricolore des Meilleurs Ouvriers de France, section pâtisserie-confiserie. Fort de cette consécration, Jean-Paul Hévin se lance à son compte et ouvre sa première boutique en 1988 au 16, avenue de la Motte-Picquet, dans le septième arrondissement de Paris. Première pierre d'un édifice qui ne tardera pas à grandir avec d'autres boutiques en France et au Japon.

Jean-Paul Hévin arrived late for an exam in electronics, which was the little nudge of destiny that would head him into a completely different universe – that of pastry and chocolate – in which he has become a great talent. After earning a C.A.P. (Certificat d'Aptitude Professionnelle), Jean-Paul Hévin's path was strewn with essential encounters: Joël Robuchon, whom he frequented for seven years, Lucien Peltier, for whom he would open a boutique in Tokyo. He returned to France in 1986, and earned his stripes and the tri-color collar of the Meilleurs Ouvriers de France, in pastry-confectionery. Boosted by this recognition, Jean-Paul Hévin opened his first boutique in 1988 at 16 avenue de la Motte-Piquet, in Paris's 7th arrondisssement, the cornerstone of a venture that would quickly grow with the opening of other boutiques in France and Japon.

MEILLEUR OUVRIER
DE FRANCE 1986

Acquérir le titre de Meilleur Ouvrier de France est une expérience unique. C'est se dépasser à tout point de vue. Aujourd'hui, mon insatiable curiosité me pousse à en apprendre plus chaque jour et à transmettre l'art de l'artisanat qui m'anime.

JEAN-PAUL HÉVIN CHOCOLATIER • 23, BIS AVENUE DE LA MOTTE-PIQUET • 75007 PARIS
TÉL. +33 (0)1 45 51 33 52 • JPHEVIN@JPHEVIN.COM • WWW.JPHEVIN.COM

INGRÉDIENTS (pour un cadre 40x60cm, hauteur 4,5cm)

1. FEUILLETINE
135 g de jaunes d'œufs / 330 g de sucre / 360 g de beurre mou / 8 g de sel / 240 g de gruau / 30 g de poudre à lever / 120 g de chocolat (50% caraque / valrhona – 50% araguani / valrhona) / 450 g de feuilletine / 60 g de beurre de cacao / 600 g de chocolat (50% caraque / valrhona – 50% araguani / valrhona) / 750 g de pâte de noisettes

2. BISCUIT EXTRA-AMER
170 g de pâte d'amandes crues / 85 g d'œufs frais 105 g de sucre glace / 135 g de jaunes d'œuf frais / 125 g de blancs d'œuf non sucrés / 20 g de sucre semoule / 85 g de cacao en poudre / 85 g de beurre fondu

3. CRÉMEUX PRALINÉ
140 g de crème fleurette 35% MG / 8 g (4 feuilles) de gélatine / 950 g de praliné / 460 g de crème fleurette 35% MG

4. MOUSSE CHOCOLAT
400 g d'eau / 120 g de poudre de lait / 480 g de jaunes d'œufs non sucrés / 60 g de glucose / 40 g de sucre semoule / 800 g de chocolat extra-bitter 200 g de cacao pâte / 1400 g de crème montée

5. DÉCORS
miroir : 50 g de chocolat (caraque calrhona) / 10 g de cacao pâte / 100 g de pâte à glacer noire / 50 g de lait entier / q.s. de colorant rouge / 50 g de gel neutre

6. VAGUE EN CHOCOLAT
200 g de couverture amère • noisettes : 100 g d'isomalt / 20 noisettes

INGREDIENTS (for a 24 x 16 x 2-inch sheet cake)

4¾ oz (about 7) egg yolks / 1 2/3 cups sugar / 12½ oz butter, softened 1 1/2 teaspoons salt / 1 ¾ cups flour / 2 ½ tablespoons baking powder / 4 ¼ oz chocolate (preferably 50% Caraque /Valrhona – 50% Araguani /Valrhona), melted / 15 ¾ oz « feuilletine »* 2 1/8 oz cocoa butter / 1 1/3 lbs chocolate (50% Caraque / Valrhona – 50% Araguani /Valrhona) / 1 5/8 lbs hazelnut paste

EXTRA-BITTER CHOCOLATE SPONGE CAKE
5 oz raw almond paste / 2 oz whole (about 2 small) eggs / 4 ¾ oz (about 7) egg yolks / ¾ cup + 2 tablespoons powdered sugar 4 3/8 oz (about 4) egg whites / 1 ½ tablespoon granulated sugar ¾ cup unsweetened cocoa powder / 5 ½ tablespoons melted butter

PRALINE CREAM
2/3 cup heavy cream / 4 gelatine leaves or 2 teaspoons powdered gelatine / 2 lbs praline paste / 2 cups cold heavy cream

CHOCOLATE MOUSSE
1¾ cups water / 4¼ oz powdered milk / 16 ¾ oz (about 24) egg yolks / 2 oz glucose / 3 tablespoons granulated sugar / 1 ¾ lbs extra-bitter chocolate, melted / 7 oz cocoa paste / 6 cups heavy cream, lightly whipped

DECORATION
« Miroir » chocolate glaze / 1 ¾ oz chocolate (preferably Caraque Valrhona) / 3/8 oz cocoa paste / 3 ½ oz dark chocolate glaze ¼ cup whole milk / Pinch red food coloring / 1 ¾ oz unflavored glaze

CHOCOLATE RIPPLES
7 oz dark chocolate, melted and tempered

HAZELNUTS
3 ½ oz « Isomalt » / ¾ oz hazelnuts

RÉALISATION

1. FEUILLETINES : monter les jaunes au sucre. Ajouter le beurre ramolli et le sel. Ajouter le gruau et la poudre à lever, puis le chocolat. Laisser reposer minimum 12 h. Détailler en 4 mm d'épaisseur puis cuire 20 min. à 170°C. Prendre 1050 g de pâte et ajouter la feuilletine, le beurre de cacao, le chocolat et la pâte de noisettes. Mélanger et étaler dans le cadre.

2. BISCUIT EXTRA-AMER : monter la pâte d'amandes, les œufs, le sucre et les jaunes. En parallèle, monter les blancs et le sucre. Incorporer le cacao poudre au premier appareil puis prendre un ¼ de ce dernier et ajouter le beurre fondu. Mélanger à nouveau puis incorporer les blancs. Cuire au four à 260°C pendant 5 à 6 min.

3. CRÉMEUX PRALINÉ : faire chauffer les 200 g de crème fleurette et y ajouter la gélatine (préalablement ramollie dans de l'eau froide). Verser un peu de ce mélange sur le praliné. Emulsionner au mélangeur à l'aide de la feuille et stabiliser cette émulsion en ajoutant doucement le reste de crème fleurette froide. Le résultat doit être très brillant et très élastique.

4. MOUSSE CHOCOLAT : mélanger l'eau, la poudre de lait, les jaunes, le glucose et le sucre. Pocher au bain-marie jusqu'à épaississement puis monter au batteur. Ajouter le chocolat préalablement fondu puis la crème montée molle.

5. DÉCORS :
Glaçage : faire bouillir le lait et le colorant puis ajouter le chocolat, le cacao pâte et la pâte à glacer préalablement fondus. Terminer par l'incorporation du gel neutre fondu.
Vague en chocolat : tremper dans le chocolat le rhodoïd de 2 cm de hauteur (longueur proportionnelle à celle de l'entremets). Le déposer sur une plaque à gouttière à tuiles. Noisettes tirées dans de l'isomalt un peu épais.

FINITION ET MONTAGE

Disposer dans un cadre une couche de feuilletine, puis une couche de mousse de chocolat. Ajouter le crémeux, puis une plaque de biscuit. Terminer par une couche de mousse au chocolat. Lisser et réserver au froid 12 h. Détailler et glacer avec le glaçage. Décorer de chocolat et de noisettes caramélisées.

VIN CONSEILLÉ : AOC Rivesaltes « Aimé Cazes » VDN • Des notes de tabac, miel, épices, fruits secs enrobés de suavité
1973 • 6°C • Domaine Cazes Rivesaltes (66)

PREPARATION

FEUILLETINE: Beat the egg yolks with the sugar. Add the softened butter and salt. Fold in the flour and baking powder. Stir in the melted chocolate. Cover and refrigerate for at least 12 hours. Roll out the dough to about 1/8inch thick. Place on a baking sheet and bake for 20 minutes in a preheated 325°F oven.

Measure out 2 1/3 lb of this dough and add the feuilletine, cocoa butter, chocolate and hazelnut paste. Combine thoroughly and spread into the bottom of the cake frame.

EXTRA-BITTER CHOCOLATE SPONGE CAKE: In a bowl, combine the almond paste, eggs, egg yolks and powdered sugar, and beat well together. At the same time, combine the egg whites and granulated sugar and beat to stiff peaks. Fold the cocoa powder into the first mixture. Remove about ¼ of this mixture and add to the melted butter. Fold back into the first mixture along with the egg whites. Bake in a preheated 500°F oven for 5 to 6 minutes.

PRALINE CREAM: Heat ¾ cup cream. Soften the gelatine in a little cold water, squeeze out the excess water (if using leaves), and add the gelatine to the warm cream. Pour a little of this mixture over the praliné, place in a mixer bowl and combine with the paddle attachment. Slowly add the cold cream. The mixture should be very bright and elastic.

CHOCOLATE MOUSSE: Combine the water, milk powder, egg yolks, glucose and sugar in a double boiler and warm, stirring constantly, until the mixture begins to thicken. Transfer to a bowl and beat with an electric beater until the mixture it very thick and full. Fold in the melted chocolate and the whipped cream.

DECORATION:

Glaze: Melt the chocolate, cocoa paste, and chocolate glaze together in a double boiler. Bring the milk and food coloring to a boil. Combine the two mixtures, and stir in the glaze.

Chocolate waves: Dip a band of rhodiod plastic ribbon (1 inch wide and the length proportionate to that of the cake) in the melted chocolate. Place it on a tuile pan, or arrange in a waves on a baking sheet to set.

Prepare the hazelnuts in the isomalt – slightly thickened.

ASSEMBLING AND FINISHING

Spread a layer of the chocolate-hazelnut feuilletine evenly over the bottom of a rectangular cake frame. Cover with a layer of half of the chocolate mousse. Add the praline cream, then top with the sponge cake, trimmed to fit the frame, if necessary. Top with a second layer of the chocolate mousse. Refrigerate for 12 hours. Remove the cake from its frame. Glaze with the mirror glaze. * Cut into portion sizes and decorate with the chocolate waves and the caramelized hazelnuts.

ARNAUD**LARHER**

INGRÉDIENTS (pour 8 personnes)

PÂTE SABLÉE NOISETTE CANNELLE
300 g de beurre pommade / 84 g de sucre glace
2 œufs / 8 g de cannelle / ½ citron râpé / 166 g de
poudre de noisettes brutes / 84 g de sucre glace
333 g de farine Type 45

COMPOSITION DE LA GELÉE DE FRAMBOISE
500 g de purée de framboise / 75 g de sucre

6 feuilles de gélatine

PUNCH VANILLE
126 g de sucre / 216 g d'eau
2 g de vanille poudre

COMPOSITION DU BISCUIT CUILLÈRE
150 g blanc / 125 g sucre
100 g jaunes / 125 g farine

MOUSSE PANACOTTA
600 g de crème fleurette / 96 g de sucre / 44 g
de beurre / 1 gousse de vanille / 20 g de gélatine
Quelques gouttes d'amande amère / 600 g de crème
fleurette montée

FINITION
100 g de chocolat blanc fondu / 100 g de chocolat
blanc imprimé de rouge

Arnaud Larher commence sa formation chez Monsieur Guillerm, maître pâtissier qui lui a transmis sa passion et l'a poussé jusqu'en finale du concours de Meilleur Apprenti de France. Il arrive à Paris en 1991 chez Peltier en tant que commis pâtissier. En 1992, il occupe le poste de responsable des pâtes Aux délices de Longchamp. De 1993 à 1997, chef de poste chez Fauchon, il occupe diverses fonctions : décors, fabrication des gâteaux, préparation des pâtes... Puis lui vient l'envie de s'installer : en janvier 1997, il reprend la pâtisserie Le Péché Mignon avec son épouse, puis ouvre quasiment dans la foulée une deuxième boutique. Arnaud Larher a reçu de nombreux prix dont celui de « Un des meilleurs ouvriers de France » en 2007.

Arnaud Larher began his training with Mr. Guillerm, a master pastry chef who passed on his passion for the profession and encouraged his protégé to compete in and work up to the finals of the Meilleur Apprenti de France competition. He came to Paris in 1991 to work as commis pâtissier *at the Peltier pastry shop. In 1992, he was director of doughs at « Aux délices de Longchamp ». From 1993 to 1997, he held the position of* chef de poste *at Fauchon with diverse responsibilities including decoration, cake making, and the preparation of doughs. He decided to open his own business, taking over the « Péché Mignon » with his wife in January 1997, quickly followed by a second boutique opened nearly simultaneously Arnaud Larher has won numerous prizes and honors, including the title of « Meilleur Ouvrier de France » in 2007.*

INGREDIENTS (for 8 servings)

HAZELNUT-CINNAMON SHORT CRUST
1 1/3 cups butter, creamed / 9 ½ tablespoons
powdered sugar / 2 eggs / 1 ½ teaspoons cinnamon
Grated zest of ½ lemon / 5 ¾ oz hazelnut powder
¾ cup powdered sugar / 2 ½ cups flour

RASPBERRY JELLY
17 ½ oz raspberry purée / 6 tablespoons sugar
6 sheets gelatine or 3 teaspoons powdered gelatine

VANILLA SYRUP
2/3 cup sugar / 1 cup water
1 teaspoon vanilla powder

BISCUIT CUILLÈRE/SPONGE CAKE
5 ¼ oz (about 5) egg whites / 2/3 cup sugar
3 ½ oz (about 5) egg yolks / 1 cup flour

PANACOTTA MOUSSE
2 ½ cups heavy cream / ½ cup sugar / 3 tablespoons
butter / 1 vanilla bean, split and scraped
5 teaspoons powdered gelatine / A few drops bitter
almond essence / 2 ½ cups heavy cream, whipped

FINISHING
3 ½ oz white chocolate, melted
3 ½ oz white chocolate squares with red transfers

MEILLEUR OUVRIER
DE FRANCE 2007

Je suis toujours très heureux de pouvoir montrer le savoir-faire de notre beau métier, la pâtisserie. Régalez-vous à travers ce magnifique ouvrage.

PÂTISSERIES • 53, RUE CAULAINCOURT • 75018 PARIS • TÉL. +33 (0)1 42 57 68 08
HTTP://WWW.ARNAUD-LARHER.COM/ • CONTACT@ARNAUD-LARHER.COM

RÉALISATION

PÂTE SABLÉE NOISETTE CANNELLE : dans la cuve, pommader le beurre puis ajouter les ingrédients un à un dans l'ordre établi. Mélanger le tout sans casser la pâte. Passer 2h de frigo et étaler à 3 cm au rouleau. Garnir des cercles à tarte. Poser une feuille de papier cuisson au fond puis une charge (plombs ou noyaux) et cuire 18 à 20 min. à 160°C.

LA GELÉE DE FRAMBOISE : mettre les feuilles de gélatine 20 min. dans de l'eau froide puis bien les égoutter, mélanger ensemble la purée de framboise et le sucre puis en chauffer une partie afin d'y ajouter la gélatine. Remettre les deux mélanges ensemble et lisser au fouet. Réserver 2 h au frigo.

PUNCH VANILLE : verser les ingrédients dans une casserole et porter à ébullition.

PRÉPARATION DU BISCUIT CUILLÈRE : monter les blancs, serrer avec le sucre puis à la spatule souple, ajouter les jaunes et la farine. Étaler à 1 cm sur une feuille de papier cuisson puis cuire 12 min. dans un four ventilé à 170°C.

MOUSSE PANACOTTA : faire fondre la crème à 50°C, le sucre, le beurre, la vanille puis ajouter la gélatine essorée. Refroidir la préparation à 26°C, ajouter l'amande amère puis la crème fleurette et couler dans les moules carré de la forme d'un glaçon. Mettre au froid.

MONTAGE ET PRÉSENTATION

Badigeonner le fond sablé avec du chocolat blanc, verser la gelée à moitié prise puis déposer un disque de biscuits cuillère imbibés de punch vanille et le recouvrir de gelée.

Au milieu de la tarte, poser les cubes de panacotta. Ranger les framboises et disposer les carrés de chocolat.

TARTE VALERO

VIN CONSEILLÉ : AOC Champagne rosé • L'élégance de la robe laisse deviner la finesse des arômes de fruits rouges • 6°C
Maison Agrapart & fils • (51) AVIZE

PREPARATION

HAZELNUT-CINNAMON SHORT CRUST: Soften the butter to creamy consistency in the bowl of an electric mixer. Add the remaining ingredients in the order listed. Combine well, without overworking the dough. Cover and refrigerate for 2 hours. Roll out 1 inch thick. Fill tart rings. Place a round of cooking parchment in each ring, fill with pie weights and bake for 18 to 20 minutes in a preheated 325°F oven.

RASPBERRY JELLY: Soak the gelatine in a little water for 20 minutes. Mix the raspberry purée with the sugar and warm part of the mixture before adding the gelatine. Combine the two mixtures and whisk until smooth. Refrigerate for 2 hours.

VANILLA SYRUP: Combine the sugar, water and vanilla in a saucepan and bring to a boil.

BISCUIT CUILLÈRE/SPONGE CAKE: Beat the egg whites until stiff and whisk in the sugar. Fold in the egg yolks and the flour. Pour the mixture onto a baking sheet covered with cooking parchment and spread in an even 3/8-inch layer. Bake in a preheated 350°F convection oven for 12 minutes.

PANACOTTA MOUSSE: In a saucepan, combine the cream, sugar, butter and vanilla and heat to 125°F. Soak the gelatine in a little water, and add to the warm cream mixture, stirring. Cool the mixture to 80°F. Add the bitter almond essence and the whipped cream. Pour into square molds the size and shape of small ice cubes. Chill.

ASSEMBLING AND SERVING

Brush the tart shells with the melted white chocolate. Fill the tarts with the raspberry jelly not yet fully set. Trim the biscuit cuillère to the size of the tarts and soak in the vanilla syrup; place on top of the raspberry jelly. Cover with another layer of jelly. Place cubes of the panacotta in the center of each tart. Add the white chocolate squares and raspberries.

GEORGES**LARNICOL**

Georges Larnicol est né en 1955 de père pâtissier. Il suit des études de mathématiques tout en aidant son père, qui a la bonne idée de l'inscrire au CAP de pâtissier en candidat libre. Après diverses expériences professionnelles (corderie d'art, peinture, etc.), un problème cardiaque l'oblige à changer d'activité. Il suit alors l'exemple de son père et ouvre en 1985 sa première pâtisserie à Quimper. En 1994, après de nombreux concours, il est consacré « Un des meilleurs ouvriers de France ». En 1998, Georges Larnicol ouvre à Concarneau un magasin présentant ses produits en libre-service. Le concept est porteur : d'autres magasins suivent et, en 2005, l'acquisition d'un laboratoire de production de quatre mille mètres carrés confirme l'expansion de l'entreprise, aujourd'hui présente en Bretagne, en Loire-Atlantique et en Gironde.

Georges Larnicol, son of a pastry chef, was born in 1955. He studied mathematics while helping his father, who had the idea of registering his son to take the C.A.P. (Certificat d'Aptitude Professionnelle) as an external candidate. After a variety of professional experiences, including painting and artistic hangings, a heart problem forced him to change activity and to return to the path his father had begun to trace for him. In 1985, he opened his first pastry shop in Quimper. In 1994, after participating in many competitions, he became Meilleur Ouvrier de France, a consecration. An idea of opening a self-service shop featuring his products became reality in 1998 in Concarneau. After opening several other stores based on the same concept, he took over a 4000m2 production kitchen allowing further expansion. Today, his concept reaches beyond the frontiers of Brittany, and is present in the Loire Atlantiaue and the Gironde departments.

MEILLEUR OUVRIER
DE FRANCE 1994

Le partage nous enrichit, ce livre est la concrétisation de cette pensée.

BISCUITERIE-CHOCOLATERIE LARNICOL • 9, RUE VAUBAN • VILLE CLOSE • 29900 CONCARNEAU
TÉL. +33 (0)2 98 60 46 87 • WWW.LARNICOL.COM

INGRÉDIENTS

BISCUIT GÂTEAU BRETON
37 g de jaunes d'œuf / 100 g de sucre blanc semoule
75 g de sucre Vergeoise / 75 g de beurre de baratte doux / 100 g de beurre de baratte ½ sel / 200 g de farine de froment / 50 g de farine de blé noir

COMPOTÉE DE FRAISES DE PLOUGASTEL AU BASILIC 300 g de fraises de Plougastel bien mûres / 100 g de sucre / 5 g de pectine / 1 pincée de basilic ciselé

POÊLÉE DE POMMES AU MIEL DE LAVANDE
3 pommes Granny Smith / 50 g de sucre semoule
40 g de miel de lavande / 30 g de beurre frais
1 pincée de sel

QUENELLE DE CRÈME AU CARAMEL BEURRE SALÉ 400 g de lait entier / 200 g + 100 g de beurre fermier / 300 g de sucre roux / 300 g de glucose / 6 g de fleur de sel de Guérande / 60 g de C.B.S. / 200 g de crème fraîche liquide

CITRONNELLE MERINGUÉE
50 g de blanc d'œuf / 70 g sucre feuilles de citronnelle

DÉCORS CHOCOLAT (facultatif)
100 g de couverture chocolat à 70 % de cacao

INGREDIENTS

BRITTANY TART SHELL
1½ cups flour / 1/3 cup +1 tablespoon buckwheat flour / 1 ¼ oz (about 2) egg yolks ½ cup granulated sugar / 9 tablespoons light brown sugar / 1/3 cup fresh sweet butter, softened / 7 tablespoons fresh salted butter, softened

STRAWBERRY AND BASIL COMPOTE
10 ½ oz very ripe strawberries, preferably from Plougastel / ½ cup granulated sugar / 1 teaspoon pectin / Pinch finely shredded basil

APPLES SAUTÉED IN LAVENDER HONEY
3 Granny Smith apples / ¼ cup granulated sugar
3 tablespoons lavender honey / 2 tablespoons fresh butter / Pinch salt

SALTED-BUTTER CARAMEL
1 2/3 cups whole milk / 21 tablespoons farm butter
1 ½ cups brown sugar / 10 ½ oz glucose
1 ¼ teaspoons fleur de sel from Guérande or other fine sea salt

QUENELLE OF SALTED-BUTTER CARAMEL
2 1/8 oz Salted-Butter Caramel (above) / ¾ cup liquid crème fraîche or heavy cream

LEMONGRASS MERINGUE
1 ¾ oz (about 2) egg white / ½ tablespoons sugar
Lemongrass stalks

DECORATION (optional)
3 ½ oz baking chocolate (70 % cocoa)

RÉALISATION

BISCUIT GÂTEAU BRETON : mélanger les deux farines, les verser sur la table et en faire un nid ; au centre du nid, mélanger rapidement les jaunes d'œufs et les sucres. Les faire légèrement blanchir, ajouter à ce mélange les beurres ramollis, petit à petit, rabattre la farine et la mélanger grossièrement avec le beurre + les œufs + le sucre, ramasser l'ensemble en boule au réfrigérateur, pendant 1 h, sous film étirable, étaler la pâte sur 5 mm d'épaisseur et en garnir des moules à tarte, laisser cuire 10 min. à 155 °C. Démouler après léger refroidissement.

COMPOTÉE DE FRAISES DE PLOUGASTEL AU BASILIC : mettre les fraises dans une casserole. Y ajouter le mélange sucre + pectine, cuire à petit feu tout en remuant sans cesse avec un fouet durant environ 20 min. jusqu'à consistance d'une confiture, réserver au froid, filmer, à froid, ajouter une pincée de basilic en lamelles. Cette préparation peut être utilisée comme confiture.

POÊLÉE DE POMMES AU MIEL DE LAVANDE : couper les pommes en lamelles, faire fondre et mélanger le sucre, le beurre et le miel. Ajouter une pincée de sel. Cuire les pommes dans une portion du mélange. Ne pas les remuer. Les retirer lorsqu'elles sont bien dorées, garnir un moule demi-sphérique, comprimer et glacer au congélateur (5 min). Réserver au réfrigérateur.

QUENELLE DE CRÈME AU CARAMEL BEURRE SALÉ : porter le lait, 200 g de beurre et 300 g de sucre roux à ébullition, y ajouter les 300 g de glucose fondus au micro-ondes (surtout ne pas cuire), bien mélanger. Porter ce mélange jusqu'à 125°C, incorporer 100 g de beurre froid coupé en petits cubes. Mélanger immédiatement à la spatule en y ajoutant 6 g de fleur de sel de Guérande. Quenelle (suite) : mélanger 60 g de C.B.S. à 30 g de crème fraîche liquide (chauffer si nécessaire). Laisser refroidir (au frigo). Fouetter 170 g de crème fraîche liquide avec cette préparation bien froide, faire des quenelles avec une cuillère à soupe ou une portionneuse à glace.

CITRONNELLE MERINGUÉE : meringuer les blancs d'œuf avec le sucre. Tremper la citronnelle sauvage dans cette meringue et sécher au four à 85 °C.

MONTAGE ET FINITION

Démouler le dôme de pomme dans un fond de tarte ; garnir de confiture de fraise. Déposer une quenelle de crème au caramel. Décorer de feuilles de citronnelle meringuée.

TARTE AUX POMMES CAMPAGNARDE

VIN CONSEILLÉ : AOC Monbazillac « L'Abbaye » • La richesse est maîtrisée et soutenue par la fraîcheur des arômes de Reine des Reinettes et cannelle • 2005 • 8°C • Domaine de l'Ancienne Cure • (24) COLOMBIER

PREPARATION

BRITTANY TART SHELL: Sift the two flours together, make a well in the center, add the egg yolks and the two sugars and combine rapidly. Add the two softened butters, little by little. Form the dough into a ball, cover with plastic film and refrigerate for 1 hour. Roll out the dough ¼-inch thick. Fit the dough into tart molds. Bake in a preheated 300°F oven for about 10 minutes. Let cool slightly before unmolding.

Note: This recipe can be used to make the traditional Gateau Breton. In this case, brush the top of the dough with an egg wash (1 egg yolk, pinch salt, 1 ½ tablespoons milk), and score the top with the tines of a fork before baking.)

STRAWBERRY AND BASIL COMPOTE: Place the strawberries in a saucepan. Combine the sugar and pectin, and stir into the strawberries. Cook over low heat, stirring constantly with a whisk for about 20 minutes until the mixture has the consistency of a jam. Remove from the heat, cover with plastic film, and refrigerate. Once cooled, add a pinch of the shredded basil. This compote can also be served as a jam.

APPLES SAUTÉED IN LAVENDER HONEY: Peel, core and slice the apples. In a skillet, combine the sugar, honey, and butter and melt, stirring. Add a pinch of salt. Sauté the apple slices in the mixture, without stirring, until nicely browned. Remove the apples and pack them firmly into dome-shaped molds. Place in the freezer for 5 minutes. Transfer to the refrigerator.

SALTED-BUTTER CARAMEL: Combine the milk, 14 tablespoons of the butter and the brown sugar in a saucepan and bring to a boil. Melt the glucose in a microwave (do not cook!), and add to the saucepan. Heat this mixture to 260°F. Add the remaining 7 tablespoons butter, cut into small cubes, stirring constantly with a wooden spoon. Add the fleur de sel.

QUENELLE OF SALTED BUTTER CARAMEL: Weigh out 2 1/8 oz of the salted butter caramel, add about 2 tablespoons of the cream (heated, if necessary). Refrigerate until chilled. Combine the caramel with the remaining cream and whip. Make oval, quenelle-shaped portions with a large tablespoon, or use an ice cream scoop to form neat balls.

LEMONGRASS MERINGUE: Combine the egg whites and a tablespoon of the sugar, and beat until very stiff and shiny, adding the remaining sugar progressively. Dip the lemongrass leaves into this mixture. Dry in the oven at 175°F.

DECORATION: (optional) Temper the chocolate. Spread 3 tablespoons of the tempered chocolate between two sheets of plastic film or cooking parchment and form into the desired shape. Chill for 5 minutes, remove the plastic and place on a plate.

ASSEMBLING AND FINISHING

Unmold the apple dome on the bottom of the tart shell. Add the strawberry compote. Place a quenelle or scoop of the caramel cream on top. Decorate with a lemongrass leaf. Arrange on a plate with the chocolate base.

LAURENT**LEDANIEL**

Laurent Le Daniel est né à Vannes, dans le Morbihan. Il est apprenti de 1983 à 1985 et finit second au concours du Meilleur Apprenti de France en 1986.
Il commence sa carrière comme jeune ouvrier chez M. Cartron à Vannes avant de rejoindre l'équipe de l'Hôtel Nikko, à Paris, entre 1987 et 1989. Puis il passe successivement chez Peltier, toujours à Paris, à La Duchesse de Mazarin à Chambéry, à la pâtisserie Chevallot à Val d'Isère. Entre 1994 et 1998, Laurent Le Daniel transmet son savoir-faire et son expérience comme formateur en pâtisserie à Yssingeaux. Il obtient le titre de « Un des Meilleurs Ouvriers de France» en 1997, puis retourne en Bretagne pour ouvrir sa première boutique à Rennes en 1998. En 2001, il ouvre sa deuxième boutique, un salon de thé avec pâtisseries à emporter, chocolats et glaces. En 2004, Laurent Le Daniel construit un vaste laboratoire et ouvre son troisième point de vente.

Laurent Le Daniel was born in Vannes in the Morbihan department. He was an apprentice from 1983 to 1985, and finished second place in the Meilleur Apprenti de France *competition of 1986. He began his career with Mr. Cartron in Vannes before moving to Paris to work at the Hôtel Nikko from 1987 to 1989. He moved on successively to Peltier, also in Paris, to La Duchesse de Mazarin in Chambéry, and the Pâtisserie Chevallot in Val d'Isère. Between 1994 and 1998, Laurent Le Daniel shared his skills and experience with others as pastry instructor at Yssingeaux. He won the title of* Meilleur Ouvrier de France *in 1997, then returned to his native Brittany to open his first shop in Rennes in 1998. In 2001, he opened a second boutique, a tea room with pastries, chocolates and ice creams to take out. Laurent Le Daniel opened a 460m2 production kitchen and a third point of sale in 2004.*

MEILLEUR OUVRIER DE FRANCE 1997

Devenir MOF, c'est un peu comme l'Himalaya pour un alpiniste, quelque chose de puissant et qui nous élève, à faire dans sa vie professionnelle. La différence est que nous nous devons de rester au sommet.

LE DANIEL • PATISSIER - CHOCOLATIER - GLACIER - COCKTAILS • ZA DE MIVOIE • RUE EMILE SOUVESTRE
35136 ST JACQUES DE LA LANDE • TÉL. +33 (0)2 23 46 23 56 • WWW.PATISSERIELEDANIEL.FR • LEDANIELLR@AOL.COM

INGRÉDIENTS
(pour 12 personnes)

PÂTE À CHOUX
25 g d'eau / 5 g de sel / 87 g de beurre
150 g de farine / 250 g d'œuf

CRÈME MOUSSELINE À LA VANILLE
500 g de lait / 1 gousse de vanille / 100 g de sucre semoule / 4 jaunes d'œuf / 50 g de maïzena
150 g de beurre / 25 g d'eau de vie de framboise
250 g de framboises fraîches

INGREDIENTS *(for 12 servings)*
CHOUX PASTRY
2 tablespoons water / 6 tablespoons butter
1 teaspoon salt / 1 ¼ cups flour / 5 eggs
VANILLA MOUSSELINE CREAM
2 cups milk / 1 vanilla bean, split and scraped
½ cup granulated sugar / 4 egg yolks / 1/3 cup cornstarch / 2/3 cup butter / 2 tablespoons raspberry eau de vie or brandy / 8 ¾ oz fresh raspberries

PRÉPARATION

PÂTE À CHOUX : Peser très précisément tous les ingrédients, même l'eau. Chauffer dans une casserole l'eau et le beurre, avec le sel. À l'ébullition, ajouter la farine en une seule fois et mélanger rapidement hors du feu avec une spatule en bois. Lorsque le mélange est homogène, remettre sur le gaz et cuire environ 2 min. Retirer du feu et continuer à mélanger énergiquement pour évaporer une partie de l'eau. Débarrasser dans un autre récipient et ajouter les œufs petit à petit préalablement mixés ou fouettés. Dresser des choux d'environ 6 cm de diamètre à l'aide d'une poche sur une plaque de cuisson légèrement grasse. Vous réaliserez entre 16 et 18 choux avec cette recette. Il est possible de poser sur le dessus des choux, avant la cuisson, un disque de pâte sucrée très fin pour donner un aspect craquelé, comme sur la photo. Cuire à four chaud (210 à 220° C). Laisser gonfler la pâte, puis baisser le four à 170° C pour sécher un peu les choux. Compter 30 à 40 min. de cuisson. La coloration des choux doit être homogène.

CRÈME MOUSSELINE À LA VANILLE : Infuser le lait avec la gousse de vanille et porter à ébullition. Mélanger énergiquement les jaunes d'œuf et le sucre pour les faire blanchir avec le fouet. Ajouter la maïzena et mélanger à nouveau.

Verser le lait bouillant sur ce mélange, enlever la gousse de vanille et cuire à feu moyen avec le fouet jusqu'à ébullition. La crème va d'abord épaissir, puis peu à peu devenir un peu plus liquide, signe qu'elle est suffisamment cuite.
Hors du feu, toujours dans la casserole de cuisson, ajouter le beurre en petit morceaux. Mélanger suffisamment pour ne plus avoir de traces de beurre. Débarrasser alors dans un récipient assez plat, couvrir d'un film plastique directement sur la crème et mettre au réfrigérateur au moins 2 h (vous pouvez faire cette crème la veille, c'est encore mieux). Lorsque la crème est bien froide, mélanger énergiquement avec un fouet. Le mieux étant un appareil électrique pour obtenir une crème très lisse et très onctueuse. Ajouter si vous le jugez nécessaire, un peu d'une très bonne eau de vie de framboise à votre goût.

MONTAGE ET DÉCOR

Ouvrir les choux en deux avec un couteau scie lorsqu'ils sont bien froids. Garnir de crème mousseline et parsemer quelques framboises que vous pouvez couper en petits morceaux pour qu'elles soient bien réparties. Refermer les choux. Saupoudrer légèrement de sucre glace. Décorer avec un macaron à la framboise que vous aurez acheté chez votre pâtissier, puis d'une framboise fraîche et assembler le tout avec un pic à brochette.

VIN CONSEILLÉ : Vin du Bugey Cerdon • Bulles élégantes, cerise et framboise. Fraîcheur et douceur modérée
2008 • 9°C • CLOS DE LA BIERLE Thierry TROCCON

PREPARATION

CHOUX PASTRY: Weigh all ingredients, including the water, precisely. In a saucepan, heat the water, butter and salt together. Bring to a boil and add the flour all at once, stirring rapidly off the heat with a wooden spoon. When the mixture becomes smooth, put it back on the heat and cook for about 2 minutes. Remove from the heat and continue stirring briskly. Turn the dough out into a bowl, and add the eggs little by little, mixing well after each addition. Using a pastry bag fitting with a plain tip, pipe out the dough out onto a lightly greased baking sheet forming 2 ½ inch balls. You should get 16 to 18 choux puffs out of this recipe. If desired, place a round of sweet pastry dough on the top of each choux before cooking to give a crackled effect (as in a photo) to the choux. Cook in a preheated 400 to 425°F oven. When the dough begins to rise, reduce the oven temperature to 350°F to dry the choux puffs. Bake for 30 to 40 minutes until the choux are evenly browned.

VANILLA MOUSSELINE CREAM: In a saucepan, bring the milk to a boil with the vanilla bean. In a mixing bowl, combine the sugar and egg yolks and beat briskly with a whisk until the mixture thickens and turns light yellow. Stir in the cornstarch. Pour the hot milk over the egg mixture, stirring. Remove the vanilla bean. Pour the mixture back into the saucepan and cook over medium heat, stirring constantly with a whisk until the mixture boils. The cream will thicken, then little by little will become a little more liquid, the sign that it has cooked enough.

Remove from the heat and add the butter to the saucepan in small pieces, stirring to incorporate the butter. Turn the cream out into a shallow bowl, cover the surface with plastic wrap and refrigerate for at least 2 hours. (This cream can be made the day before – it will be even better.) When the cream is well chilled, transfer to a mixing bowl and beat with an electric beater until smooth and creamy. If desired, add a good quality raspberry "eau de vie" or brandy.

ASSEMBLING

Using a serrated knife, cut the choux puffs in half , setting the top half aside. Fill the center of each puff with the mousseline cream. Sprinkle with raspberries, cut into pieces to distribute evenly. Top each creamed filled puff with the top half. Sprinkle lightly with powdered sugar. Decorate with a raspberry macaroon, and a fresh raspberry, assembling the three elements with a wooden pick.

PIERRE**MIRGALET**

Pierre Mirgalet a gravi les échelons petit à petit avant de recevoir en 2007 le titre convoité de « Meilleur ouvrier de France » chocolatier-confiseur. À ses débuts, ce passionné de chocolat effectue son apprentissage à Poitiers (Maison Touzeau), là même où il obtient à dix-huit ans son CAP de pâtissier-chocolatier. Il part ensuite sur l'île d'Oléron, chez René et Maryse Boudon, auprès desquels il considère avoir appris le plus. Par la suite, il collabore à plusieurs affaires – Chevallot à Val d'Isère, Pellet à Jarnac – puis s'envole pour le Brésil où il passe quelques mois dans un palace réputé de Sao Paulo, le Maksoud Plaza. En 1993, il ouvre sa propre pâtisserie-chocolaterie-confiserie à Gujan-Mestras, sur le bassin d'Arcachon. Pierre Mirgalet est membre de Tradition Gourmande depuis 1994, ambassadeur de Cacao Barry et consultant indépendant.

Pierre Mirgalet moved up the ladder little by little before receiving recognition in 2007 with the title of Meilleur Ouvrier de France Chocolatier-Confiseur. Previously, his passion for chocolate had led him to an apprenticeship at Touzeau in Poitiers, when he earned his C.A.P. (Certificat d'Aptitude Professionnelle) in pastry and chocolate-making at 18 years old. But it was working with René and Maryse Boudon on the Ile d'Oléron, that Pierre Mirgalet says he learned the most. Subsequently, he worked for several companies (Chevallot in Val d'Isère, Pellet in Jarnac), then left for Brazil for several months to work at the Maksoud Plaza, a prestigious palace in Sao Paulo. In 1993, he opened his own pastry-chocolate-confectionery shop in Gujan-Mestras in the bay of Arcachon. Pierre Mirgalet has been a member of Tradition Gourmande since 1994, is an independent consultant and an Ambassadeur Cacao Barry.

MEILLEUR OUVRIER
DE FRANCE 2007

Le titre de MOF est attribué au candidat qui, devant un jury, démontre sa qualité intellectuelle, pratique, traditionnelle et évolutive de son métier

70, COURS DE LA REPUBLIQUE • 33470 GUJAN MESTRAS • TÉL. +33 (0)5 56 66 04 33 • PIERREPICHO@AOL.COM

INGRÉDIENTS
(pour une centaine de chocolats)
500 g de chocolat noir (couverture de chocolat 70% de cacao) / 500 g d'amandes effilées / 200 g de pâte de praliné

INGREDIENTS
(for about 100 chocolates)
1 lb dark chocolate (70% cocoa) / 7 oz praline paste 1 lb slivered almonds

───── **RÉALISATION** ─────

Faire fondre le chocolat au bain-marie ou au micro-ondes sans dépasser la température de 33°C.
Ajouter la pâte de praliné et mélanger. Verser les amandes effilées grillées, mélanger délicatement.
Dresser à l'aide d'une petite cuillère sur un papier sulfurisé. Mettre au froid quelques minutes.

───── **FINITION ET ACCOMPAGNEMENT** ─────

Déguster avec un café ou une coupe de champagne.

LE NAISSAIN DU BASSIN D'ARCACHON
CHOCOLAT NOIR, AMANDES EFFILÉES, PÂTE DE PRALINÉ

VIN CONSEILLÉ : AOC Rasteau VDN • Les arômes de mûres se mêlent à de doux tanins • 2005 • 10°C
Domaine de la Soumade • (84) RASTEAU

PREPARATION

Melt the chocolate in a double boiler or in a microwave to a maximum of 92°F. Stir in the praline paste. Add the slivered almonds, folding delicately.

Using a small spoon, place mounds of the mixture on a baking sheet covered with cooking parchment. Chill for several minutes.

SERVING

Serve with coffee or Champagne.

ANGELO**MUSA**

Angelo Musa est le responsable de la pâtisserie Pascal Caffet depuis 2002.
Il intègre aujourd'hui les équipes de Philippe Conticini pour de nouvelles créations. Après avoir occupé de 1993 à 1999 différents postes au Relais Desserts Oberweiss à Luxembourg, il prend la tête du département Décors. Il obtient en 1997 le trophée Pascal Caffet, en 1999 le Grand Prix de la Gourmandise à Dijon, en 2001 la Coupe de France, en janvier 2003 la Coupe du Monde à Lyon. 2007 signe sa consécration avec l'obtention du titre de Meilleur Ouvrier de France.

Angelo Musa has been director of the Pascal Caffet Patisserie company since 2002.
Today, he works with Philippe Conticini's team of chefs on new creations. After having held different positions at the Relais Desserts Oberweiss *in Luxembourg from 1993 to 1999, he was named head of the company's decorative/artistic department. In 1997, he was awarded the Pascal Caffet Trophy, and in 1999, the* Grand Prix de la Gourmandise *in Dijon. In 2001, he won the* Coupe de France, *and in January 2003, the* Coupe du Monde *in Lyon. He has held the title of* Meilleur Ouvrier de France *since 2007.*

MEILLEUR OUVRIER
DE FRANCE 2007

Le titre de MOF est le résultat de longues années de travail à travers lesquelles de grands professionnels m'ont accompagné pour atteindre ce but.

SARL PAPILIO CONSEIL • ANGELO MUSA • 11, RUE DES GAYETTES • 10 000 TROYES • TÉL. +33 (0)3 25 46 11 53
ANGELO.MUSA@WANADOO.FR

INGRÉDIENTS

1. PÂTE À CHOUX
250 g d'eau / 250 g de lait / 215 g de beurre
7,5 g de sel fin / 6 g de sucre semoule
285 g de farine T55 / 8 œufs entiers

2. CRÈME CHOCOLAT
426 g de lait / 45 g de crème / 4 jaunes d'œufs
85 g de sucre semoule / 40 g de poudre à crème
190 g de chocolat de couverture à 70%
140 g de beurre frais / 45 g de mascarpone

3. GLAÇAGE
75 g d'eau / 150 g de sucre semoule
150 g de glucose / 100 g de lait concentré sucré
65 g de préparation gélatine / 150 g de couverture
de chocolat noir à 66%

INGREDIENTS *(for 20 servings)*

CHOUX PASTRY
1 cup water / 1 cup milk / 15 tablespoons butter
½ tablespoon salt / ½ tablespoon granulated sugar
2 ¼ cups flour / 8 eggs

CHOCOLATE CREAM
1 2/3 cups milk / 3 tablespoons cream / 4 egg yolks
7 tablespoons sugar / 1/3 cup cornstarch / 6 ½ oz
chocolate (70%), melted / 2/3 cup butter
1 ½ oz mascarpone

GLAZE
1/3 cup water / ¾ cup granulated sugar / 5¼ oz
glucose / 1/3 cup + 2 tablespoons sweetened
condensed milk / 2 ¼ oz gelatine (softened in a little
water) / 5 ¼ oz dark chocolate (66%), melted

PRÉPARATION

1. LA PÂTE À CHOUX : faire bouillir l'eau, le lait, le beurre, le sel et le sucre. Hors du feu, incorporer la farine, mélanger afin d'obtenir une masse homogène, remettre sur le feu et dessécher la pâte 3 minutes en la travaillant. Verser dans un grand bol, incorporer les œufs en mélangeant soigneusement.
Beurrer des moules carrés, les poser sur une tôle à pâtisserie. Les garnir à l'aide d'une poche à douille. Cuire au four 40 min. à 170°C.
Démouler les cubes sur une grille, les laisser refroidir.

2. LA CRÈME CHOCOLAT : réaliser une crème pâtissière – faire chauffer le lait et la crème. Battre vigoureusement les œufs et le sucre, ajouter la poudre à crème. Remettre sur le feu et cuire 5 min. sans cesser de mélanger. Verser la crème cuite dans un bol. Incorporer le chocolat fondu et le beurre, bien mélanger, mixer.

Faire refroidir puis monter la préparation au batteur en incorporant le mascarpone petit à petit.

3. LE GLAÇAGE : cuire le sucre, l'eau et le glucose à 105°C, décuire avec le lait concentré, ajouter la préparation gélatine préalablement détendue avec de l'eau. Verser le tout sur la couverture fondue, mélanger et mixer. Refroidir à 25°C pour l'utilisation.

FINITION
Farcir les choux carrés avec la crème chocolat, glacer avec un peu de glaçage chocolat fondu.

VIN CONSEILLÉ : AOC Maury • Baies noires, moelleux élégant • 2008 • 10°C
Domaine des Soulanes, Cathy et Daniel Laffite

PREPARATION

CHOUX PASTRY: In a saucepan, combine the water, milk, butter, salt and sugar and bring to a boil. Remove the saucepan from the heat and add the flour all at once, stirring until the dough forms a smooth ball. Return the saucepan to the heat for 2 to 3 minutes to dry the dough. Turn the dough into a bowl, and add the eggs, one at a time, stirring after each addition until completely incorporated. Butter square molds, and place them on a baking sheet. Fill a pastry bag with the dough and pipe it into the molds. Bake in a preheated 350°F oven for about 40 minutes. Unmold the cubes onto a rack and let cool.

CHOCOLATE CREAM: Make a pastry cream: Heat the milk and cream together in a saucepan. Meanwhile, beat the eggs and sugar briskly until they thicken and turn light yellow. Stir in the cornstarch. Add a little of the milk mixture to the eggs, then return this mixture to the saucepan with the remaining milk/cream mixture and cook, stirring constantly for 5 minutes. Turn the cooked cream into a bowl. Add the melted chocolate and butter, stirring. Let cool. Then beat in a mixer, adding the mascarpone little by little.

ICING: Cook the water, sugar and glucose together to 220°F. Add the condensed milk and the gelatine. Pour over the melted chocolate, and beat in a mixer. Cool to 75°F.

ASSEMBING

Fill the choux pastry cubes with the chocolate cream. Glaze each with a little chocolate icing.

JEAN-MICHEL PERRUCHON

Jean-Michel Perruchon est passé par de nombreuses maisons renommées, notamment Constant, Lenôtre et Fauchon. Il finit troisième à la coupe du monde de pâtisserie en 1992 et obtient le titre de « Un des Meilleurs Ouvriers de France » en 1994. Il est aujourd'hui à la tête de l'école gastronomique Bellouet Conseil (école de perfectionnement réservée aux professionnels) qu'il a créée en 1990 avec M. Bellouet et dont il a repris seul la direction en 2006. Jean-Michel Perruchon est l'auteur de nombreux ouvrages professionnels co-écrits avec M. Bellouet.

Jean-Michel Perruchon heads the Bellouet Conseil school of gastronomy, a school reserved exclusively for professionals, which he created in 1990 with Mr. Bellouet. Since 2006, he has entirely assumed the direction of the school. Prior to this, he worked for several highly renowned establishments, notably, Constant, Lenôtre, and Fauchon. Jean-Michel Perruchon finished third in the Coupe du Monde in Pastry in 1992 and obtained the title of Meilleur Ouvrier de France in 1994. He is the author of several professional works written with Mr. Bellouet.

MEILLEUR OUVRIER
DE FRANCE 1994

Ce livre est un outil de transmission du savoir-faire et ressemble à la philosophie des professionnels ayant obtenu le titre de MOF.

ECOLE GASTRONOMIQUE • 304-306, RUE LECOURBE • 75015 PARIS • TÉL. +33 (0)1 40 60 16 20
HTTP://ECOLEBELLOUETCONSEIL.COM • BELLOUET.CONSEIL@WANADOO.FR

INGRÉDIENTS (pour 18 personnes)

1. DACQUOISE AMANDES NOISETTES
375 g de blancs d'œuf / 225 g de sucre semoule / 113 g d'amandes en poudre / 113 g de noisettes en poudre / 300 g de sucre glace / 75 g de farine

2. NOISETTES CARAMÉLISÉES
130 g de sucre semoule / 60 g d'eau / 300 g de noisettes blanches / 5 g de beurre de cacao

3. FRUITS MACÉRÉS AU BANYULS
120 g d'eau / 60 g de sucre semoule / 50 g de pruneaux hachés en cubes / 50 g d'abricots secs hachés en cubes / 30 g de raisins secs
40 g de Banyuls

4. BAVAROISE AU BANYULS
125 g de lait / 15 g de jaunes d'œuf / 40 g de sucre semoule / 27 g de masse gélatine / 15 g de Banyuls
225 g de crème fouettée

5. MOUSSE AU CHOCOLAT NOIR ET LAIT
80 g de jaunes d'œuf / 130 g de sirop à 30°B
200 g de chocolat de couverture noire 70%
100 g de chocolat de couverture lactée 36%
600 g de crème fouettée

6. GLAÇAGE MIROIR LACTÉE
150 g d'eau / 300 g de sucre semoule / 300 g de glucose / 200 g de lait concentré sucré / 140 g de masse gélatine / 300 g de chocolat de couverture lactée 40 %

INGREDIENTS
(for about 18 servings - 3 cakes of 7-inch diameter by 1 ¾-inch high)

ALMOND HAZELNUT DACQUOISE
13 1/8 oz (about 12) egg whites / 1 ¾ cups granulated sugar / 1 cup almond powder / 1 cup hazelnut powder ½ cup + 2 tablespoons flour tablespoons flour
2 ½ cups powdered sugar

CARAMELIZED HAZELNUTS
2/3 cup granulated sugar / ¼ cup water / 10 ½ oz blanched hazelnuts / 1 teaspoon cocoa butter

FRUIT MARINATED IN BANYULS WINE
½ cup water / 1/3 cup granulated sugar / 1 ¾ oz prunes, cut into cubes / 1 ¾ oz dried apricots, cut into cubes / 1 oz raisins / 2 ½ tablespoons Banyuls wine

BAVARIAN CREAM FLAVORED WITH BANYULS WINE
½ cup milk / ½ oz egg yolk / 3 tablespoons granulated sugar / 1 oz gelatine softened in water / 1 tablespoon Banyuls wine / 1 cup cream, whipped

MILK AND DARK CHOCOLATE MOUSSE
2 ¾ oz (about 4) egg yolks / 4 ½ oz sugar syrup at 30°B / 7 oz dark chocolate (70%) / 3 ½ oz milk chocolate (36%) / 2 ½ cups heavy cream, whipped

MILK CHOCOLATE MIROIR GLAZE
2/3 cup water / 1 ½ cups granulated sugar 10 ½ oz glucose / ¾ cup sweetened condensed milk 5 oz gelatine softened in water / 10 ½ oz milk chocolate (40%), chopped

DECORATION
Dried fruits (prunes, apricots, figs) / White chocolate squares

---

RÉALISATION

1. DACQUOISE AMANDES NOISETTES : au batteur à l'aide du fouet, monter les blancs d'œuf meringués avec le sucre semoule, ajouter délicatement le mélange tamisé des poudres et étaler sur une feuille de « silpat » 60 cm par 40 cm posée sur plaque, saupoudrer de sucre glace et cuire au four ventilé à 180°C pendant environ 20 min.

2. NOISETTES CARAMÉLISÉES : dans un poêlon en cuivre, cuire à 120°C le sucre semoule et l'eau, ajouter les noisettes blanches, sabler hors du feu puis caraméliser. Ajouter enfin le beurre de cacao pour séparer les noisettes caramélisées. Après refroidissement, réserver au sec.

3. FRUITS MACÉRÉS AU BANYULS : dans une casserole, bouillir l'eau et le sucre semoule et verser le tout sur les fruits coupés en cubes, ajouter enfin le Banyuls, couvrir et réserver au réfrigérateur à 5°C, pendant 24 heures minimum.

4. BAVAROISE AU BANYULS : réaliser une crème anglaise avec le lait, les jaunes d'œuf et le sucre semoule cuits ensemble à 85°C. Après refroidissement ajouter la masse gélatine fondue au micro-ondes, le banyuls et enfin la crème fouettée. Prendre des cercles de 16 cm de diamètre, placer au fond le mélange de fruits macérés au Banyuls et couler la bavaroise au banyuls. Mettre le tout au surgélateur et réserver pour le montage.

5. MOUSSE AU CHOCOLAT NOIR ET LAIT : réaliser une à bombe, chauffer au micro-ondes le sirop à 30°B et les jaunes d'œufs à 85°C et monter au batteur jusqu'à complet refroidissement. Fondre les deux chocolats de couverture ensemble à 40°C. Incorporer une partie de crème fouettée dans les chocolats de couverture, puis la pâte à bombe et enfin le reste de crème fouettée. Réserver pour le montage.

6. GLAÇAGE MIROIR LACTÉ : bouillir et cuire à 103°C l'eau, le sucre semoule et le glucose, ajouter le lait concentré sucré et la masse gélatine. Verser l'ensemble sur le chocolat de couverture lactée. Mixer et utiliser à 35° C.

MONTAGE ET FINITION

Dans des cercles de 18 cm de diamètre, placer au fond un disque de dacquoise amandes noisettes, dresser à la poche à douille N°10 la mousse au chocolat. Descendre le palet surgelé de fruits macérés et bavaroise banyuls, de nouveau un peu de mousse au chocolat, le deuxième fond de dacquoise et enfin lisser au ras du cercle avec la mousse au chocolat. Mettre les entremets au surgélateur.

FINITION ET ACCOMPAGNEMENT

Glacer les entremets avec le glaçage miroir lacté, placer en décor quelques fruits secs, pruneaux, abricots, figues et des plaquettes de chocolat blanc autour.

LE BANYULS

VIN CONSEILLÉ : AOC Banyuls Grand Cru VDN • Ample, puissant aux arômes de réglisse et d'abricot macéré • 1995 • 8°C
Cave de l'Abbé Rous • (66) BANYULS SUR MER

PREPARATION

ALMOND HAZELNUT DACQUOISE: In an electric mixer, whisk the egg whites with the granulated sugar until the mixture is very stiff, smooth and shiny. Sift together the almond powder, hazelnut powder, and the flour, and fold them delicately into the egg whites. Pour evenly out onto a 24 x 16-inch baking sheet lined with a sheet of « silpat » or baking silicon. Sprinkle with the powdered sugar and cook in a convection oven preheated to 350°F for about 20 minutes.

CARAMELIZED HAZELNUTS: In a copper sugar pan, combine the sugar and water and cook to 250°F. Add the blanched hazelnuts. Remove from the heat and stir until the hazelnuts are well coated with caramel, return to the heat and cook until caramelized. Add the cocoa butter at the end to separate the caramelized hazelnuts. Remove from the heat and let cool. Reserve in a dry place.

FRUIT MARINATED IN BANYULS WINE: Combine the water and sugar in a saucepan. Bring to a boil and pour over the cubed fruit and raisins in a shallow bowl. Add the Banyuls. Cover and refrigerate at 40°F for 24 hours.

BAVARIAN CREAM WITH BANYULS WINE: Make a crème anglaise, combining the milk, egg yolks and granulated sugar and cooking to 185°F. Strain through a fine sieve and cool down over ice. Warm the gelatine in a microwave, and add to the crème anglaise along with the Banyuls. Fold in the whipped cream. Place 3 six-inch pastry rings on a baking sheet lined with cooking parchment. Spread a layer of the marinated fruit in the bottom of each ring. Pour a layer of the Bavarian cream over the fruit. Place in the freezer until assembling.

MILK AND DARK CHOCOLATE MOUSSE: Prepare a « bombe »: Combine the egg yolks and sugar syrup in a microwave and heat to 185°F. Pour immediately into the bowl of an electric mixer and beat with the whisk attachment until the mixture has completely cooled down. Melt the two chocolates together to 100°F. Fold part of the whipped cream into the chocolates. Fold in the « bombe » (the egg/sugar syrup mixture). Fold in the remaining whipped cream. Set aside.

MILK CHOCOLATE MIRROR GLAZE: Combine the water, granulated sugar, and glucose, bring to a boil and cook to 218°F. Add the condensed milk and the gelatine. Pour over the milk chocolate, stirring to melt the chocolate. This glaze should be used at 95°F.

ASSEMBLING

Arrange 3 seven-inch pastry rings on a baking sheet lined with cooking parchment. Place a disk of the almond hazelnut dacquoise in the bottom of each ring. Using a pastry bag fitted with a number 10 plain tip, pipe a layer of the chocolate mousse over the dacquoise. Place a disk of the frozen fruit and banyuls bavaroise in the center of each ring and pipe another layer of the chocolate mousse over the top. Top with another disk of dacquoise. Pipe a little more chocolate mousse over the top and smooth with a spatula. Place the cakes in the freezer.

FINISHING

Remove the cakes from the freezer and glaze with the chocolate mirror glaze. Decorate with the caramelized hazelnuts and dried fruits such as prunes, apricots, figs and squares of white chocolate around the edges.

PATRICK**ROGER**

Patrick Roger est très attaché à la terre, aux saveurs, à la cuisine et au patrimoine gastronomique.

Particulièrement exigeant quant à la provenance de ses fèves de cacao, il est en quête perpétuelle d'ingrédients d'excellence à travers le monde. En 1997, il ouvre une boutique à Sceaux qui, trois mois après son ouverture, emploie déjà dix-huit employés. Depuis, quatre boutiques sont nées dans Paris.

Patrick Roger obtient le titre de « Un des Meilleurs Ouvriers de France » en 2000.

Patrick Roger is firmly attached to the soil, to flavors, cuisine and to our gastronomic heritage.

Particularly demanding when it comes to the origin of his cocoa beans, he is in perpetual pursuit of ingredients of excellence from around the world. In 1997, he opened a shop in Sceaux near Paris, and only three months later he already had a staff of 18 employees. Since then, four boutiques have opened in Paris. Patrick Roger obtained the title of Meilleur Ouvrier de France *in 2000.*

INGRÉDIENTS (pour 16 pièces) :

200 g de praliné / 20 g de chocolat noir à 70 %
80 g de chocolat au lait / 500 g de chocolat au lait ou noir pour l'enrobage / 100 g d'amandes mondées

INGREDIENTS (for 16 pieces)

3 ½ oz blanched almonds / 3 ½ oz milk chocolate
¾ oz dark chocolate (70%) / 7 oz praline paste
17 oz milk or dark chocolate for coating

MEILLEUR OUVRIER
DE FRANCE 2000

Justesse et équilibre !

47, RUE HOUDAN • 92360 SCEAUX • TÉL. +33 (0)1 47 02 30 17 • HTTP://WWW.PATRICKROGER.COM/

RÉALISATION

Faire griller les amandes à sec puis les hacher. Tempérer les 100 g de chocolat au lait : les faire fondre au micro-ondes ou au bain-marie jusqu'à 30°C. Verser sur le praliné. Bien mélanger. Verser le chocolat praliné dans un plat sur une hauteur de 2 cm. Laisser refroidir durant 2 h. Détailler la plaque obtenue en petits cubes.

Tempérer les 500 g de chocolat noir ou lait . Faire fondre le chocolat au micro-ondes par tranches de 15 secondes ou au bain-marie jusqu'à 32°C pour du chocolat noir, 30°C pour du chocolat au lait. Ajouter les 100 g d'amandes hachées. Tremper les cubes afin de les enrober.

ROCHER PRALINÉ AU CHOCOLAT

VIN CONSEILLÉ : AOC Cornas • Notes solaires du millésime, rondeur, fruits murs • 2003 • 15°C
Domaine du Tunnel • (07) CORNAS

PREPARATION

Toast and chop the almonds. Temper the 3 ½ oz milk chocolate with ¾ oz dark chocolate, melting them to 85°F in a microwave oven or a water bath. Pour this over the praline paste and mix well. Turn the chocolate-praline mixture out onto a ¾-inch deep square sheet and let cool for 2 hours. Cut into small cubes.

Temper the 17 ounces of milk or dark chocolate (melt in a microwave oven in 15-second sequences, or in a water bath to 90 °F for dark chocolate and 85°F for milk chocolate). Stir in the chopped almonds. Dip the praline-chocolate cubes in the chocolate until well coated.

GÉRARD**TAURIN**

Gérard Taurin commence sa carrière dans l'art culinaire à dix-sept ans comme apprenti de pâtisserie chez Gaston Lenôtre à Paris. Mobilisé, il devient photographe pour la Marine nationale sur les porte-avions Foch et Clémenceau en zone de conflits. Lorsqu'il réintègre la maison Lenôtre, son intérêt pour la crème glacée est décuplé par la découverte de la sculpture sur glace. Son travail devient alors une passion culinaire et artistique, les concours se succèdent. En 1999, Gérard Taurin est promu responsable du pôle des desserts glacés chez Lenôtre. En 2000, il obtient le titre de « Un des Meilleurs Ouvriers de France » Glacier. En 2003, à Turin, il devient champion du monde de glace par équipe.

Gérard Taurin began his career in the culinary arts at the age of 17 as a pastry apprentice with Gaston Lenôtre in Paris. Called into military duty, he became a photographer for the Marines on the aircraft carriers Foch and Clémenceau in conflict zones. When he returned to Lenôtre, his interest in ice creams grew and expanded to the discovery of ice carving. His work turned into an artistic and culinary passion, and led to a succession of competitions. In 1999, Gérard Taurin was made director of the frozen dessert section of Lenôtre. In 2000, he won the title of « Meilleur Ouvrier de France – Glacier ». In 2003, in Turin, he became world champion of ice cream desserts.

MEILLEUR OUVRIER DE FRANCE 2000

un livre de recettes, plutôt un livre d'idées dans lequel le savoir doit rimer avec ouverture, accessibilité, simplicité de l'expression artistique culinaire qui nous passionne.

ÉCOLE LENÔTRE PARIS • 40, RUE PIERRE CURIE • BP 6 • 78375 PLAISIR CEDEX • TÉL. +33 (0)1 30 81 46 34
WWW.GERARD-TAURIN.COM • TAURIN@LAPOSTE.NET

INGRÉDIENTS (pour 6 personnes)

GRANITÉ GRIOTTES À L'ALCOOL
6 dl de sirop de griottes à l'alcool / Eau

MACARON À LA FRAMBOISE
125 g de blanc d'œuf / 130 g poudre d'amande
130 g de sucre glace / 50 g de sucre semoule
confiture de framboise pépin

6 griottes avec queues / feuilles d'or

INGREDIENTS (for 6 persons)

GRIOTTE CHERRY GRANITÉ
2 ½ cups syrup from brandied cherries / Water

RASPBERRY MACAROONS
1 cup almond powder / 1 cup powdered sugar
4 egg whites / 3 ½ tablespoons granulated sugar
Raspberry jam with seeds

6 griotte cherries with stems / Gold leaf

EQUIPMENT
Ball shaped glasses / Cone shaped glasses
The ball shaped glass is filled with crushed ice, and
serves as the base for the cone-shaped glass.

PRÉPARATION

GRANITÉ GRIOTTES À L'ALCOOL : mélanger le sirop de griottes à l'alcool avec l'eau. Contrôler la densité de cette préparation, qui ne doit pas dépasser 17% Brix. Faire prendre au congélateur en déposant une couche fine (2 cm) dans un récipient plat, rectangulaire à bords de plus ou moins 5 cm de hauteur.
Réserver au congélateur environ 30 min. à -20 -25 °C. Briser la glace en grattant au fouet ou à la fourchette. Remettre au grand froid -20 -25 °C environ 30 min. et renouveler l'opération jusqu'à ce que le granité soit si froid qu'il ne se recolle pas sur lui-même, on dit alors qu'il est sec. Réserver au grand froid.

MACARON À LA FRAMBOISE : faire un tant pour tant avec la poudre d'amande et le sucre glace, passer au cutter si possible pour rendre très fin, cela fera un beau macaron lisse. Monter les blancs bien fermes mais pas trop, au bec d'oiseau, avec le sucre semoule en deux temps.
Verser le tant pour tant sur les blancs, mélanger avec douceur et macaronner, le mélange doit devenir un peu brillant et souple, mais pas mou.
Dresser sur feuille blanche de cuisson.

Enfourner à 170 °C sur plaque triple pendant 7 min. au four ventilé (pour s'assurer de la bonne cuisson, saisir un macaron par la partie bombée et essayer doucement de le faire bouger sur sa base : si le corps se déplace sans la base, laisser au four encore jusqu'à ce que le macaron soit solidaire en ses deux parties, il est alors cuit). Faire glisser de l'eau entre la feuille et la plaque à la sortie du four.
Détacher de la feuille rapidement, ils doivent rester entiers et ne rien laisser sur la plaque. Les poser à l'envers sur feuille sèche et les réserver au congélateur pour préserver du dessèchement. Sortis du congélateur, garnir la demi-coque de confiture et recouvrir d'une demi-coque.

PRÉSENTATION

Poser le verre boule sur une plaque d'ardoise. Garnir le verre de glaçons réduits en neige. Déposer le verre cône. Le garnir de granité griottes, en dôme.
Déposer le macaron au sommet. Décorer d'une griotte à l'alcool à queue. Poudrer de feuille d'or. Servir dès la sortie du congélateur ; le granité doit être consommé limite de fonte.

LE GIVRE DE GRIOTTES

VIN CONSEILLÉ : VDT « Made by G » (effervescent rouge) • Fraîcheur de la bulle, gourmandise, flatteur • 6°C
Domaine des Nugues • (69) LANCIÉ

PREPARATION

GRIOTTE CHERRY GRANITÉ: Combine the cherry syrup with the water. Verify the density of the syrup with a refractometer (an instrument used to measure the density of liquids); it should not be more than 17% brix. Spread a thin layer (about ¾-in) of this mixture over the bottom of a flat, rectangular metal pan about 2 inches deep. Let set in a flash freezer (-5 to -15 °F) for about 30 minutes.

Remove from the freezer and break up the mixture with a whisk or the tines of a fork. Return to the freezer for another 30 minutes. Remove and repeat the ice breaking procedure until the granité is so cold that the crystals do not stick together, or until it is what we refer to as « dry ». Return it to the freezer.

MACAROONS: Combine the almond powder and powdered sugar. For best results, grind this mixture to a very fine texture in a professional grinder to make a very smooth macaroon. Whip the egg whites until firm, but not too stiff, adding half of the granulated sugar first, then whisking in the second half at the end. Fold in the almond powder/powdered sugar mixture, turning gently, then stirring until the mixture becomes shiny and smooth, but not soft.

Using a pastry bag fitted with a plain tip, pipe the mixture onto a sheet of cooking parchment.

Preheat the oven to 350°F. Place the macaroons on a triple layer of baking sheets, place in the oven and cook for 7 minutes in a convection oven. To verify the cooking, try lifting a macaroon gently up by the rounded top. If the body separates from the base, it is not cooked. Continue cooking until the top and the bottom of the macaroon hold together.

Remove the baking sheet from the oven, lift up the cooking parchment slightly, run a little water between the cooking parchment and the baking sheet. Remove the macaroons quickly from the cooking parchment, and place on a dry sheet of parchment. They can be frozen to prevent them from drying. Remove from the freezer, fill one macaroon half with raspberry jam, and top with a second macaroon half.

SERVING

Place a ball shaped glass on a piece of slate, and fill with finely crushed ice. Insert a cone-shaped glass in the crushed ice. Fill the cone with a dome of griottes granité. Top with a marcaroon. Decorate with a griotte cherry with its stem. Sprinkle with a little gold leaf. Serve immediately. The granité should be just starting to melt.

PHILIPPE**URRACA**

Son diplôme en poche, Philippe Urraca a tout de suite souhaité voler de ses propres ailes. C'est ainsi qu'à dix-neuf ans seulement, il s'installe à Gimont, petit village de trois mille habitants. Les clients affluent rapidement. En 1999, il crée Midi-Pyrénées Pâtisserie et emploie vingt-huit personnes pour approvisionner ses deux boutiques de Auch et L'Isle-Jourdain, ses deux magasins en franchise de Toulouse et Tournefeuille et l'ensemble de ses clients – dont plusieurs magasins haut de gamme aux USA et au Japon. Philippe Urraca obtient le titre « Un des Meilleurs Ouvriers de France » en 1994.

Philippe Urraca wasted no time establishing himself in business once he had obtained his diploma. At just 19 years old, he opened a shop in Grimot, a village of 3000 inhabitants. He quickly built up a clientele. In 1999, he created Midi-Pyrénées Pâtisserie, a company with 28 employees that supplies his two boutiques in Auch and L'Isle-Jourdain, and two franchises in Toulouse and Tournefeuille, as well as other clients including several high-end shops in the US and Japan. Philippe Urraca won the title of Meilleur Ouvrier de France in 1994.

MEILLEUR OUVRIER
DE FRANCE 1994

Le devoir d'un MOF est la transmission de son savoir symbolisé par la passion, la rigueur et la créativité.

MIDI-PYRÉNÉES PÂTISSERIE • 6, RUE COLOMBIER • 32200 GIMONT • TÉL. +33 (0)5 62 67 75 50
CONTACT@URRACA-CHOCOLAT.COM

INGRÉDIENTS
(pour 60 personnes)

DACQUOISE NOISETTE AMANDES
295 g blancs d'œuf / 160 g sucre semoule / 130 g de poudre d'amande brute / 140 g de poudre de noisette / 110 g de sucre glace / 40 g de farine

CROUSTILLANT
110 g de pâte de noisette / 50 g de couverture lait
20 g de beurre / 35 g de feuilletine

CRÈME PRALINÉE
350 g de praliné à l'ancienne / 130 g de pâte de noisette / 275 g de beurre pommade / 700 g de crème pâtissière / 80 g de blancs d'œuf / 150 g de glucose

FRUITS SECS CARAMÉLISÉS
100 g de sucre semoule / 30 g d'eau / 10 g d'amandes grillées / 10 g de noisettes grillées
50 g de pistaches

GLAÇAGE LAIT
250 g de lait / 100 g de glucose liquide / 4 feuilles de gélatine ramollies / 300 g de couverture lactée
300 g de pâte à glacée blonde

INGRÉDIENTS
(for 60 servings)

HAZELNUT-ALMOND DACQUOISE
10 ¼ oz (9 to 10) egg whites / ¾ cup + 1 tablespoon granulated sugar / 1 ¼ cup almond powder
1 ¼ cup + 2 tablespoons hazelnut powder
1 cup powdered sugar / 1/3 cup flour

HAZELNUT/CHOCOLATE CRUNCH
4 oz hazelnut paste / 1 ¾ oz milk chocolate, melted
1 ½ tablespoons butter, creamed
1 ¼ oz « feuilletine »*

PRALINE CREAM
12 ¼ oz old-fashioned praline / 4 ½ oz hazelnut paste / 1 cup + 2 tablespoons creamed butter
24 ½ oz pastry cream / 2 ¾ oz (about 3) egg whites
5 ¼ oz glucose

CARAMELIZED NUTS
½ cup granulated sugar / 1 tablespoons water
1½ tablespoons chopped toasted almonds
1½ tablespoons chopped toasted hazelnuts
1/3 cup chopped pistachios / 1 tablespoon butter

MILK GLAZE
1 cup milk / 3 ½ oz liquid glucose / 4 gelatine leaves or 2 teaspoons powdered gelatine, softened in water
10 ½ oz milk chocolate, chopped / 10 ½ oz clear glaze

DECORATION
Toasted hazelnuts / Thin strips of chocolate

PRÉPARATION

DACQUOISE NOISETTE AMANDES : Monter les blancs et le sucre. Tamiser ensemble, la poudre d'amandes, la poudre de noisettes, le sucre glace et la farine. Mélanger ces ingrédients aux blancs montés.
Dresser des fonds de diamètre 16 cm sur un tapis de silicone ou une feuille de papier cuisson et cuire au four 190 °C environ 10 min.

CROUSTILLANT : Mélanger la pâte de noisette et la couverture lait fondue, Ajouter le beurre en pommade puis la feuilletine. Dresser sur les fonds de dacquoise 70 g par fond.

CRÉME PRALINÉE : Monter le praliné, la pâte de noisette et le beurre en pommade. Ajouter la crème pâtissière, finir de monter.
Réaliser une meringue : monter les blancs d'œufs, ajouter le glucose.
Incorporer la meringue dans la préparation précédente.

FRUITS SECS CARAMÉLISÉS : Cuire le sucre et l'eau à 118°C.
Verser les fruits secs sur le sucre cuit et caraméliser. En fin de caramélisation, ajouter 15 g de beurre. Refroidir et concasser.

GLAÇAGE LAIT : Faire bouillir le lait et le glucose. Ajouter la gélatine ramollie, égouttée. Verser sur la pâte à glacer et la couverture hachée. Lisser à l'aide d'une spatule.

MONTAGE ET FINITION

Choisir des cercles de 18 cm de diamètre avec une hauteur 4 cm.
Dans un cercle de taille inférieur disposer un disque de dacquoise, poser un disque de croustillant du même diamètre. Recouvrir de crème noisette, insérer les fruits secs. Remettre un disque de biscuit puis de la crème et des fruits secs, terminer par un disque de dacquoise. Faire prendre 1 h au congélateur puis décercler ce premier montage.
Poser les cercles de 18 cm sur des cartons ronds, positionner le premier montage bien froid au centre. Chemiser le tout de crème noisette pour finir de remplir le cercle Lisser le dessus des entremets. Réserver au froid 12 h.
Décercler, glacer avec le glaçage au lait. Décorer de noisettes grillées.

ENTREMETS NOISETTES AMANDES

VIN CONSEILLÉ : AOC Clairette de Die • Gourmandise de fruits, fraîcheur de la bulle • 2000 • 13°C
Domaine Jean-François Raspail • (26) SAILLANS

PRÉPARATION

HAZELNUT-ALMOND DACQUOISE: Combine the egg whites with a little of the sugar and whisk, adding the remaining sugar progressively, and beating until stiff peaks form. Sift together the almond powder, hazelnut powder, powdered sugar and flour. Fold the dry ingredients into the whipped egg whites. On a baking sheet covered with "silpat" or a sheet of cooking parchment, pipe out 6-inch rounds using a pastry bag. Bake in a preheated 375°F oven for about 10 minutes.

HAZELNUT/CHOCOLATE FEUILLETINE: Combine the hazelnut paste with the melted chocolate. Work in the creamed butter, then the feuilletine.
Spread about 2 ½ ozs of this mixture over each round of dacquoise.
PRALINE CREAM: Beat the praliné, hazelnut paste and creamed butter together. Add the pastry cream and continue beating. Beat the egg whites until stiff, add the glucose and continue beating until the mixture forms a very thick and shiny meringue. Fold the meringue into the first mixture.

CARAMELIZED NUTS: Combine the sugar and water and cook to 245°F. Stir in the nuts and caramelize. Add the butter. Turn out onto a flat surface and let cool. Break into pieces with a mallet or rolling pin.

MILK GLAZE: Combine the milk and glucose and bring to a boil. Add the gelatine to the warm milk/glucose mixture. Pour this over the chopped chocolate and the glaze, stirring until smooth.

ASSEMBLING AND FINISHING

To assemble each cake, you will need a pastry ring of 7 inches in diameter by 1 ½-inch high, as well as a ring of 6 inches in diameter. Place a disk of dacquoise topped with the feuilletine in a 6-inch diameter ring. Cover with the praline cream. Add the caramelized nuts. Top with another round of the dacquoise, another layer of praline cream and a layer of caramelized nuts. Finish with a disk of the dacquoise. Freeze for 1 hour. Remove from the ring. Position the 7-inch pastry ring on a round of cardboard of the same size. Center the frozen rounds of dacquoise and cream in the center of the 7-inch ring. Fill the sides of the rings and the tops of the cakes with the praline cream, using a metal spatula to smooth the mixture evenly over the top. Chill for 12 hours.
Remove the cakes from the rings and glaze with the milk glaze. Decorate with toasted hazelnuts and thin strips of chocolate.
* Feuilletine – Available in professional pastry supply shops, resembles fine crumbs of thin, crunchy lace cookies, used to add a pleasant texture to pastries.

NORBERT**VANNIER**

Norbert Vannier a obtenu le titre de « Un des Meilleurs Ouvriers de France » section pâtisserie en 1994. Il est membre de l'Académie Culinaire de France et compagnon du Tour de France. Norbert Vannier est consultant international en pâtisserie.

Norbert Vannier obtained the title of Meilleur Ouvrier de France *in pastry in 1994.* He is a member of the Académie Culinaire de France *and is a* Compagnon du Tour de France. *Norbert Vannier is an international pastry consultant.*

MEILLEUR OUVRIER
DE FRANCE 1994

L'union de tous ces Meilleurs Ouvriers de France pour transmettre au fil des pages la passion qui est la nôtre.

CONSULTANT INTERNATIONAL EN PÂTISEERIE • CHAPEY • 71 190 BROYE • TÉL. +33 (0)3 85 54 48 94
NORBERT.VANNIER@ORANGE.FR

INGRÉDIENTS
(pour un cadre de 60x40x4,5 cm)

BISCUITS AMANDE À L'ORANGE
630 g de blanc d'œuf/ 220 g de sucre / 670 g de tant pour tant / Amandes broyées à saupoudrer dans le biscuit avant cuisson / 110 g de farine
Zestes de 5 oranges

COULIS D'ORANGE GÉLIFIÉ
1700 g de jus d'orange / 150 g de purée de mangue
150 g de purée de la passion / 160 g de Cointreau 60°
45 g de gélatine / 200 g de sucre

BAVAROISE AU NOUGAT
380 g de lait / 1 gousse de vanille / 70 g de sucre
250 g de jaune d'œuf / 190 g de pâte de nougat molle / 24 g de gélatine / 60 g de crème fleurette
75 g de poudre d'amandes grillées / 75 g de nougatine concassée / 1200 g de crème fouettée

CRÈME LÉGÈRE AU COINTREAU
900 g de crème pâtissière / 30 g de gélatine
1100 g de crème fouettée / 150 g de sucre
120 g de Cointreau 60°

INGREDIENTS
(for a cake of 24 x16 x 2-inches)

ORANGE-ALMOND BISCUIT
22 oz egg whites (21 egg whites) / 1 cup plus 1 tablespoon granulated sugar / 2 2/3 cups powdered sugar / 3 1/3 cups almond powder / 14 tablespoons flour / Zest of 5 oranges

JELLIED ORANGE SAUCE
7 ½ cups orange juice / 5 ¼ oz mango purée / 5 ¼ oz passion fruit purée / 1 5/8 oz gelatine / 1 cup granulated sugar / 2/3 cup Cointreau (60°)

NOUGAT BAVARIAN CREAM
1 ½ cups milk / 1 vanilla bean, split and scraped 6 tablespoons sugar / 8 ¾ oz egg yolk (12 1//2 egg yolks) / 7/8 oz gelatine / 6 ½ oz soft nougat paste ¼ cup heavy cream / 2/3 cup oz toasted almond powder / 2 5/8 oz crushed nougatine* / 5 ¼ cups whipped cream

COINTREAU CREAM
2 lbs pastry cream / 1 oz gelatine / 1 1/3 cups heavy cream / ¾ cup sugar / ½ cup Cointreau (60°)

COINTREAU SYRUP
1 cup water / ¾ cup sugar / ¼ cup Cointreau (60°)

RÉALISATION

BISCUITS AMANDE À L'ORANGE : Monter les blancs en neige avec le sucre. Ajouter délicatement le tant pour tant et la farine, puis les zestes d'orange. Dresser en cadre et cuire à 180 °C pendant 12 à 15 min. Réserver.

COULIS D'ORANGE GÉLIFIÉ : Tiédir les jus et les purées de fruits à 45°C environ. Verser le sucre et la gélatine préalablement ramollie dans de l'eau froide. Ajouter le Cointreau et verser dans une plaque ou un moule en silicone de 40x60 cm à rebords. Réserver au froid.

BAVAROISE AU NOUGAT : Faire une crème anglaise avec le lait, la vanille, le sucre et les blancs d'œuf. Ajouter la pâte de nougat, la gélatine préalablement ramollie dans de l'eau froide et la crème liquide. Verser la poudre d'amandes grillées et la nougatine concassée. Laisser refroidir, puis ajouter la crème fouettée.

CRÈME LÉGÈRE AU COINTREAU : Verser la gélatine fondue dans la crème pâtissière. À froid, ajouter le Cointreau et la crème fouettée sucrée.

SIROP D'IMBIBAGE AU COINTREAU :
250 g d'eau
150 g de sucre
50 g de Cointreau 60°

MONTAGE ET FINITION

Dans un cadre de 60x40x4.5 cm, déposer une couche de biscuit. Imbiber au sirop Cointreau, puis étaler la bavaroise au nougat. Déposer le coulis gélifié, couler la crème légère au Cointreau et réserver le tout au congélateur. Glacer avec un glaçage neutre « marbré » légèrement orangé. Disposer les décors.

LE SAINT-SYLVESTRE

VIN CONSEILLÉ : AOC L'Etoile « Vin de Paille » • Complexité de fruits confits, volume et douceur maîtrisée • 2004 • 8°C
Domaine Philippe Vandelle • (39) L'ÉTOILE

PREPARATION

ORANGE-ALMOND BISCUIT: Combine the egg whites and granulated sugar, beat until stiff. Sift the powdered sugar and almond powder together, and fold delicately into the egg white mixture along with the flour and orange zest. Spread the mixture evenly out onto a cake frame (24 x 16 x 2-inch) and bake in a preheated 365°F oven for 12 to 15 minutes. Set aside.

JELLIED ORANGE SAUCE: Combine the orange juice and fruit purées and heat to about 115°F. Soften the gelatine in cold water. Add to the fruit mixture along with the sugar. Stir in the Cointreau and pour the mixture out onto a deep-sided 24 X 16-inch baking sheet or a silicone mold. Refrigerate.

NOUGAT BAVARIAN CREAM: Prepare a crème anglaise with the milk, vanilla, sugar and egg yolks. Soften the gelatine in cold water and combine with the nougat paste and heavy cream. Stir in the almond powder and nougatine, combining well. Allow to cool down, and fold in the whipped cream.

COINTREAU CREAM: Soften the gelatine in a little cold water, (squeeze out water if using gelatine sheets) and add to the warm pastry cream, let cool briefly. Whip the cream and sugar together. Add to the pastry cream along with the Cointreau.

ASSEMBLING AND FINISHING

Place the almond biscuit in a 24 x 16 x 2-inch cake frame. Brush with the Cointreau syrup until well moistened. Spread the Bavarian nougat evenly over the biscuit. Place the sheet of jellied orange sauce on top. Pour the Cointreau cream evenly over. Refrigerate. Glaze with a clear glaze lightly marbled with orange. Decorate as desired.

*If nougatine is not available, substitute almond or hazelnut brittle, finely crushed.

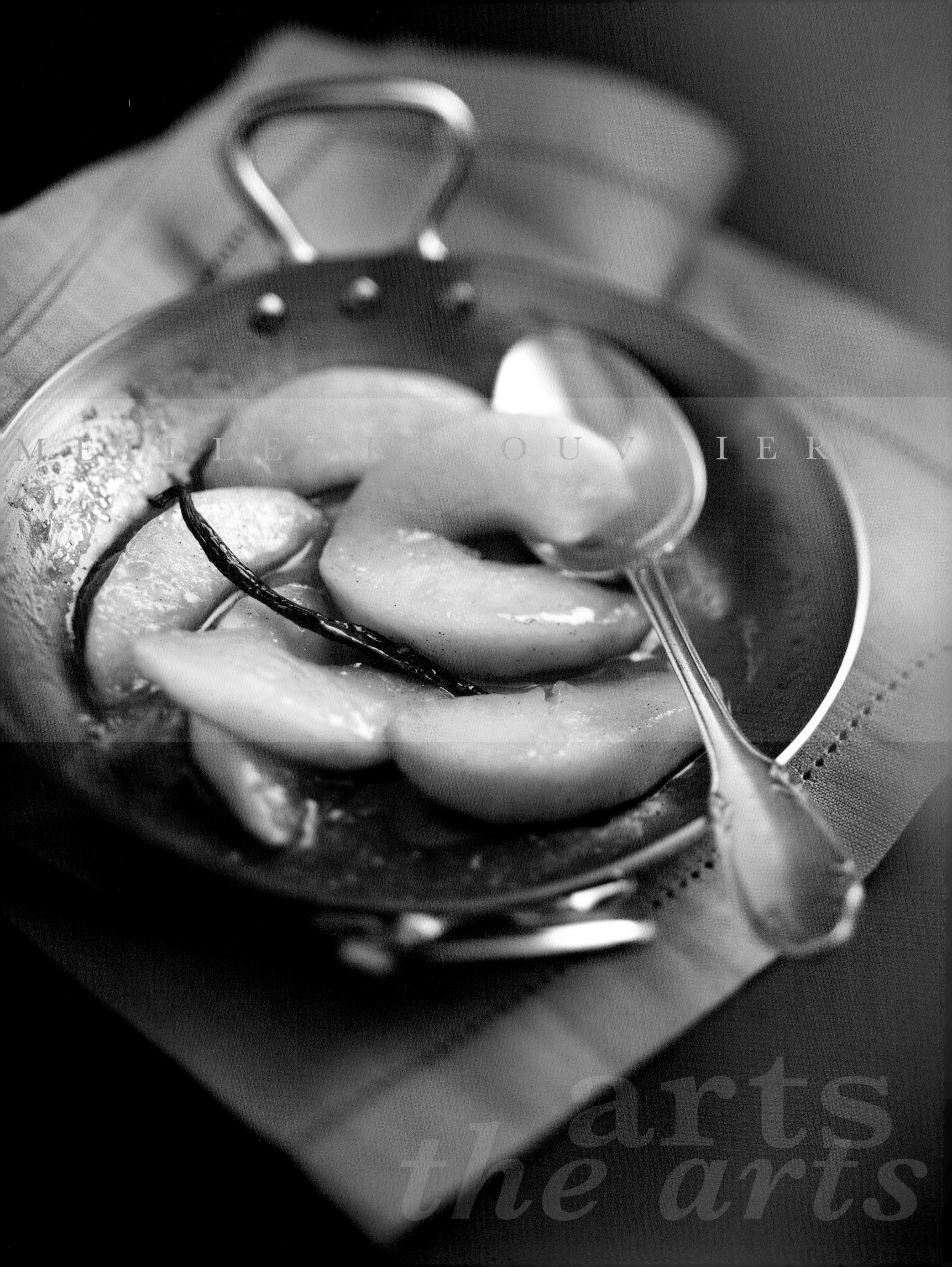
MEILLEURS OUVRIERS
arts
the arts

Meilleurs Ouvriers de France

MEILLEURS OUVRIERS DE FRANCE

MEILLEURS OUVRIERS DE FRANCE

de la table

of the table

STEPHAN**RIVIÈRE**

De 2000 à 2004, Stephan Rivière est Premier Maître d'hôtel à la Présidence de l'Assemblée Nationale, à l'Hôtel de Lassay. En janvier 2004, il est nommé Intendant de la Présidence du Sénat, c'est-à-dire responsable de l'hôtel particulier du Petit Luxembourg, résidence privée du Président du Sénat (MM. Poncelet et Larcher), et de l'organisation et de la préparation des réceptions, dîners et déjeuners officiels. Il est à la tête d'une équipe de soixante personnes composée de cuisiniers, personnel d'accueil, maître de table, etc. Stephan Rivière est devenu en 2007 Meilleur Ouvrier de France, Maître des Arts et du Service de Table.

From 2000 to 2004, Stephan Rivière held the post of **Premier Maitre d'Hotel** *at the presidential residence of the French National Assembly in Paris's Hotel de Lassay.* In January 2004, he was named *Intendant* of the presidential residence of the French Senate, making him director of the Petit Luxembourg mansion, private residence of the President of the Senate, (MM Poncelet de Larcher), charged with the organization and preparation of official receptions, diners and lunches. He heads a team of 60 made up of chefs, *maitre de tables, and* reception staff, etc. In 2007, *Stephan Rivière became* Meilleur Ouvrier de France, Maître des Arts et du Service de Table.

MEILLEUR OUVRIER
DE FRANCE 2007

Notre art est celui de la générosité et celui du plaisir de partager. C'est une science à procurer des souvenirs, qui balise l'histoire de chacun d'entre nous.

PETIT LUXEMBOURG • 15 TER, RUE DE VAUGIRARD • 75006 PARIS • TÉL. +33 (0)1 42 34 36 21 • S.RIVIERE@SENAT.FR

Imaginez... au restaurant nous sommes au début du repas, vous êtes encore en train de profiter de votre apéritif, vous venez de commander. ... Vous avez choisi de finir votre repas par :

« LE CLAFOUTIS AUX POMMES CARAMÉLISÉES AU BEURRE DEMI-SEL ET VANILLE PRÉPARÉ AU GUÉRIDON »

Et devant vous, votre maître d'hôtel caramélise de gros segments de pommes golden au sucre cristal dans un poêlon en cuivre, très rapidement les fruits prennent une belle coloration ambrée, la gousse de vanille coupée en deux libère un doux parfum exotique. Un petit flambage à l'eau de vie de pommes renforcera la saveur du fruit.

L'appareil à clafoutis liquide préparé à l'office est ajouté aux pommes, la première phase de la préparation vient de s'achever, vous voyez partir en cuisine votre dessert pour 20 min. de cuisson à 175 C° et 40 min. de refroidissement... Vous pouvez débuter votre repas, votre plat sucré entame sa deuxième phase.

... Votre repas touche à sa fin, votre clafoutis revient tiède, un dernier petit flambage pour les plus gourmands, une quenelle de glace vanille bourbon pour l'opposition des températures.

La pomme fondante, caramélisée vient s'épanouir au contact de vos papilles ; la texture légère de la pâte vient renforcer les sensations de douceur et de puissance... Si vous avez la chance que le restaurant ait en stock dans les alcôves de sa cave un Maury Mas Amiel 1990 ... Hum

« Si ce n'est pas du bonheur, alors l'illusion est parfaite... »

LE CLAFOUTIS AUX POMMES CARAMÉLISÉES AU BEURRE DEMI-SEL ET VANILLE PRÉPARÉE AU GUÉRIDON

Imagine yourself in a restaurant, at the beginning of a meal, enjoying an aperitif. You've just ordered...and you've chosen to finish your meal with:

« LE CLAFOUTIS AUX POMMES CARAMÉLISÉES AU BEURRE DEMI-SEL ET VANILLE PRÉPARÉ AU GUÉRIDON »

« A clafoutis flan with caramelized apples, lightly salted butter and vanilla, prepared at tableside... "

And ......right before your eyes, your maitre d'hotel begins caramelizing large segments of golden apples with sugar in a pretty copper sugar pan. Quickly, the fruit segments take on a lovely amber color, the vanilla bean, split in half, liberates its sweet exotic aroma. A quick flaming with apple brandy reinforces the flavors of the fruit.

The liquid clafoutis batter, prepared earlier in the kitchen, is poured over the apples, and your dessert disappears into the kitchen to cook for 20 min. at 175° C, and then to rest and cool for 40 min. As you start your meal, your dessert is entering its second phase.

As your dinner draws to a close, the warm clafoutis reappears, undergoes a final flaming for gourmets, is accompanied with an elegant oval of bourbon vanilla ice cream for a lovely temperature contrast.

Meltingly tender caramelized apples, bloom in contact with your tastebuds, the light texture of the batter reinforces sweet and powerful sensations....With luck, the restaurant harbors in its wine cellar a bottle of Maury Mas Amiel 1990..... yumm!

"It this isn't happiness, it is the perfect imitation..."

CHÂTEAU CARBONNIEU

GRAND VIN DE BORDEAUX
1964

GRAVES CONTROLEE

Meilleurs Ouvriers de France

MEILLEURS OUVRIERS DE FRANCE

MEILLEURS OUVRIERS DE FRANCE

vins

wines

ARNAUD**CHAMBOST**

Après avoir officié dans la restauration étoilée (Larivoire, Le Centenaire et Les Prés d'Eugénie), Arnaud Chambost collabore dix ans durant avec Georges Dubœuf, en Beaujolais. C'est à cette époque, en 2000, qu'il obtient le titre de « Meilleur Ouvrier de France » Sommelier. Depuis, il forme les apprentis sommeliers du C.F.A. Rabelais à Dardilly, en transmettant sa passion avec détermination.

After having worked in several starred restaurants (Larivoire, le Centenaire and Les Prés d'Eugénie), Arnaud Chambost collaborated for a decade with Georges Duboeuf in Beaujolais. There he obtained the title of « Un des Meilleurs Ouvriers de France –Sommelier » in 2000. Since then, he has trained the sommelier apprentices at the C.F.A. Rablais school in Dardilly, transmitting his passion with determination.

MEILLEUR OUVRIER DE FRANCE 2000

Être M.O.F. impose au quotidien l'exigence, le partage, et la transmission de la Quintescence d'une Passion : sommelier

LA NEYRIAT • 69840 CHENAS • TÉL. +33 (0)4 74 04 49 46 • ARNAUD.CHAMBOST@WANADOO.FR

——————————— LE SOMMELIER ———————————

Le plaisir de la table c'est le plaisir des yeux, d'odeurs multiples, le travail des papilles !
C'est un partage émotionnel entre les invités ! C'est aussi le plaisir de la cuisine, le plaisir de parler de vin, de la vie et des hommes.

Le sommelier mettra en valeur les valeurs d'un vigneron, d'un terroir, d'un cépage local ou d'un millésime.
Un travail de passion, qu'il va transmettre modestement. Il est ainsi, un relais entre la vigne, le vin et le client, le dégustateur ou l'élève.

Une collaboration avec le chef de cuisine est primordiale, on est à l'écoute des papilles et des hommes pour mettre en valeur des saveurs, des textures afin d'accompagner un plat et un vin, au plus près de l'équilibre !
Le meilleur accord sera celui de l'émotion et aucun livre ne pourra remplacer vos papilles !!
Grillée, poêlée, à la crème ou cuite à la vapeur, chaque préparation exprimera des saveurs différentes en rapport avec le vin.
Le travail du goût est un chemin sinueux, complexe, qui demande de la connaissance, de la curiosité, voire de l'originalité.

THE SOMMELIER

The pleasure of the table it is the pleasure of eyes, multiple smells, works it papillae! It is an emotional sharing between the guests! It is also the pleasure of the cookin, the pleasure of spoken about wine, about the life and about the men.

The wine steward will emphasize the values of a wine grower, a soil, a local vine or a vintage wine. A work of passion, which he is going to pass on modestly. It is so, a relay between the vineyard, the wine and the customer, the wine taster or the pupil.

A collaboration with the head chef is essential, we are tuned in to papillae and me to emphasize flavours, textures to accompany a flat and a wine, in closer of the balance!

The best agreement will be the one of the emotion and no book can replace your papillae!!

Burned out, fried, with the cream or cooked vapor every preparation will express different flavours in touch with the wine.

The taste work it is a sinuous, complex road, which asks for the knowledge, for the curiosity to see of the originality.

ERIC**DURET**

Eric Duret est responsable achat et qualité des vins de la société Divo en Suisse. Il est également chargé de cours, responsable du comité d'organisation et responsable logistique à l'école du vin de Changins à Nyon. Différents prix ont couronné sa carrière : meilleur sommelier de Suisse en 1989, quatrième au concours du Meilleur Sommelier du Monde à Tokyo en 1995, Meilleur Sommelier d'Europe en 1998 et enfin « Meilleur Ouvrier de France » Sommelier en 2000.

Eric Duret is currently director of purchasing and quality for the wines of the « Divo» company in Switzerland. He is also director of classes, head of the steering committee, and logistical manager for the Changins wine school in Nyon. He has received different awards and prizes during his career: Meilleur Sommelier de Suisse in 1989, 4th in the Meilleur Sommelier du Monde competition in Tokyo in 1995, Meilleur Sommelier d'Europe in 1998 and finally, Meilleur Ouvrier de France Sommelier in 2000.

MEILLEUR OUVRIER
DE FRANCE 2000

Le titre tricolore est une valeur forte et honorifique en France et à l'étranger, c'est aussi, au niveau associatif MOF, une rencontre humaine passionnante de femmes et d'hommes qui vivent et transmettent la passion et l'excellence de leur métier

333, ROUTE DE VUARAPAN • 74 930 PERS JUSSY • TÉL. +33 (0)6 03 53 59 82 • E-DURET@WANADOO.FR

LE SOMMELIER

Dans un restaurant, le Sommelier joue un rôle essentiel pour la satisfaction de la clientèle, selon ses désirs et le choix des mets, lui conseiller et lui servir dans les règles les vins qu'il aura dégustés et sélectionnés préalablement auprès des vignerons.

C'est un ambassadeur insatiable des vins, du monde viticole, des boissons et de la gastronomie.

En salle, le Sommelier profite de relations particulières qui lui permettent d'exercer ses fonctions avec prestance, efficacité et modestie.
De ses savoir-faire et de ses savoir-être, le Sommelier est un acteur principal des services quotidiens, mais aussi un homme (ou une femme) de culture et d'échange.

Il doit aussi agir comme guide auprès des jeunes professionnels, afin de transmettre sa passion, la fierté du travail bien fait, et de les encourager dans leur évolution.
Les savoirs, les connaissances n'ont de valeurs que s'ils sont partagés...

Depuis l'An 2000, le titre d' « Un des Meilleurs Ouvriers de France – Sommelier » est la reconnaissance d'une profession dont la philosophie dépend d'une éthique et d'une déontologie à l'excellence du travail, et propice à susciter de nombreuses vocations...

THE SOMMELIER

In a restaurant, the wine steward plays an essential role in the satisfaction of the clientele. Depending upon each diner's desires and menu choices, the sommelier advises and serves according to the rules of his art, wines that he has carefully selected during tastings with the winemakers.

He is an insatiable ambassador of wines, of the world of vines, of drinks and gastronomy.

In the dining room, the Sommelier enjoys privileged contacts, allowing him to perform his function with style, efficiency and modesty.
With his savoir-faire and his manners, the sommelier is one of the principle actors of the daily service, but also a man (or a woman) of culture and exchange.

His role is also that of a guide for young professionals, to whom he communicates his passion, his pride in a job well done and lends his encouragement for their evolution.

Knowledge and experience have true worth only when shared.

Since the year 2000, the title "Un des Meilleurs Ouvriers de France – Sommelier" has been the recognition of a profession whose philosophy is based upon an ethic and deontology of the excellence of work, and has incited numerous vocations.

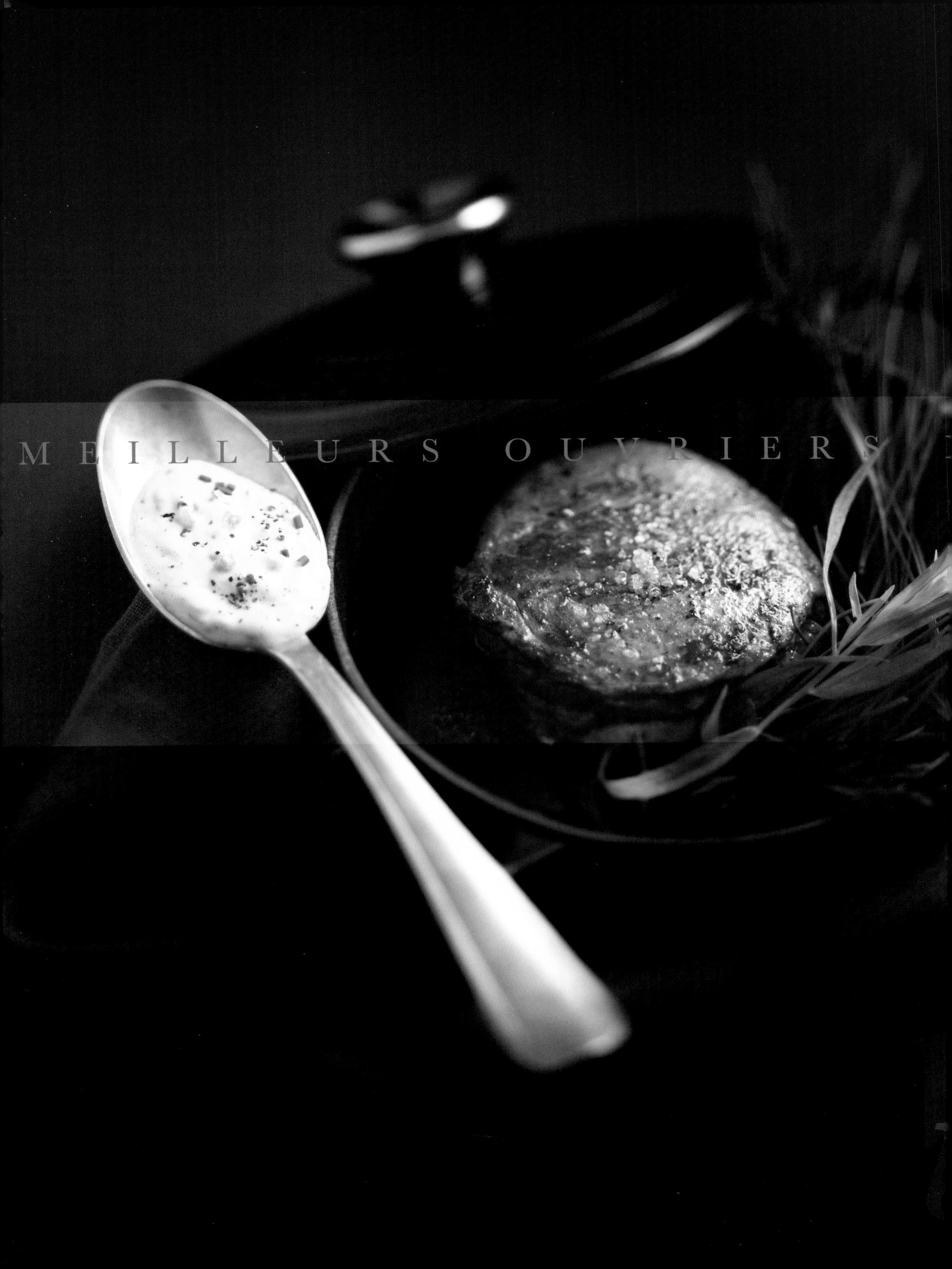
MEILLEURS OUVRIERS

LOUIS LE DUFF

PRESIDENT FONDATEUR DU GROUPE LE DUFF
DOCTEUR EN SCIENCES DE GESTION
CHEVALIER DE L'ORDRE NATIONAL DU MERITE
ENTREPRENEUR DE L'ANNEE 1995

Louis LE DUFF, PDG, « Professeur Directeur Général »

Louis LE DUFF est **diplômé de l'Ecole Supérieure de Commerce d'Angers** (ESSCA), **titulaire d'un MBA** (Master in Business Administration) de l'Université de Sherbrooke à Montréal et **Docteur en Sciences de Gestion** à l'Université de Rennes. Il enseigne de 1974 à 1976 comme **Professeur Assistant** à l'Ecole Supérieure de Commerce de Rouen. De 1976 à 1980 il est **Maître de conférences** à l'Université de Rennes. En parallèle à cette fonction d'enseignant, il créé son entreprise.

De la fourche à la fourchette

Louis LE DUFF fonde le Groupe LE DUFF en 1976, sur la base de concepts reposant sur des produits de qualité, utilisant des matières premières nobles et authentiques, d'origines contrôlées et issues de la recherche sur la santé. Le processus de fabrication reste encore volontairement très largement artisanal pour préserver la qualité des recettes traditionnelles. Toutes de grande qualité et alliant le goût, la tradition française et la nutrition, ces recettes sont élaborées par des professionnels hautement qualifiés de la boulangerie et de la restauration, des Chefs, des Meilleurs Ouvriers de France et des équipes dédiées en interne et à l'externe à la Nutrition.
LE GROUPE LE DUFF œuvre pour que le plaisir et la santé soient dans l'assiette de ses 600 000 clients servis chaque jour.

De la conviction d'un homme au succès d'un groupe

Après plus de trente ans de réussites, le Groupe LE DUFF commercialise ses produits dans les restaurants du groupe mais également dans des hôtels prestigieux, les traiteurs, les parcs de loisirs, le catering aérien et ferroviaire. Il exporte son savoir-faire et a su conquérir la France entière, l'Europe, l'Amérique, l'Afrique et l'Asie dans plus de 50 pays. 80 nouveaux restaurants ouvrent en moyenne chaque année en succursale ou en franchise. Il doit son succès à une équipe soudée et à des enseignes prestigieuses au service de ses valeurs :
• Brioche Dorée, leader de la Restauration Rapide de tradition française.
• Del Arte, le numéro 1 des restaurants italiens Pizza/Pasta en France.
• Bridor, le pain, la pâtisserie et la viennoiserie plaisirs.
• Le Fournil de Pierre, le plaisir retrouvé du pain artisan.
• La Madeleine, la cuisine française en Amérique.

En 2010, le groupe représente :

• **12 500 hommes et femmes** réunis par la passion du métier
• Plus de **890 restaurants** et boulangeries
• Présent sur **5 continents**
• **5 usines** de production
• **950 millions d'euros de chiffre d'affaires**

Historique du Groupe :

• 1976 : Création de la première Brioche Dorée à Brest
• 1983 : Création des pizzerias Lucio
• 1988 : Bridor arrive en Europe puis en Amérique
• 1989 : Rachat du Fournil de Pierre
• 1995 : Rachat au groupe Accord de Pizza Del Arte
• 2001 : Rachat de La Madeleine aux USA

Bibliographie

* Créez votre entreprise, Réussir...en toute franchise
* Entreprendre et réussir

biographie
biography

LOUIS LE DUFF

FOUNDING PRESIDENT OF THE GROUPE LE DUFF
DOCTOR OF MANAGEMENT SCIENCES
CHEVALIER DE L'ORDRE NATIONAL DU MERITE
ENTREPRENEUR OF THE YEAR 1995

Louis LE DUFF, PDG, « Professor and Managing Director »

Louis LE DUFF holds **a degree from the Ecole Supérieure de Commerce d'Angers** (ESSCA), an **MBA** (Masters of Business Administration) degree from the University of Sherbrooke in Montréal, and a **Doctor of Management Sciences** degree from the Université de Rennes. From 1974 to 1976, he was **Assistant Professor** at the Ecole Supérieure de Commerce de Rouen. From 1974 to 1980, he was **Senior Lecturer** at the Université de Rennes. In parallel with his teaching activity, he created his own company.

From pitchfork to the fork

Louis LE DUFF founded the GROUPE LE DUFF in 1976, based on concepts built around quality products made from noble and authentic raw materials, of controlled origins and in line with studies on healthy eating. Production methods remained largely small scale, intentionally, in order to preserve the quality of traditional recipes. These quality recipes, marrying taste, French tradition and nutrition, were created by highly qualified restaurant and baking professionals, chefs, Meilleurs Ouvriers de France and teams, on staff or from the outside, dedicated to nutrition.
The GROUPE LE DUFF it committed to the goal of bringing pleasure and health to the table of the 600,000 clients it serves daily.

From the convictions of one man to the success of a group...

After more than 30 years of success, the GROUPE LE DUFF commercializes its products in all of its restaurants, but also in prestigious hotels, catering companies, in leisure parks, on airplanes and trains. The company exports its savoir-faire and has not only won over all of France, but also Europe, America, Africa and Asia thanks to its presence in more than 50 countries. An average of 80 new restaurants, branches and franchises, open every year. It owes it success to a tightly-knit team and prestigious brands dedicated to its fundamental principles:
° Brioche Dorée, leader of traditional French "restauration rapid"
° Del Arte, number 1 Italian Pizza/Pasta restaurant in France
° Bridor, bread, pastry and viennoiserie pleasures
° Le Fournil de Pierre, the return to homemade breads
° La Madeleine, French cuisine in America.

In 2010, the group included:
° **12,500 men and women** united by a passion for their profession
° More than **890 restaurants** and bakeries
° Activity on **5 continent**s
° **Five production factories**
° **A turnover of 950 million euros**

The group's history:
° *1976 - Opening of the first Brioche Dorée in Brest*
° *1983 - Creation of Lucio Pizzerias*
° *1988 - Bridor opens in Europe, then in America*
° *1989 - Purchase of the Fournil de Pierre*
° *1995 - Purchase of Pizza Del Arte from the Groupe Accord*
° *2001 - Purchase of La Madeleine in the USA*

Bibliography
* Créez votre entreprise, Réussir...en toute franchise
* Entreprendre et réussir

GÉRARD**RAPP**

GÉRARD RAPP
PRESIDENT DE LA SOCIÉTÉ
NATIONALE DES MOF

Gérard RAPP

Président national de la Société nationale des Meilleurs Ouvriers de France (MOF)
Vice-président du Comité d'Organisation des Expositions du Travail (COET)
Organisme organisateur du concours « Un des Meilleurs Ouvriers de France ».
Meilleur Ouvrier de France (1976)
Chevalier de l'Ordre national de la Légion d'Honneur (en 2001)
Officier de l'Ordre national du Mérite (en 2008)
Chevalier de l'ordre national des Palmes Académiques (en 2004)

Gérard RAPP fait son apprentissage du métier d'imprimeur typographe à Mulhouse et obtient le titre « Un des Meilleurs Ouvriers de France », dans la spécialité « Impression typographique ». Très vite il décide d'adhérer à la Société des Meilleurs Ouvriers de France et entre au Conseil d'administration en 1990 pour participer au développement des actions valorisant l'excellence professionnelle.

Comme maître-imprimeur, il réalise l'impression du livre de luxe en polychromie publié par l'Association des Amis du Musée des Beaux-Arts de Bâle - 308 pages, format 17,5 x 21,5 cm.

Pour la galerie d'art Beyeler à Bâle, il imprime en quadrichromie des reproductions de tableaux d'artistes dans les livres publiés à l'occasion des vernissages : Fernand LEGER, Jean MIRO, Paul KLEE, Georges BRAQUE, Pablo PICASSO, Georges ROUAULT, Paul GAUGIN, CALDER...

En 1980, il entre à l'Imprimerie Arts Graphiques Coop de Bâle (Suisse) et devient Fondé de pouvoir, responsable du Service Technico-commercial quelques années plus tard avec une équipe de 114 salariés.

Il poursuit le développement du concours « Un des Meilleurs Apprentis de France » créé en 1985 par la Société des Meilleurs Ouvriers de France, qui enregistre environ 6000 candidats par an, et dont l'objectif est de valoriser la formation professionnelle, de donner confiance aux jeunes et de leur permettre de s'épanouir dans leur vie professionnelle.

Fonctions au sein des Meilleurs Ouvriers de France

- En 1990, il est élu Président délégué du Groupement du Haut-Rhin
- En 1994, il est nommé Président national adjoint
- En 1999, il devient Vice-président national
- En mai 2008, il est élu Président national de la Société des Meilleurs Ouvriers de France

Fonctions au sein du Comité d'Organisation des Exposition du Travail (COET)

Association sous la tutelle du ministère de l'éducation nationale, créée en 1924, elle est chargée de l'organisation du concours « Un des Meilleurs Ouvriers de France » et de la délivrance des titres.
- De 1994 à 2007, il est Commissaire général pour le département du Haut-Rhin et participe activement à la prospection et au suivi des candidats inscrits au concours. Lors de ces 5 concours (1994-1997-2000-2004-2007) 18 Meilleurs Ouvriers de France sont promus dans son département.
- Il est également membre du jury national dans sa spécialité.
- En 2008, il est nommé Vice-président du COET.

biographie
biography

Gérard RAPP

President of the Société nationale des Meilleurs Ouvriers de France (MOF)
Vice-president of the Comité d'Organisation des Expositions du Travail (COET) – the organizing committee for the « Un des Meilleurs Ouvriers de France » competition.
Meilleur Ouvrier de France (1976)
Chevalier de l'Ordre national de la Légion d'Honneur (en 2001)
Officer of l'Ordre national du Mérite (en 2008)
Chevalier de l'Ordre national des Palmes Académiques (en 2004)

Gérard RAPP started his apprenticeship in the profession of printer/typographer in Mulhouse, and obtained the title of « Un des Meilleurs Ouvriers de France » in the specialty of « typographical printing ». He quickly decided to participate actively in the Société des Meilleurs Ouvriers de France and joined the Administrative Counsel in 1990 to promote the development of actions rewarding professional excellence

In his work as a master printer, he has printed polychromatic luxury editions published by the Association des Amis du Musée des Beaux-Arts (The Association of Friends of the Fine Arts Museum) in Basil, Switzerland – 308 pages, in 17,5 by 21,5 cm format.

For the Beyeler Art Gallery in Basel, he has printed four-color reproductions of artist's works in books published for the occasion of gallery showings: Fernand LEGER, Jean MIRO, Paul KLEE, Georges BRAQUE, Pablo PICASSO, Georges ROUAULT, Paul GAUGIN, CALDER…

In 1980, he joined the staff of the Imprimerie Arts Graphiques Coop in Basel and became their authorized representative, heading the technical-commercial service a few years later with a team of 114 employees.

He followed the development of the « Un des Meilleurs Apprentis de France » competition created in 1985 by the Société des Meilleurs Ouvriers de France, which registers approximately 6000 candidates a year, and aims to encourage professional training, to give confidence to young workers and help them to excel in their professional life

---

Responsibilities for the Meilleurs Ouvriers de France
- In 1990, he was elected Delegate President for the Haut-Rhin department
- In 1994, he was named deputy President
- In 1999, he became Vice-President
- In May 2008, he was elected President of the Société des Meilleurs Ouvriers de France

Responsibilities for the Comité d'Organisation des Exposition du Travail (COET)

An association under the supervision of the national Ministry of Education created in 1924, it is responsible for organizing the « Un des Meilleurs Ouvriers de France » competition and awarding titles.
- From 1994 to 2007, he was General Commissioner for the Haut-Rhin department and he actively participated in the recruiting and follow-up of candidates registered for the competition. During these 5 competitions (1994-1997-2000-2004-2007), 18 candidates from his department won the Meilleurs Ouvriers de France title.
- He is also a member of the national jury for his specialty.
- In 2008, he was named Vice-president of the COET.v

Joël ROBUCHON

Sacré « Cuisinier du siècle » par le Gault et Millau (1990)
Meilleur restaurant du monde par le International Herald Tribune (1994)
Meilleur ouvrier de France (1976)
Compagnon du Tour de France des Devoirs Unis
Membre Titulaire de l'Académie Culinaire de France
Président « Section cuisine » du concours des Meilleurs Ouvriers de France (depuis 1991)
Président d'honneur de la Chambre Syndicale de la Haute Cuisine Française
Membre du Conseil de l'Ordre du Mérite Agricole (depuis 1998)

JOËL ROBUCHON
MOF 1976

Joël ROBUCHON, l'histoire d'un grand chef

Joël Robuchon est un des plus grands cuisiniers français ; c'est aussi l'un des plus médiatiques. Il est le chef le plus étoilé au monde. Il étudie l'art de la cuisine au Petit séminaire de Mauléon-sur-Sèvre dans les Deux-Sèvres. Il exerce actuellement ses talents dans deux restaurants à Paris :

• L'atelier de Joël Robuchon (2 étoiles au Michelin)
• La table de Joël Robuchon (2 étoiles au Michelin)

Il débute en 1960 comme Apprenti de cuisine au Relais de Poitiers. En 1976, il réussit le concours de Meilleur Ouvrier de France. Le Guide Michelin lui décerne sa 3ème étoile en 1984. Son premier restaurant parisien a été sacré meilleur restaurant au monde en 1994 par l'International Herald Tribune. Il exerce également à l'étranger, notamment à Monaco, Tokyo, Macao, Las Vegas, New York, Londres et Hong Kong. De 1991 à 2005, il préside la ''Section Cuisine'' du Concours des Meilleurs Ouvriers de France. En 2008, les guides Michelin lui accordent un total de dix-huit étoiles.

Un savoir-faire reconnu

• 3 étoiles Guide Michelin
• 3 assiettes Guide Pudlowski
• 4 étoiles Guide Bottin Gourmand
• 4 toques (19.5) Gault Millau
• Chef de l'année 1987
• Lauréat du prix Hachette 1985
• Trophée National de l'Académie Culinaire de France 1972
• Prix Pierre Taittinger 1970
• Coupe Marcel Bouget 1970
• Vase de Sèvres du Président de la République 1969
• Prix Prosper Montagné 1969
• Médaille d'Or des Olympiades Culinaires de Francfort 1972 & 1976
• Médaille d'Or du Concours International de Vienne 1974
• Médaille d'Or de l'Académie Culinaire de France 1972
• Médaille d'Or Massif Grand Marnier 1969
• Médaille d'Or de la Ville d'Arpajon 1966
• Plaquette de Vermeil de la Ville d'Arpajon 1970
• Médaille de Vermeil de la Ville de Paris 1988
• Médaille d'Argent de la Société des Cuisiniers de Paris 1979
• Médaille d'Argent Sciences Art Lettres 1978
• Médaille d'Argent de la Ville d'Arpajon
• Médaille de Bronze du Conseil Général de l'Aude
• Médaille de Bronze de la Ville de Nice 1976
• Médaille de Bronze de l'Académie Culinaire de France 1971
• Médaille de Bronze du Commissariat au Tourisme 1968
• Médaille de Bronze de la Ville d'Arpajon

biographie
biography

Joël ROBUCHON

Consecrated "Chef of the Century" by Gault et Millau (1990)
Chef of the World's Best Restaurant (1994), International Herald Tribune
Meilleur Ouvrier de France (1976)
Compagnon du Tour de France des Devoirs Unis
Permanent Member of the Académie Culinaire de France
President of the « Section Cuisine », Meilleurs Ouvriers de France competition (1991 to 2005)

President of Honor of the Chambre Syndicale de la Haute Cuisine Française
Member of the Conseil de L'Ordre du Mérite Agricole (since 1998)

Joël ROBUCHON, *the story of a great chef*

Joël Robuchon is one of France's greatest chefs, and also one of the most media conscious. Currently the chef awarded the most Michelin stars around the world, he discovered his vocation at the seminary of Mauléon-sur-Sevre in the Deux-Sèvres region where he began studying cuisine. He currently exercises his talents in two Parisian restaurants:

• *L'Atelier de Joël Robuchon (2 Michelin Stars)*
• *La Table de Joël Robuchon (2 Michelin Stars)*

Joël Robuchon began his apprenticeship in 1960 at the Relais de Poitiers. In 1976, he earned the coveted title of Meilleur Ouvrier de France. The Michelin Guide awarded him a third star in 1984. His first Parisian restaurant was consecrated the World's Best Restaurant in 1994 by the International Herald Tribune. Today, his name crowns restaurants around the world, notably in Monaco, Tokyo, Macao, Las Vegas, New York, London and Hong Kong. From 1991 to 2005, he was President of the "Section Cuisine" of the Meilleurs Ouvriers de France competition. In 2008, Michelin guides attributed him a total of 28 stars.

Awards and recognitions

° 3 stars from the Michelin Guide
° 3 plates from the Pudlowski Guide
° 4 stars from the Bottin Gourmand Guide
° 4 chef's toques (19.5/20) from Gault Millau
° Chef of the Year 1987
° Winner of the Prix Hachette 1985
° Trophée National of the Académie Culinarie de France 1972
° Pierre Taittinger Prize 1970
° Coupe Marcel Bouget 1970
° Sèvres Vase of the President of the Republic 1969
° Prosper Montaigné Prize 1969
° Gold Medal, Culinary Olympics, Frankfort, Germany 1972 & 1976

° Gold Medal, Concours International de Vienna, 1974
° Gold Medal, Académie Culinaire de France, 1972
° Solid Gold Medal, Grand Marnier 1969
° Gold Medal of the City of Arpajon 1966
° Vermeil Plate of the City of Arpajon, 1970
° Vermeil Medal of the City of Paris 1988
° Silver Medal of the Société des Cuisiniers de Paris 1979
° Silver Medal, Sciences Art Lettres, 1978
° Silver Medal of the City of Arpajon,
° Bronze Medal of the Conseil Général de l'Aude
° Bronze Medal of the City of Nice, 1976
° Bronze Medal of the Académie Culinaire de France 1971
° Bronze Medal of the Commission of Tourism 1968
° Bronze Medal of the City of Arpajon

Bibliographie / *Bibliography*

• *Tout Robuchon (just released)*
• *Ma cuisine pour vous*
• *Simply French*
• *Le Meilleur et le plus simple de Robuchon*
• *Les Dimanches de Joël Robuchon*
• *Recettes de grands chefs*
• *Le Meilleur et le plus simples de la pomme de terre*
• *Le Meilleur et le plus simple de la France*
• *Cuisinez comme un grand chef (tome 1, 2 et 3)*
• *Bon appétit bien sûr, tome 1,2,3 et 4*
• *Recettes du terroir d'hier et d'aujourd'hui*
• *Le carnet de route d'un compagnon cuisinier*
• *Le meilleur et le plus simple pour maigrir*
• *L'atelier de Joël Robuchon*

Des restaurants à travers le monde
Restaurants Around the World

• 2001, Restaurant Robuchon, at the Galera, Hôtel Lisboa, Macao
• 2003, Création de l'Atelier / Opening of L'Atelier de Joël Robuchon, Tokyo
• 2003, L'Atelier de Joël Robuchon, Paris
• 2004, Château Restaurant de Joël Robuchon, Tokyo
• 2004, Restaurant Joël Robuchon at the Hôtel Métropole, Monaco
• 2004, La Table de Joël Robuchon, Paris and Tokyo
• 2004, Café de Joël Robuchon, Tokyo
• 2005, L'Atelier de Joël Robuchon at the MGM Grand, Las Vegas
• 2006, L'Atelier de Joël Robuchon at the Four Seasons, New York
• 2006, L'Atelier de Joël Robuchon, London
• 2006, La Cuisine de Joël Robuchon, London
• 2006, L'Atelier de Joël Robuchon, Hong Kong
• 2006 Le Salon de Thé de Joël Robuchon, Hong Kong

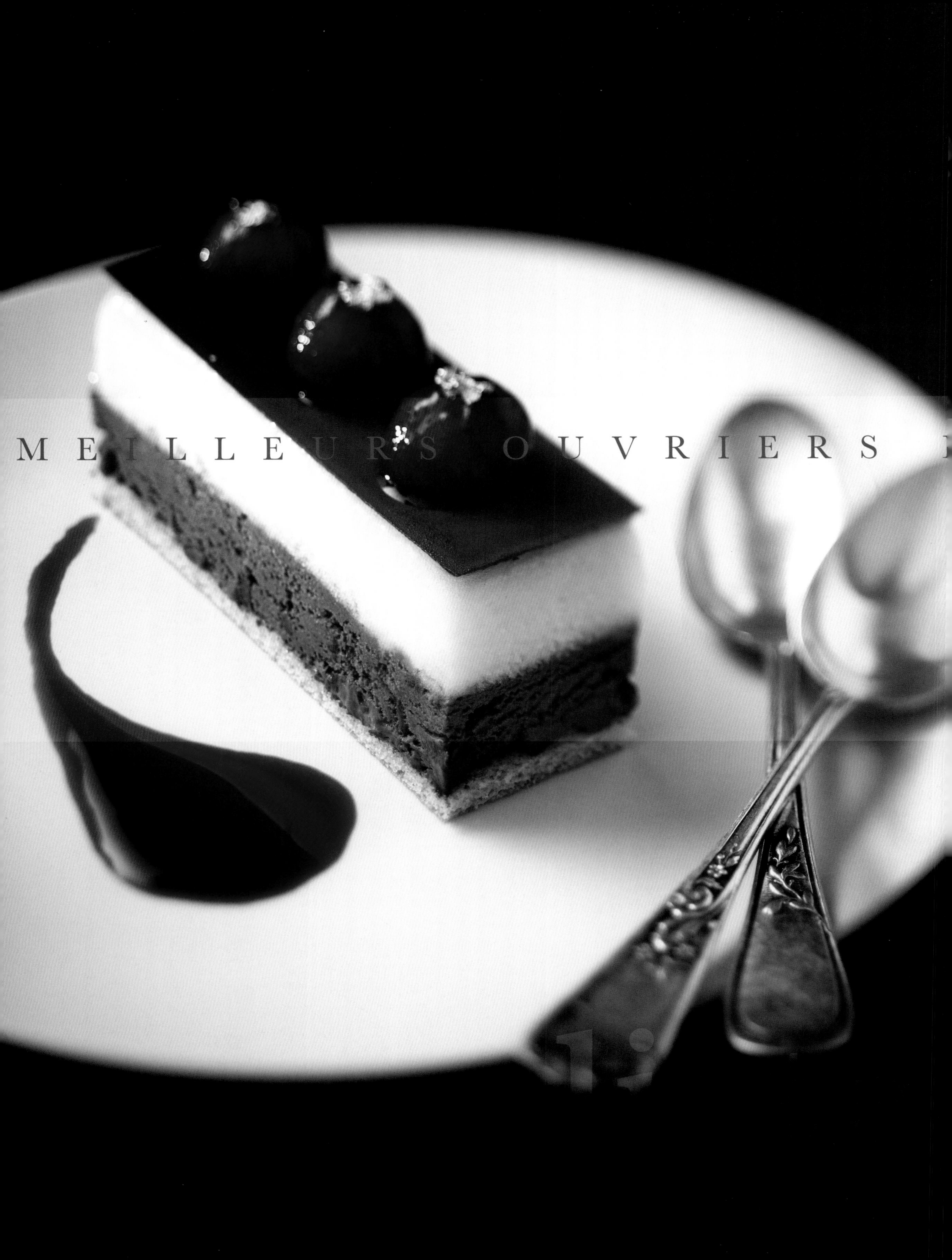
MEILLEURS OUVRIERS

Meilleurs Ouvriers de France

des MOF

list MOF

Les Meilleurs Ouvriers de France

table des matières
table of contents

Pour la réalisation de cet ouvrage, nous avons dû faire appel à de nombreuses compétences que je tiens à remercier très sincèrement.

Tout d'abord à **Gérard RAPP**, Président de la Société des Meilleurs Ouvriers de France qui a immédiatement approuvé le projet de ce livre et qui a, en plus de sa générosité, facilité le contact avec les membres de l'association.

Cet ouvrage est un hommage aux métiers de bouche. Il n'existerait pas sans la contribution exceptionnelle de femmes et d'hommes, des Meilleurs Ouvriers de France, qui ont écrit ces recettes... Un très grand merci à chacune et à chacun.

À **Joël ROBUCHON**, un des plus grands cuisiniers français, le plus étoilé au monde mais qui a su, une fois de plus, rester proche de ses valeurs et promouvoir, à travers ce projet, ce savoir-faire traditionnel français.

À **Jean-Jacques MASSÉ** et **Jean-François GIRARDIN**, Meilleurs Ouvriers de France, qui nous ont particulièrement soutenus et conseillés pour concrétiser ce projet.

À l'équipe qui a coordonné, façonné, développé, travaillé sur ce projet : **Patrice AVELLAN**, Directeur de la communication du Groupe LE DUFF et son équipe, **Erwan BOÜET WILLAUMEZ** et **Caroline FRESSONNET**.

Et pour finir, merci à ceux qui ont œuvré, grâce à leur talent, à donner vie à ce livre :

Matthieu CORDELIER : Avocat à la Cour
Stéphanie CURTIS : Traductrice
Éric FENOT : Photographe
Point Cardinal design : Graphisme
Éric TROCHON : Styliste culinaire
Camille DUVIVIER-LOCKHART : Secrétariat de rédaction

For the preparation of this book, we called upon the competence of numerous collaborators whom I wish to thank sincerely.

*Warm thanks, above all, to **Gérard RAPP**, President of the Société des Meilleurs Ouvriers de France, who immediately endorsed the project and who, in addition to his generosity, greatly facilitated contact with the members of the association.*

This work is a tribute to the culinary professions, and it would not exist without the contributions of exceptional men and women, all Meilleurs Ouvriers de France, who have shared their recipes. An immense thank you to each of them.

*To **Joël ROBUCHON**, one of the greatest French chefs, awarded more stars than any other, who has, once again, remained true to his values and who, through this project, continues to champion traditional French savoir-faire.*

*To **Jean-Jacques MASSÉ** and **Jean-François GIRARDIN**, Meilleurs Ouvriers de France, who were particularly supportive, and have offered precious advice for realizing the project.*

*To the team that coordinated, fashioned, developed and worked on this project: **Patrice AVELLAN**, Director of Communications for the Groupe LE DUFF and his team, **Erwan BOÜET WILLAUMEZ** and **Caroline FRESSONNET**.*

And finally, thanks to those whose work and talent gave life to this book:

Matthieu CORDELIER: *Legal Adviser*
Stéphanie CURTIS: *Translator*
Éric FENOT: *Photographer*
Point Cardinal design: *Graphic design*
Éric TROCHON: *Culinary stylist*
Camille DUVIVIER-LOCKHART: *Copy desk*

remerciements Acknowledgments

infos légales.
legal informations